明治七年の大論争

建白書から見た近代国家と民衆

牧原憲夫

●日本経済評論社

目次

装丁＊林　佳恵

はじめに

(一) 論争元年

明治前期は建白書の時代であった。今から百年前の一八九〇年（明治二十三）に第一回帝国議会が開かれるまで、国民が政府にむかって直接意見を述べようとすれば、建白書を提出するしかなかった。国会開設を要求した自由民権家がこれを運動の主要な手段にしたことはよく知られている。自由党系の『めざまし新聞』（88・2・8――一八八八年二月八日付、以下同じ）も、国会のない今日では、さしあたり建白書の署名者が選挙人にあたり、建白書が代議士に相当する、したがって同じような文章でもいいから、なるべくたくさんの建白書と署名者を集めることが肝要だ、と指摘している。彼らの言うように、建白はまさしく「国民参政権の一種」であり、一通の建白書はその署名人の数だけの支持者をもつ代議士として輿論を代弁し、政府と対峙しうる存在なのだった。しかも、署名は財産がなくても女性でもできる。建白運動は普通選挙権の端緒でもあったわけだ。

明治政府が民衆からの建白を認めた時期は意外とはやい。すでに一八六八年一月（慶応三年十二月）の「王政復古の大号令」のなかに、「旧弊御一洗」につき「言語之道」を開いたので、意見のある者は貴賤にかかわらず「忌憚《きたん》無ク献言」せよ、とある。(1) この一節はその後の建白でくりかえし引用された。また、三か月後に各地に立てられた高札（「五榜の掲示」の第五札）にも、「皇国ノ御為」となることなら「上下無ク」太政官に建言せよ、と記された。「言路洞開」つまり言論の道を開くことは明治政府が「公論」を尊重することの証だったから、建白書の提出は政府自身によって奨励されたのである。

いうまでもなく、身分制を基礎とする封建時代に政治に関与できたのは武士階級だけだった。農工商の一般民衆は〝依らしむべし知らしむべからず〟とされて「政事《まつりごと》」の外にはじき出されていた。江戸時代にも個別的な苦情や訴願のための目安箱のような制度はあったが、直接の家臣でもない民衆が領主や将軍の「御政事」を正面切って論じることはむずかしかった。支配身分の一員としての「臣」と、被支配身分の「民」とのあいだには厳然たる差別があった。木戸孝允も、民衆が国事に関心をもたないのは、従来、政事を議することを「僭越ノ罪」とみなし、「桎梏刀鋸ヲ以テ」糾問、処罰をしてきたからだ、と述べている。(2) それが、取捨はさておき、とにもかくにも国政全般についての発言を許されたのだ。「五榜の掲示」の主眼は従来どおりに徒党や切支丹を禁止することにあったが、少なくともこの一点では、確実に「御一洗」の名に値した。

もとより、実態としての民衆の政治的位置に大きな変化があったわけではないし、明治初年の建白は「尊皇攘夷」の実行をあくまでも要求する志士たちのものがほとんどだった。しかし、〝御一新はマヤカシだ〟というしらけムードが広まる一方で、政府のこうした「言路洞開」の姿勢に感激し、建白書提出のために家業をなげうって東京に出てくる人々も増えてきた。

長野県佐久の商人・市川又三もその一人である。彼が佐久や信濃追分の仲間数人と提出した建白は、それまで地方ごとにバラバラだった尺度（寸法）の全国的統一を求めたものだった。彼らが建白を思いついたのは六九年（明治二）のことで、翌年は二回上京し、病気による中断をはさんで、七三年（明治六）、七四年（明治七）にも二回ずつ東京に出た。七三年には県庁の添書をもらうために長野にも四十日間滞在した。そして、上京のたびにあらたに書き直した建白書二通（正本と副本）を持参した。もちろん鉄道などのない時代であり、建白を提出した後も呼び出しがあるまで（時には一か月近くも）旅館で待機しなければならなかった。おもしろ半分にやれることではない。しかも、彼らはたんに尺度統一の必要性を訴えるだけではなく、中国の古今四十数種類の尺度を比較・図示し、さらに、「一フートハ十二インチ、即チ百四十四ライン、我一尺零零四厘三一零五ニ中《あた》ル」、「サルヂニヤノ一バルモー、英九インチ七八、我八寸一分八厘五毛」などと各国の単位を調べあげ、ついには自分たちが適当と考える「一尺」の長さを確定するまでに至った。〝政府もこれには苦労している、「尺度之根元」を調べてみよ〟と建白受付担当者に言われたからとはいえ、ここまで「刻苦勉励」し、「昼夜寝食モ安ンゼズ、焦思粉骨」した（七四年八月三十一日付建白書）[3]エネルギーには、感嘆するほかない。

「うちのおじいさんはしょっちゅう東京に出かけて行ってとうとう身代を潰してしまった、それで私たちも苦労させられているんだと、小さい頃から聞かされてきたけれど、放蕩していたわけじゃなくて、そんな大事なことをやってたのなら仕方がないわね。仏壇の写真も今までみたいに粗末には扱えないねぇ」――調査のために訪問した私が建白書のコピーをお見せすると、市川又三の孫にあたる老婦人はこう言って大笑いされた。たしかに、市川らにとっては「天下ノ重器」である尺度の統一こそが「皇国ノ御為」になる最緊要課題だったのだ。と同時に、「苟《いやしく》モ臣子タル者、今日無涯ノ皇恩ニ浴シ、知テ言ハザルノ道理ナシ」（七三年十月付）と強調するように、いまやたんなる「民」ではなく〝限りない皇恩〟に浴しうる「臣子」なのだという意識、国家の本来的な構成員と認められた喜び、それが彼らの献身的な行動を支えていたのだった。

　市川たちが特別に勤皇家だったわけではない。その証拠に、もうひとつ、米のとぎ汁の活用法を提案した建白を紹介しよう。米のとぎ汁には精米一石につき四升ほどの米粉がとけており、全国では一年間に百五十万石にもなる、これを下水の溝に流してしまうのはもったいない、とりあえず軍隊や刑務所の炊事場から出る分だけでも集めて菓子の原料にすべきだ――つましくもけなげなこの提言をしたのは大喜源太郎という愛知県の農民だが、彼もまた、「御国益」のためになにか「細事」なりとも考えだして「御国恩」に報いたいと思ってきたが、これこそ「御国益ト奉存候《ぞんじたてまつり》」と記している（九月二十七日付）。建白書を受けとった左院（政府の建白書受付・審査機関）は、「廃物ヲ以テ有益物ニ化」する発想はよいが実際には言うべくして行いがたいと「懇諭」したが、当時の有力新聞だった『日新真事誌』（74・11・5）は、内外多事にして非常節倹令の出ている折柄、「朝意ヲ奉体」したものだと讃えて、建白全文を掲載した。

明治初年の民衆（といっても、もちろん文章が書けて何日も家をあけられる富裕な人たちである）の建白には天下国家を論じるばかりでなく、こうした身近なものがあってとても楽しいのだが、そうした一見非政治的な建白にすら、「御一新」の政府への期待と、国家の役に立ちたいという彼らの熱い思いがこめられていたのである。

さて、明治初年はまた文明開化の時代だった。天皇が率先して断髪・洋服・肉食の生活に転換し、人々を驚かした。わが国では古来肉食が禁じられてきたが「恐多《おそれおお》クモ天皇、無謂儀《いわれなき》ニ思召《おぼしめ》シ、自今《じこん》肉食遊バサル、旨、宮内ニテ御定メ之アリタリ」といった記事もある（『新聞雑誌』二十六号、明治五年一月）。この年には新橋・横浜間の鉄道も開通し、まもなく銀座レンガ街の建設もはじまった。ことに十二月三日からの太陽暦への切り替え（この日を明治六年一月一日とする）は、人々の日常生活を直撃した。太陽暦の正月はまだ農繁期だったし、婚礼の日を花婿は旧暦、花嫁は新暦だと思っていたとか、旧暦時代に亡くなった親の年忌法要を新旧どちらの暦でやるかなど、さまざまな混乱が起きた。

このため、七三年（明治六）には暦の再改正を求める建白が続出した。国学者は耶蘇の暦などとんでもないというし、二月だけがなぜ二十八日なのかとの声もあった。ただし、ややこしい閏月が必要な旧暦の復活要求は少なく、立春を元旦とした太陽暦で二十四節気が各月の一日・十五日になる暦を提案した者が多かった。立春を元旦にするのは東洋の「暦法の根本」(4)だそうだが、日本の気候にも合致した名案ではなかろうか。それはともかく、暦の制定・頒布は、元来、天皇や将軍の統治権の象徴であり、民衆が口を出すべきことではなかった。現代の我々もまた、元号には抵抗しても暦まで変えようとは思いつかない。明治維新が権力の交代だけでなく生活のあらゆる面を流動化させたからこそ、こうした建白も可能になったのだ。変革期ゆえの自由な発想力、それもまた明治初年の民衆の建白を支えるエネルギー源であった。

しかし、「明治」という時代になって七年目の一八七四年ともなると、政府と「臣子」との関係はそれほど睦まじくはなくなってくる。暦の問題にしても、我々は新暦、旧暦と無意識のうちに〝進歩史観〟を援用するが、当時の人々は「王の暦」「官の暦」と「民の暦」の対立と認識していた。政治全般についても、朝令暮改の施策、「酒色貨利」にうつつを抜かす官僚、縁故・賄賂・「奥向女」に左右される人事、「万事鼠色」の裁判などがやり玉にあがりはじめ(東京府士族・鈴関万之進、一月付)、「御国益」の方策を提言するよりも、政府の政策を国益に反するものだと批判する建白が増えてきた。なかには、陛下が国内で「小利ヲ民ト争」い、外国と「虚美」を競うという今の政治を続ければ「自ラ帝徳ヲ削」り、ついには「大権ヲ人ニ分与スル」に至るだろう、と天皇を直接批判し、〝革命〟を警告するものまであらわれた(東京府士族・松井強哉、四月一日付)。

こうした政府批判の論調をいっそう鼓舞したのが、いわゆる明治六年政変である。朝鮮への使節派遣問題を直接の争点として西郷隆盛はじめ副島種臣・板垣退助らの要人がいっせいに下野し、さらに板垣らが民撰議院設立建白書を左院に提出したことは、王政復古以来まがりなりにも統一を保持してきた維新政権の分裂を公然と世間に示すことになった。北条県(現岡山県)平民・吉岡弘毅(二月付)は、君臣ともに「協和励精」して「天下ノ勢」も盛んだったのに、ここにきて「忽然転換」し衰退の兆候が出てきた、最大の原因は諸人が西郷らの免職を「嘆息」していることにある、と指摘し、岡山県士族・杉山岩三郎も、朝廷に「不和」が生じて以来、人々は喧々《けん》「囂々《こう》、政治ノ可否ヲ論ジ」てとどまるところを知らない、と述べている（九月付)。つまり、この政変は明治政府の政治的正当性を大きく揺がし、文明開化を標榜する政府の矢継ぎ早の施策に圧倒されていた民衆にも「政治ノ可否」を論じうる状況をつくり出したのだ。福沢諭吉らの明六社が演説会をはじめたのもこの頃である。後年のような集団的建白はまだわずかだったが、一年間に左院へ提出された建白書の数も、前年の二倍以上の四百九十件余に達し、建白者の半数近くを平民が占めるまでになった。(5) 一八七四年（明治七）は在野の人々が自分の考えを公表し、政府に本格的な論争をいどみはじめた最初の年であった。

本書は、この〝論争元年〟とでも称すべき一八七四年に政府へ提出された建白書と、ようやく普及しはじめた新聞の投書を素材に、人々の関心を集めた論争のいくつかを検討し、明治政府による近代国家への強引な転換政策のなかで、当時の民衆がどのような問題に直面していたのかを探ろうとしたものである。

(二) 封建国家から近代国家へ

この年の論争といえば、板垣らの建白を契機とする民撰議院論争が有名である。これがのちの自由民権運動を準備したことはあらためて述べるまでもない。だが、当時の人々にとって真剣に論議されるべき重要なテーマはほかにもたくさんあった。

まず第一に、外債消却問題がある。六年政変の半年前、井上馨と大隈重信との間でなされた財政政策をめぐる意見書の応酬が新聞に公表された。これによって多額の外債・国債の累積という実態が暴露され、国家財政についての人々の関心を呼びこんだ。ここでも政府内部の対立がきっかけになったわけだが、その外債を国民の献金で消却しようと青森県士族・橋爪幸昌が訴えた。無名の青年の、しかも左院に受けつけてさえもらえなかった建白だったが、新聞に掲載されるや「報国心」にあふれた人々の熱烈な共鳴を得た。建白書が個人的見解の表明というレベルをこえて、全国的な運動を喚起することになったのだ。政府にたいする「献言」から、新聞を媒体とした運動の手段としての建白へ——板垣たちに先だってこの転換をもたらした橋爪幸昌こそ、「論争の時代」の〝幕あけ人〟であった（第一章）。

また、廃藩置県以後の一連の近代的原理の導入政策（四民平等・学制・徴兵制・地租改正・太陽暦など）は、民衆と士族の双方から強い反発をまねいた。「王政ノ儀ハ洋俗ニ御変革ト雖ドモ、其実ハ人民ノ膏血ヲ絞ル御仕法ナリ」（東京府士族・市川信三郎、十月付）との意識が、尊攘派士族だけでなく民衆にも広まった。七三年（明治六）に福井・鳥取・香川・大分・京都・広島・長崎などの各地に続発した新政反対一揆は、そうした不満の爆発だった。七四年も山形のワッパ事件（八～九月）をはじめ、宮崎（一月）・兵庫（二月）・秋田（九月）・高知（十二月）などで騒動が起きた。ただし、規模はさして大きくなく、むしろ前年の騒動、ことに、三十万人の農民が豪農商・郡役所・県庁などを襲った福岡の事件（いわゆる竹槍一揆）や、二万六千人が処罰された岡山の事件（いわゆる血税一揆）の衝撃が、この年の政治・社会状況を深層で規定していた。左院も、〝国家多事の際には、ともすれば「頑民嘯集《しょうしゅう》」して「政治ノ妨害ヲ為ス」ものだ。事実、福岡などでは「一二ノ兇徒」の扇動で「各郡騒然、毒波忽《たちま》チ千百ノ良民ニ及ブ」騒動になった〟と、地方警備隊の設置を求めた司法省・井上毅らの建白（六月三十日付）を正院（内閣に相当する太政官の機関）に上申するなかで、あらためて注意を喚起している。

他方、七一年（明治四）の一連の弾圧で鳴りを潜めていた不平士族は、この年、岩倉具視右大臣襲撃（一月十四日）、佐賀事件（二月～三月）、ドイツ代理領事暗殺（八月十一日）と、ふたたび武力行使への志向を強め、帰郷した西郷をかついで私学校を設立した鹿児島県士族も、反政府派の拠点を自認して結束を固めはじめた。

こうした不安定な状況をいっそう激化させたのが台湾出兵だった。台湾に漂着した琉球の住民五十四人が殺害された三年前の事件を理由とした出兵だったが、「征韓」論に反対した大久保利通・大隈重信が一転して推進派にまわり、かつ、岩倉・木戸孝允・勝安芳・山県有朋や英米公使の反対で一時中止を決定（四月十九日）しながら、軍艦の出港を追認する形で派兵にふみきる（五月四日）といった経過は、再度、政府の一体性、政策の一貫性を損なうことになった。出兵中止はかえって「天下ノ紛擾ヲ醸ス」と述べた石川県士族の建白（四月二十五日付）を上申するなかで、太政官の一員である左院さえもが「我ガ政府ノ軽挙浮薄、頼ルベキナキ」姿に慨嘆したほどである。

しかも、大久保らの目論見に反して出兵は清国の強硬な抗議をまねき、あわや日清開戦かという瀬戸際にまでいった。このため、義勇兵志願や戦費献金などの「報国」運動が高まる反面で、戦争のような重大事を政府の有司のみで軽々に決定してよいのかという不満が高まり、保守派のあいだにまで民撰議院論への共感が生じた。また、四民平等を旗印に掲げた徴兵制の発足によって、これまで兵農分離制のもとで〝安穏〟に暮らしてきた民衆は、一転して海外の戦場にまで連れ出されかねない事態に直面した。それでいて、兵士としての常職を解かれた士族には多額の家禄が支給されていたから、彼らの「無為徒食」ぶりに世間の指弾が集中した。もちろん、〝天下の一大事〟に出番のない士族自身の忿懣もつのった。民衆は士族を「平民の居候」とののしり、士族は徴兵忌避に奔走する民衆を「尚武の気概がない」とあざけりながら、しかし「士族を兵隊に！」の要求で、はからずも両者は一致した。士族兵制こそ、開化政策阻止をねらう平民と士族の〝統一戦線〟に最適なスローガンであった。そこで、戦争の危機感をバックに、徴兵制の是非が政府内部の有力者をもまきこんだ切迫した争点として浮上した（第二章）。

台湾出兵はこのほか、九月に予定された地方官会議の中止による知事・県令の反発、七〇年（明治三）以来の最高値をつけた米価の急騰など、さまざまなリアクションをひき起こした。とくに、米価問題は体制をゆるがしかねない物騒な火種であった。なにしろ幕末の混乱期には「江戸の天下も今年かぎり、米の高いのも今年かぎり」という歌がはやり、やがて激しい打ちこわしが起きた。それからまだ十年ほどしかたっていない。民衆は投機的に米価をつりあげた米商人をはげしく非難し、米価統制をつよく求めた。ところが、政府は「商売ノ自由」を盾に、こうした民衆の切実な要求をまったく無視したのである。このため、米価問題は旧来の仁政観念と自由主義的な政治・経済原理との対立の焦点になり、真の「人民保護」とはなにかという大きな問題を提起することになった（第四章）。

徴兵と米価の問題は、民衆が経験してきた伝統的な「政事」の観念をつきくずすものであった。しかし、いうまでもなく、文明開化を標榜する明治政府の政策のすべてに近代的な原理が貫徹していたわけではない。七三年七月に布告された火葬禁止令がその好例である。火葬を仏教思想にもとづく「邪道」とみなす儒者や神道家にとって、火葬禁止は江戸時代以来の悲願だった。だが、すでに露骨な廃仏毀釈運動は挫折し、仏教をも取りこんだ国民教化体制がスタートしていたところに、葬儀という〝人生最後の儀式〟に神道の理念を押しつけたのだ。当然、門徒の大部分が火葬していた浄土真宗を中心に反対の声があがった。しかも、土葬には公衆衛生の観点からの異論も出されたから、火葬・土葬の是非は、宗教的対立に「行政」のからんだややこしい論争になった。と同時に、「宗教の自由」にかかわるこの論争のなかで、のちの国家神道の論理も形成されたのだった（第三章）。

こうして、民衆、士族、仏教者などさまざまな人々が政府批判の声を強めていった。一方、明治六年政変に勝利した大久保利通は、十一月、伊藤博文・寺島宗則を政体取調専任の参議に任命して、国家統治の根幹である政治形態（統治形態）の確定を急いだ。文部省官吏で明六社同人の阪谷素（二月付）も、どのような政体を採用するのかを明らかにしないと国民が「方向ニ迷ヒ」、なかには「廃帝ノ妄説」に帰着することも忘れて「共和ノ説ヲ称揚」し、人心を惑わす者も出てくるだろうと危惧している。〝共和制の亡霊〟はなにかにつけて〝識者〟を脅かしはじめていた。しかし、肝心の大久保が佐賀事件の鎮圧や清国との交渉のために東京を留守にせざるをえないようなありさまだったから、政体問題はもとより内政全般にわたって施策の停滞を余儀なくされていた。しかも、台湾出兵に反対する木戸の参議辞職（五月十三日）、左大臣に就任した守旧派の巨頭・島津久光の開化政策非難と大久保・大隈罷免要求（五月二十三日）、それへの大久保らの反発（辞表提出――岩倉らの慰留）等々、政府内部の対立はあらたな様相を呈し、再分裂の危機を深めていく。遠山茂樹氏は、この時期の政治状況について、「征韓論を機会に、右は島津久光を代表とする旧封建領主勢力、また佐賀の乱を先頭とする下層士族勢力、左は自由民権派に至るまで、一切の反政府勢力が動員され、肩を接して、時に入り混って、廃藩置県の余勢を駆って確立を急ぐ……政府と、がっしと四つに組み、未だ勝敗の予断を許さなかった」と表現している。(7)

明治維新以後、権力者にとっては毎年毎年がそれぞれに多事多難であったろうが、西郷・木戸ら本来主流派であるべき有力者の政府離脱と、最初の海外出兵、日清開戦の危機に直面したこの年もまた、薄氷を踏む思いで乗りきった一年だった。政府内部の権力争いや武力蜂起だけでなく、在野からの言論による批判が高まった分だけ、対応がむずかしくなったはずだ。本書が対象にした一八七四年（明治七）とは、おおむねこのような年であった。

さて、この年の諸問題のなかから、第一、二章がいわゆる「民権と国権」に直接かかわる政治的論争を、第三章が「宗教の自由」をめぐるイデオロギー論争を、第四章が「営業の自由」を軸とした経済論争を観察するとすれば、第五章は、議会論にもふれながら、建白書を審議した左院の政治姿勢と、建白のもつ政治的機能を検討した。(8)すでに述べたように、議会が開設されるまで建白は在野の主張を政府に反映させる主要な手段であった。明治政府も当初は「言路洞開」と称してこれを奨励した。だが、建白者の考える「御国益」と政府のそれとが乖離し、建白が政府批判の有力な武器になったとき、政府の建白者にたいする態度は一変する。七四年は政府が建白奨励の姿勢を保持しえた最後の年なのである。

また、第六章はこの年に注目すべき建白書を提出した無名の人物の追跡記である。対象とする時期も幕末から一九三〇年代におよび、他の章とは性格を異にする。しかし、吉岡弘毅というこの男の、過激な尊皇攘夷派からキリスト者に至る軌跡は、「明治」という時代の精神史を考えるうえで貴重なものである。そこで、前章までの議論を歴史のながれのなかに相対化する役割をも期待して、本書におさめることにした。

*

本書を書きながらつねに念頭にあったのは〝近代国家とつきあう法〟とでもいうべき問題だった。冒頭でふれたように、封建時代の民衆は政事に関与することができなかった。福沢諭吉はこれを国家の「客分」と表現している(『学問のすすめ』第三編)。これにたいして、近代はとにもかくにも民衆を国家の「主人」にしなければならない。建前だけにしろ、本来的な構成員としての「国民」なしに近代国家は成立しえないからだ。「国のためを思ふこと、我家を思ふが如く」、国家の運命をみずからの運命と重ねあわせてとらえる、それが福沢の期待する国民の姿であった。政府が建白を奨励したのもそうした「国民」意識を喚起したかったからだし、尺度の統一に奔走した市川又三や、外債消却のために献金しようとした人々の情熱も、まさに国家の一員になった感激と責任感から生まれたものだった。

だが、客分であれば「あっしにはかかわりのないことで……」といつでも立ち去ることができるが、主人ともなるとそうはいかない。参加には責任がともなう。「人民の職分として政府のみに国を預け置き、傍らよりこれを見物するの理あらんや」と福沢も述べている。(9) 橋爪幸昌や板垣退助らの建白を機に参政権を求める民権運動がスタートしたこの年に徴兵制をめぐる論争が本格化したのは、したがって偶然ではなかった。

一八七四年(明治七)は封建国家から近代国家への移行期であり、いわば、民衆がまったくの被治者から「国民」に転換させられる時代の真只中だったのだ。それゆえにこの年の論争は、徴兵制だけでなく米価であれ火葬であれ、すべて〝国家と国民の関係如何〟という問題につながっていた。民衆の側は国家を意識しなくても、国家は

民衆をつかんで放そうとしなかった。(10)

しかも、近代的諸原理の導入と「国民」の形成を急ぎつつ、はやくも、国民の自発性をいかに制御するかに腐心しはじめた政府にたいして、「報国心」をテコに参政権を要求する民権派、米価統制のような経済生活への政府の介入を求めながらも徴兵などには反発する民衆、さらには、封建的な政治・経済制度の復活を求める守旧派……これらが入り乱れての大乱戦となった。大まかに言えば、前二者（政府派と民権派）は近代化推進、後二者（民衆派と守旧派）は反近代の側に立った。だが、前二者は国民の政治参加権をめぐって対立し、封建的特権に固執する守旧派と身分制の解体を自明のこととみなす民衆とは本来的に相容れない存在だった。そのうえ、これらの論争のなかには、論者の主観的意図とは別に、「人民保護」を求める民衆の願望が強力な管理国家に帰結し、あるいは、反神道的な「宗教の自由」論が逆に国家神道を招き寄せる、といった背理も潜在していた。

こうした重層的、相互浸透的な対抗を浮彫りにすることによって、近代国家成立期である明治初年の民衆が直面した課題を具体的に明らかにしたい、それが本書に取り組んだ私の願望である。

註

（1） 史料の引用にあたっては、常用漢字に改め、適宜、句読点・濁点・送りがな・ふりがなをつけた。漢文表記を読み下したところもある。また、明白な誤字は正したが、当時の慣用的表記はそのままとした。同一文中で平がな・片かなが混用されている場合はどちらかに統一した。引用者の補足・註記は〔 〕で示した。

（2） 木戸孝允の七三年十二月の建議（『日本近代思想体系8　経済構想』岩波書店、一九八八年、一八〇頁）。ただし、ペリーが来航した時は武士だけでなく江戸の町人にまで「異国船撃退法」の提出が認められた。うまく撃退できれば十万石の大名になれるという流言もあって上書が殺到したという（南和男『維新前夜の江戸庶民』教育社歴史新書、一九八〇年、三四頁）。また、町医者の目安箱への投書がきっかけで身寄りのない病人のための「養生所」ができたこともある（水林彪『封建制の再編と日本的社会の確立』山川出版社、一九八七年、三四七頁)。だが、これらは幕末の「非常時」や享保改革の「目玉」といった例外的なケースである。

(3) 本書で利用した建白書はすべて色川大吉・我部政男監修『明治建白書集成』第二、三、四巻(筑摩書房、一九八六、八八、九〇年)に収録されている。所蔵機関、収録史料名などはこれを参照されたい。なお、一八七四年(明治七)の建白書については月日のみを記した。また、新聞は東京大学明治新聞雑誌文庫及び国立国会図書館新聞閲覧室所蔵のマイクロ・フィルム、『新聞集成明治編年史』(本邦書籍版)を利用した。

(4) 渡邊敏夫『暦のすべて』雄山閣、一九八〇年、一二〇頁。なお同書によれば、改暦の要求は一九〇〇年代まで続き衆議院で請願が議決されたこともあるという。また現行のグレゴリー暦は、一か月の日数が二十八日から三十一日まで四種類もある、年始に意味がないなどの欠点があり、世界的にもさまざまな改革案が出されているようだ(一一〇—一一二頁)。

(5) 一八七四年の左院あて建白書の族称等別、年齢別内訳は次のとおり。

平民	(うち農民)	士族	官員	神官	僧侶	その他・不明	計
一二七	(五四)	一一六	三七	二六	九	二一	三三六人

一九歳以下	二〇～二九	三〇～三九	四〇～四九	五〇～五九	六〇歳以上	不明	計
七	六五	四九	三九	二五	一四	一三七	三三六人

- 連名の建白は主たる者又は年長者一名のみを採った。
- 複数の建白を出している者の年齢は最初のものを採った。
- 族称は建白の表示に従った。そのため、平民とのみ表示した農民、官名のみを記した士族等が実際にはかなりいると思われる。また、士族の中にも官員がいる。
- 神官、僧侶は族称にかかわらず別掲とした。
- 士族には華族一名、平民には有禄平民一名、その他には外国人一名が含まれている。区戸長は官員とはしなかった。
- 最年長は七二歳、最年少は一六歳である。
- 残念ながら女性の建白者はいない。

(6) 当時は東京・京都・大坂(大阪)の三府が知事、その他は県令(または次席の権令)と称した。なお、県名は当時の表記を優先し、カッコ内に現行の県名を表示したが、県域の変更などで厳密には対応しない場合もある。

（7） 遠山茂樹「征韓論・自由民権論・封建論」一九五〇年（『自由民権と現代』筑摩書房、一九八五年、一二頁）。遠山氏はこれを一八七五年（明治八）の状況として述べているのだが、七四年にもほぼそのままあてはまる。むしろ、対外的危機を乗り切ったことで大久保政権の基盤が確立したという最近の見解（本書の「おわりに」で紹介する）を考慮すれば、遠山氏の指摘は七四年の状況にこそふさわしい。なお、坂野潤治氏は、遠山氏が挙げた対立軸に加えて、地方官会議を中止した政府と知事・県令との対立、および「明治七年半ばから八年九月までの時期における大久保＝大隈派と木戸＝井上馨派の対立面」を重視している（「征韓論争後の『内治派』と『外征派』」、近代日本研究会編『幕末・維新の日本』山川出版社、一九八一年、二四六頁）。

（8） なお、民撰議院論争（急進論と漸進論との対抗）についてはすでに多くの研究があるのでとりあげなかった。むしろ、本書全体が従来の論争理解の枠組の相対化をねらったものでもある。

（9） 以上、福沢諭吉『学問のすすめ』岩波文庫版　三〇、三一頁。

（10） 文明開化期を「国民形成」の視角から検討した最近の研究としては、飛鳥井雅道編『国民文化の形成』（筑摩書房、一九八四年）、飛鳥井雅道『文明開化』（岩波新書、一九八五年）などがある。

第一章　十六銭二厘の攻防

❶ 樋口次郎三郎らの献金願上申書
（『公文録　明治七年五月　諸県之部』国立公文書館所蔵）

❷ 橋爪幸昌の建白書（1874年４月付）
（『建白書　明治七年甲戌　自三月至五月　二』国立公文書館所蔵）

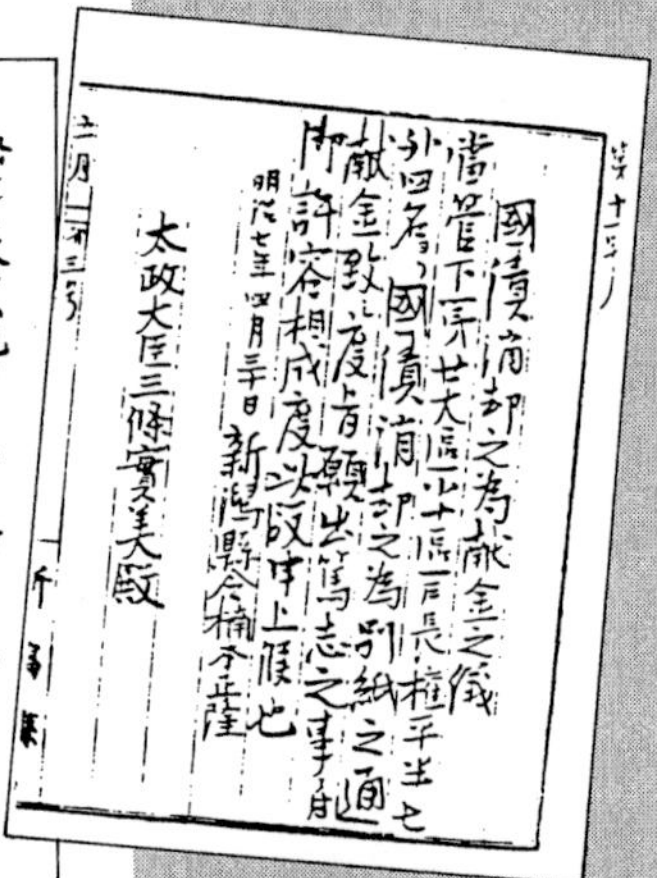

❶

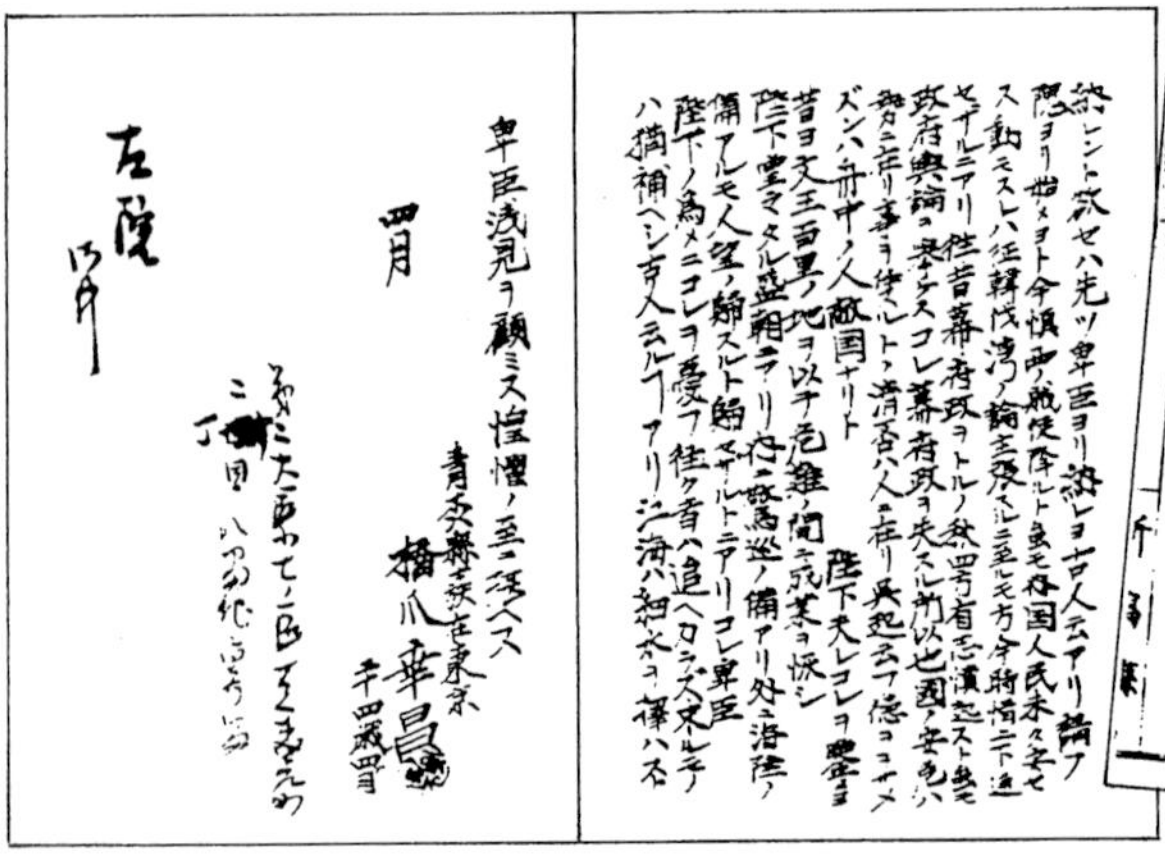

❷

㈠　巨額の外債

臣幸昌、頑愚、而《しこうして》国家ニ報ユルノ道ヲ知ラズ……〔願わくば〕我皇国臣民ヲシテ国家ニ報ヒ、外ハ万国ニ対シ慚色ナカラシメンコトヲ……嗚呼、我皇国ノ臣民、一和戮力《りくりょく》ナルヲ万国ニ示サンコトヲ……

青森県士族　在東京　橋爪幸昌

一八七三年（明治六）十一月二十三日、『日新真事誌』にのったこの建白（十月付）で、二十三歳の橋爪は一躍〝時の人〟になった。七三年暮から七四年前半にかけて、「かの橋爪氏の云ふ如く」といった投書が数多く新聞に掲載され、建白でもくりかえし言及された。この時期に大きな反響をよんだ板垣退助らの有名な民撰議院設立建白書にくらべても、民衆レベルにまでおよんだ反響のひろがり・速さという点では、優るとも劣らなかった。

彼の主張は、「当今ノ急務ハ先ズ、外債ヲ除クニアリ」の一点にあった。各地で民衆騒動が起こり、じつに拱手傍観すべからざる状況だが、「暴民蜂起」の原因は租税が重いことにあり、その根源は「巨万ノ外債」にある。そもそも、万国と交際しなければならない時代に外国に借金があるのはきわめて憂慮すべきだ。しかし、巨額の外債も国民一人あたりにすればわずか十六銭二厘にすぎない。そこで、「一和戮力」（一致協力）して来年五月までに各人がこれを積みたてて政府に献金し、「上ハ聖主ヲ安ジ、下ハ万民ヲシテ安全タラシメ」ようではないか、そのための檄文を府県を通じて全国に配付したい——これが彼の建白の趣旨だった。

外債の問題が人々の関心を集めたきっかけは井上馨と大隈重信の財政論争だった。この年の五月七日、大蔵大輔の井上が部下の渋沢栄一と連名の建白書をたたきつけて辞職するという事件がおきた。この建白で二人は、政府の財政赤字が「一億二千万円ノ巨額」に近づいており、現状ではさらに毎年一千万円ずつ増加する見込みで、償却のめどもたたない、しかるに各省は「文明ノ政治」の実現をめざして「躁行軽進、速成ヲ一日ニ求」めて、財政の窮状に留意しようとしない、このまま「開明」を追いつづければ成果のあがる前に国家が「貧弱ニ陥」り、政府は「人民ト背馳」しまう、と警告したのだった。西郷隆盛から「三井の番頭さん」と皮肉られた井上にはとかくの噂があったが、大久保利通らの欧米巡遊使節団への対抗意識も手伝って文明開化政策を矢継ぎ早にうちだす各省（とくに司法省・文部省）にたいして、財政の責任を負う井上がブレーキをかけようとしてかえって孤立した末の行動だった。

この建白を井上らが新聞に公表したため、「政府の会計は危険なる情況に陥れりとの事実」が知れわたり、政府・在野を問わず「議論大いに沸騰」した。(1) そこで政府主流派は、大隈重信を大蔵省事務総裁に任命して、財政がそれほど窮迫していないことを証明させようとした。大隈はこれにこたえて「明治六年歳入出見込会計表」を作成し、六月九日の『太政官日誌』（今の官報）に公表した。ここでは一転して、歳入四千八百七十三万円、歳出四千六百五十九万円、差引二百十四万円余の黒字ということになったから、人々は二度びっくりさせられた。同時に、これによってはじめて国家財政の概要が国民に公開され、二千六百万円余の内債と五百五十万円余の外債があり、外債の利子として毎年三十七万円を支払っていることも明らかとなった。(2) 内外債元金は歳入の年間見込額の六〇％、外債だけで一〇％以上になる。その消却について大隈は、華士族の禄制を定めて家禄を削減した分をあてれば対処できる、赤字が累積して償却の見込みがたたないという井上の主張は「臆測ノ概算」にもとづく誤論であり、今回の会計表によって人民は「疑惑ヲ解キ……物議ヲ止ンコト」を願う、と力説した。ただし、この年の決算は、歳入七千四百六十七万円、歳出六千二百六十七万円、差引千二百万円の黒字になったから、会計表が予算ではなくたんなる「見込」だとはいえ、大隈の計算もかなりいいかげんだった。(3) また、外債の額も後年とくらべればたいしたものではなかった。たとえば、一九〇三年（明治三十六）には累計一億九千万円、国家財政規模の約七〇％に達するのだから[4]。

　とはいえ、日清戦争で賠償金を獲得し産業革命も進行中だった時期と、政権の基盤すら不安定な明治初年とでは、外債の重みはまったく異なる。また橋爪にしてみれば、金額の多少にかかわらず、外国に借金のあること自体がゆゆしき問題であり、それだけで国家の独立が脅かされると憂慮したのだ。

　ただし、外債総額を当時の人口、三千四百万人で割って一人あたり十六銭二厘という数字をはじきだしたのは、橋爪ではなかった。文部大録・飯田恒男と新治県（現茨城県）士族・岡田宜友が『日新真事誌』（73・8・9）にのせた投書が最初のようだ。この投書で彼らは、内債はたとえ巨万であっても国内で流通するからよいが、外債はそうではない、利子はいたずらに外国の利益となるだけで、座して「我国ノ疲弊ヲ俟《ま》ツ」にひとしい、「有志ノ徒」が二十か年賦の公債をひきうけて外債を償却し、「国害ヲ除」こう、と呼びかけたのだった。

　この記事は、新聞紙面をみるかぎり、めだった反響を呼ばなかった。だが、「貧ニシテ勧学スルアタハズ、新聞紙ヲ読ムヲ以テ業トス」る橋爪の目にとまったことで、「十六銭二厘」は国民一人あたりの金額という現状をしめす数字から、消却のための具体的目標に転化し、外債問題は一挙に運動として展開することになったのである。

　橋爪の提起にたいする反応はすばやかった。まず、「闔国《こうこく》臣民ノ所謂《いわゆる》大和魂ヲ鼓舞スル者」と自称する男が、「僕究《きわめ》テ貧困ナリト雖《いえど》モ、又橋爪君ト志ヲ同」じくしたい、と声をあげた（同73・11・30）。ついで、橋爪が住んでいた東京府芝森元町をふくむ第二大区の住人三十六名が建白に「感動」して名をつらね（同73・12・25）、第二大区の別の数十名も、「弱ハ強ニ制セラレ、貧ハ富ニ役セラル」世界のなかで富国・強兵を欲するとすればまず外債を消却しなければならない、「同志ノ下列」に加えてもらえれば「幸甚々々」と申し出た（同74・1・5）。「カヽル愛国有志ノ人ニ一面セザルヲ憂フ」と、橋爪の住所を新聞社に問いあわせる者もいた（『東京日々新聞』73・

12・27)。

また、名古屋の市川某は、「己れに克て衆に先んじ、此の大業を謀るの素志、実に愛国尽忠の巨魁と、覚へず感涙の袖を潤」した、と感激の投書を寄せ(『郵便報知新聞』74・1・28)、神奈川県稲城村(現東京都稲城市)の立志学舎訓導四人も、新聞を見ると某区の住民がこぞって献金を願い出たというのに我々は遅れをとっている、「実に慙赧《セキメン》に堪」えない、「願くは四方君子、十六銭二厘の薄資を愛んで千載一時の義務を忘るゝこと勿れ」、と奮起をうながした(『横浜毎日新聞』74・1・22)。東京府の僧・水野錦絅は、ガス灯などの「不急ノ奢器」に巨額の費用を投入するよりは「外債消却等ノ一大急難ノ事」に使うべきだと主張した(『東京日々新聞』74・1・6)。外債五百五十万円のうち四百八十八万円は新橋・横浜間の鉄道の敷設費だった。「文明開化」とはいえ外国に借金してまで鉄道をつくる必要があるのかという気持は、多くの人々に共通していたはずだ。

さらに、度会県(現三重県)の商人・村井恒蔵は、「我国民タルモノ徒手黙視スベキニアラズ」と賛同し(『日新真事誌』73・12・23)、翌年二月には四人の連名で、「国恩ニ報ズルノ義務」を尽くすのは「臣民タル者ノ分」であり、他県に先んじて実行すればわが県民の国家にたいする「憂愛ノ深ヲ示ス」こともできる、との稟告文を県内に配った(『東京日々新聞』74・2・23)。岐阜県の副区長・曽我長四郎は、『岐阜新聞』第五号附録で橋爪の説を熟読したが「実ニ報国ノ誠心……紙上ニ炳然《へいぜん》」としている、外債が「我瑕瑾」であり「本邦ノ負債」がすべて人民に関係するのは論をまたない、小区が奮発すれば大区も動き「遂ニ全国ヲ鼓舞スルニ至ラン」と述べ(四月十七日)、同県の権大講義・高木真蔭も、橋爪の建白をみて有志が自分に相談にくるなど「人心大ニ……進歩」したと喜び、趣旨書の配付を県に願い出た(四月二十二日)(5)。いまや献金運動は各地の「報国」競争の観さえ呈しはじめた。

橋爪の要請にこたえて、青森県庁も七三年十一月十七日付で各府県に檄文を送付したようだ。岐阜県の文書綴のなかに、〝本県士族橋爪幸昌より別紙のとおり有志を募って外債を除きたいとの申し出があった、「余儀無く」思えるのでご便宜をはかっていただきたい〃という書類が残っている。

かけ声だけではない。栃木県士族・長重故は、今後家族と力をあわせて「挽車耕労」して糊口をしのぎ、家禄一か年分を献納すると申し出たし、同県・村用掛の早川忠吾は、「内外数千万ノ負債」と知ったときは「愕然」としたが、橋爪の記事をみて「実ニ愛国ノ美事、尽忠篤志ノ巨魁ト踴躍感佩ノ至リニ堪」えないと二十五円を献納し、さらに檄文数百部を自分で印刷して県内の区戸長に配付した（『日新真事誌』73・12・18、74・1・5）。また、宮城県の区長・山田信胤は家族そろって節倹して二十五円を献金し（一月十日付）、石川県の神官兼区長・国田敬武の妻つるは、亡夫が「外国の御負債巨万金の巷説」を聞き、消却が遅れればその利子分だけ「皇国の御損」になると憂えていたからとして、十円の献金を出願した（『郵便報知新聞』74・2・4）。

岐阜県では、御島村の九百六十余人が「天恩」に報いるため三百円（四月七日）、送木村の三十一家族百三十人が二十一円（五月四日）、曽我長四郎が百円（五月十四日）の献金を申しでた。また、新潟県の戸長、樋口次郎三郎・権平半七ら五名は、自分共の「愛国之至情」を示すために献金したい、「何卒《なにとぞ》御国債御消却之中、御差シ加へ被成下置《なしくだしおかれ》候ハヾ、難有仕合《ありがたきしあわせ》ニ存ジ奉リ候」として、千円（！）を県に差しだした（五月十日[6]）、等々……。

(二)　報国尽忠の志

もとよりこれらは、たまたま新聞記事や県庁文書の形で記録されたものの一部にすぎない。『東京日々新聞』（74・2・7）の「南橋散史月旦評」は、募金のかけ声は聞くが実際に献金した例を知らないと皮肉っているが、東京の新聞人の目にとまらないさまざまな動きがあったのだ。それにしても、なぜ橋爪のアピールがこれほどまでに熱烈な反応をひき起こしたのか。

ひとつは橋爪の貧しさである。府県知事にあてた檄文のなかで彼は、「僕等ガ如キハ実ニ天下ノ窮民ニシテ、手足ヲ労シ今日活ルノ算アツテ、明日何ヲ食スルヲ知ラズ」と述べ、その末尾で「母子戮力、月ニ六円トス」と自らの家計を公表している。

食料　三円、　家賃　一円二朱、　水汲ニ供ス　一分、　湯銭　二朱、　新聞紙ニ供ス　一分、

戊辰戦亡ノ人ニ供ス　二朱、　旧主家煙草料ニ供ス　二分、　国報　二分、　予備　二朱

（一分は二十五銭、一朱はその四分の一）

彼の建白をのせた『日新真事誌』には、同志だという竹口芳五郎らの「附言」がつけられているが、そこには「嗚呼……貧ナル旧会人ニ於テスラ如是」とある。戊辰戦争で惨敗した会津藩士は、大半が下北半島などに移住させられて「青森県士族」となり、一部が会津で帰農したり北海道・東京などに散ったといわれる。橋爪もその一人であった。「僕等都下ニ出ル、一衣一銭ノ貯ナシ」と檄文でも述べている。そこで彼は印刷所に勤めるのだが、老母から「汝、丈男ニアラズヤ、勉強努力シテ国家ニ報ゼヨ」、老いたりとはいえ私が「紡績」の仕事をして家計を助ける、「三飯ノ如キ……麦飯焼塩ニシテ可ナリ」と諌められて、奮起したのだという。敗残の身ながら、旧主家や戦死者の家族のためにとぼしい家計費の一割以上をさくという律義ぶりも泣かせる。〝朝敵の旧会津藩士にしてなおこの美談あり、まして……〟というわけだ。

ちなみに、当時の物価を例示すると、並白米一升がほぼ七銭、上等酒一升が二十銭、下等酒で四銭、新橋・川崎間の下等運賃が十八・七五銭、柳橋芸者二時間のお座敷代が二十五銭である。神奈川県高座郡の大工手間賃は一日十四銭だった。(7) また、新治県下総（現千葉県）飯倉村の片岡治躬は、三月、五月の節句に「報国の為、一日手足を

労」して八銭一厘ずつ献金しようと提案をしている（『郵便報知新聞』74・3・13）。つまり、農村の日雇賃金二日分でまかなえる程度だから、金額的にはたいしたことはなかった。しかし、おなじ「十六銭二厘」でも、政府官僚である文部大録の飯田から言われたら反発したくなるのが人情というものだろう。橋爪と前後して建白書（七三年十月十七日付）を提出した島根県官吏の近藤美も、欧米各国では外債はすでに慣例となっているが、わが国では「涕泣歎嗟」すべきことであり、憂国の士がさまざまな献策をしている、だが全国民から一律に徴収するという案は徴兵のうえに「定税常賦」以外の賦課をするもので、民の反発を招くおそれがある、と述べていた。この点で、〝元朝敵にして貧なる旧会津人〟の橋爪は、提唱者としてうってつけの存在であった。

橋爪のアピールがうけたもう一つの理由は、さきに紹介したいくつもの献金願の文面が示すように、「皇国臣民」として国家に報いたいという「愛国之至情」、「報国ノ誠心」をもつ人々が、この時期に広汎に存在しはじめたことである。

「はじめに」でふれたことだが、身分制を基礎とする封建時代に政治に関与できるのは武士階級だけだった。それゆえ徳川時代ならば、利権の見返りもなしに、「一箇ノ寒商」である村井恒蔵が、領主の借金を返済するために「苟モ我国民タルモノ、徒手黙視スベキニアラズ」と自発的に献金し、藩内の人々に呼びかけるといった行動を起こすことはありえなかったろう。しかし、いまや「四民平等」である。次章で述べるように、一般民衆にとって国家の一員になることはさしあたり徴兵にとられるだけの〝有難迷惑〟でしかなかったとしても、尊皇思想を学んだ豪農や豪商にとっては、国民（臣民）として国家に直接つながることは、なによりもうれしかったに違いない。橋爪の提唱はじつにタイミングがよかったのだ。

事実、さきに列挙した人々のなかにも、このような地域の名望家を見出すことができる。たとえば山田信胤は、日本の生糸は万国第一の産物となるべきものなのに品質が劣るのは「口惜しき事」だから、西洋の器械で製糸するよう「御告諭」下されば、率先して器械を買入れ教師を雇うようにしたい、と宮城県に願い出た（『郵便報知新聞』74・4・9）。また、早川忠吾はのちに栃木県会議員となり、足尾鉱毒事件が起きるといちはやく水質検査を県立病院に依頼するなど運動の先頭にたつような人物である。岐阜の曽我長四郎も新聞閲覧所を自費で開き、村民に「自在ニ熟読」させたいと県に申し出ている。彼らにとって、多少の金で国家の負債が肩代わりできるこの運動は、みずからの報国心を満たすうえでも格好なものだった。

もちろん、橋爪の「報国心」にまったく打算がなかったとは言いきれない。檄文のなかには、維新以前は学問や能力があっても政治に参与できなかったが、いまでは「士庶ヲ問ハズ」大臣にも卿（省の長官）にもなれる、「古人云ズヤ、彼モ丈男ナリ我モ丈男ナリ。苟モ勉強努力セバ何ヲ欲シテカ、ナラザラン」、という一節がある。たまたま〝朝敵藩〟に生まれたばかりに立身出世の道を閉ざされた青年の不満をここから読みとるのはたやすい。また、自分が働くから勉強努力して国家に報いよと励ました老母にも、教育ママ的願望がなかったとはいえまい。しかし、そうした上昇志向が「報国」の観念によって素直に正当化され、他人からも称賛されたところに、〝国家と人民の幸福な関係〟とでも言うべきこの時期の特徴があった。

㈢　橋爪説への疑問

ただし、橋爪にたいする疑問や批判がなかったわけではない。青森県の山田改一は、国内でしか通用しない紙幣を集めたとしてそれで外国への支払いができるのか、それなら政府はなんで紙幣を増刷して消却しないのか、と指摘し（『郵便報知新聞』74・2・4）、宮城県の山口物兵衛も、紙幣を正金銀に換える方法を考えねばならないと述べている（同74・8・8）。たしかに、膨大な正貨の流出に悩む現状ではこの点が最大の難問だった。

また左院あての建白も、橋爪に触発された旨を記しつつ異なる方策を提案したものが多かった（そうでなければわざわざ建白する意味もないが）。宮城県士族・星雄記は、赤貧の者が十六銭二厘を出すのは大変だから「袖手シテ坐食」している華士族の家禄や官員の給料の一割を差し出させるべきだと言い（一月付）、浜松県（現静岡県）農民・気賀林は、家産に応じた戸別割の税を課して内債を含めたすべての借金を消却するよう主張し（六月十一日付）、埼玉県の区長・高橋荘右衛門も内債への振替を（三月十七日付）、また高知県士族・辻弘直は寺院の鐘を供出させることを提言している（十一月付）。内債への転換は橋爪案とおなじ問題点をかかえているわけだが、埼玉県農民・飯島道治郎は、紙幣で「天下ノ豪富」から古金を買いとり、金貨に鋳造して支払えばよい、これでは国内の金を外国へやるだけだという批判もあろうが、不換紙幣でも国内なら流通するし「十年又十年」と少しずつでも焼却していけば、そのほうが「安民強国、久遠ノ策」だと力説している（七月付）[8]。

これらの見解に橋爪は直接答えていないが、『日新真事誌』（73・12・8）に、〃建白公表以来、多くの反応があるものの、消却の仕方をめぐって意見がなかなか一致しない。そこで有志諸君と会合して「衆目ノ帰スル処ニ従ヒ、速カニ消却ノ方法ヲ議定」したいから、本月十六日、松平容大邸に来られたし〃という「稟告」をのせている。松平容大は旧会津藩主・松平容保の長男である。毎月の「煙草料」の届け先はここだったのだろう。この呼びかけは、なんと「十六銭二厘」を算出した飯田恒男との連名である。二人の関係や、この会合が実際に開かれたのか、どんな結論になったのかはわからない。その後の経過をみると、結局、橋爪が提唱した線で進めることになったようだ。

一方、外債消却の必要性そのものへの疑問もあった。広島県平民・福原勉之介は、〃現在の急務は北海道開拓のために鉄道を敷くことだ。そのための資本がなければこれを「外人」に仰いだとて「何ゾ恥且ツ憂フル」必要があろう。借金を返して何もしないより、金を借りて利益をあげるほうが優れていることは「人世ノ通義」を知る者には自明であり、むしろ将来借金をしないですむように産業を振興することが重要である。また、返却を求められてもいないのに「奮然」と返済して「国家ノ繁冗ヲ増ス」のは、「一家ノ事」を基準にして「一国ヲ論ズル」ものではないか〟と批判した（『日新真事誌』74・2・4）。借金はなんによらず悪であり避けるべきだと考えるか、それとも収益の得られる見込みがあれば積極的に借りたほうがいいのか、現在でもことあるごとに議論されるところだ。

同様の意見は、『日新真事誌』発行人のJ・R・ブラックも述べている。橋爪の建白をのせた直後の社説（73・12・4）で彼はこう言う――もし貸借の便がなければ貧民は商売もできず、衣食の道を絶たれて「餓死ノ至ルヲ待ツ」だけだ。橋爪氏も赤貧に甘んじていないで富者から金を借りて事業を起こせば、他の職人なども利益を受け租税も増えるではないか。また、英国は世界中に金を貸してその国の産業を興しており、世界の鉄路で英国の資金を借りていないものはない。「横浜東京ノ間ニ大成シタル鉄道ノ盛挙ヲ見ヨ」、と。また、資金を諸外国が借りてくれなければ、ただ銀行に積み置くだけで英国も利益を得られない、日本に貸すのは、日本が英国に「懇切ナルヲ好ンデ」のことだから「外債ニ付テハ恐怖スベキニアラズ」と説得する。いかにもイギリス資本を代弁した論調で、その率直さに感心するほどだが、板垣らの民撰議院開設論をいち早く支持し、佐賀事件で報道管制をしいた政府を批判するなど、当時の代表的な啓蒙派言論人としてブラックが果たした役割の小さくなかったことも付言しておこう。(9)

ブラックにたいしては、すぐさま度会県の内海直質が反駁した。貸借行為の必要なことは「天下ノ通義」であり、国家が負債を必要とする場合のあることぐらいは承知している。しかし現在の朝廷の借金は「事業ヲ起シ洪益ヲ計ル」ものではなく「朝廷ノ贅債」である。しかも万一償還期限を過ぎれば国家の信用を失うから我々は憂慮しているのだ。たとえ「同志稀少、集財微薄」でも華士族の「袖手坐食」にくらべればはるかに立派な行いではないか。それなのに、わざわざ「贅論冗言ヲ弄シテ、人ノ自由ヲ障碍スル」とは何ごとか、というわけだ（『東京日々新聞』73・12・25）。

平和的な国際秩序を理想とする万国公法があっても、「至文至明ト称スル」西洋諸国ですらややもすれば武力に依存しており、結局は兵の強弱、国の貧富が対外関係の決め手になること（高知県士族・岡部隼太ら、九月付）、また欧米の商人が、もし日本と清国が争えば双方に武器を売り、「商売上の故障」があれば一転して和平に動くような「抜目」ない存在であること（左院御用係・児玉淳一郎、九月九日付）を、当時の人々はよく承知していた。ブラックがいくらイギリス資本の〝建設的〟な役割、親日的態度、対外債務の効用を説いても、日本の憂国者たちの危惧を和らげることはむずかしかった。

こうして、消却の方法についてはいろいろな意見や疑問を残しながらも、「外債消却」はいまや大方の輿論となった。政府内部の権力争いのいきがかりからだったとはいえ、大隈による国家財政の公表は結果的に、民衆をたんなる被治者から「国民」へと徐々に転換させ、国家に吸収するという当時の最大の政治課題にきわめて有効な役割をはたした。いつの時代にも、「知らしめる」ことこそが愛国心を喚起する最良の方策なのである。

㈣　献金却下

それでは、明治政府は橋爪らの運動にどう対応しただろうか。じつは、このけなげともいうべき報国心の申し出を政府はきっぱりと拒絶したのである。

建白書そのものが門前払いだった。彼の建白書は七三年十月十四日、左院に提出されたが、政府から府県にたいして一個人の檄文を流すようにといった指令を出すことはできないし、そのようなことを政府に要求するのは建白の趣旨に反する、建白はあくまで政策のあり方についての提言である、との原則論によって、左院は建白書を返却したのである――「其書体、建白書受付規則ニ悖戻致シ候」と。

ただし、返却のさいに左院書記生・井上八郎は、人民が「自由ノ権ヲ以テ同志ヲ募ル」ことまで政府が「敢テ止ムル理」なしと、橋爪に語ったらしい。そこで一か月後、国民の「情願ニ任ズベシ」と左院に言われたとして、橋爪は建白と檄文を公表したのである。

こうしたいきさつから、橋爪が「既ニ左院窺済《うかがいずみ》ノ上、普ク全国ノ同志ヲ募」っているのだと受けとめる者（栃木・長重故の願書）が出てきた。あわてた左院は橋爪を呼びだして説諭したうえ、〝長重故は事情を知らずに臆測を述べたにすぎず、また幸昌も「本院説諭ノ件々、承服致シ候」と答えた〟との公文を『日新真事誌』（73・12・23）に掲載した。この記事が出ると、今度は橋爪が自分から井上に会いに行ってその応答を投書した（同73・12・27）。

一連のやりとりのなかで井上は、人民が献金運動をやるのは「自主自由ノ権」であって、政府が「やるな」とも「やれ」とも命令することはできないのだ、とくりかえし念をおしている。橋爪もあらためて「僕コレニヨリテ本院ノ説諭ニ承服ス」と答えた。しかし、どうも彼が井上の真意を正確に理解したとは思えない。橋爪の投書を筆写した左院の文書には、「窺済ト心得苦シカラズトノ差図、如何」という彼の問の部分に「十六字誤聞、此指図且問アルコトナシ」と註記されている。左院が許可したかどうかといった問答自体ありえないというのだ。

「自由」と「窺済」とのあいだには質的なへだたりがある。だが、橋爪は（故意か無意識か）そこにまったく注意を向けようとしない。だから、七四年六月になっても、左院が許可したのかどうかとの問い合わせが石川県などから出されており、左院はやっきになって否定している。たぶん井上は「趣旨は悪くないから」と軽い気持で励ましたのだろうが、反響が大きくなり、上司からは軽率だと注意され、さぞかし困惑したに違いない。これは余談だが、十一月二十一日、「酔体ニテ、コウモリ傘打チ振リ……往来ノ妨害」をしていたところを番人に注意された井上は「却テ傲慢申シ募リ」、番所でも「机ヲ拍チ叩キ、高声ニテ暴言申シ募リ」、ついに一晩「拘留」されるといった大虎ぶりを発揮して、〝懲役三十日のところ官吏ゆえに贖罪金六円〟の処分を受けた（『東京日々新聞』73・12・

20）。橋爪の建白が新聞に出たのはその後だから直接の関係はないが、四十一歳の井上にとってはさんざんな年の暮であった。

それはともかく、江戸時代だけでなく維新直後の五榜の掲示（第二札）でも、なにごとによらず「宜シカラザル事」を大勢で申しあわせるのを「徒党」といい、徒党して強いて願いごとを企てるのを「強訴」という、ともに「堅ク御法度タリ」と明示されていたのだから、なにか運動を始める前にいちおう〝お上〟の許しを得ておきたいと民衆が考えたとしても、あながち筋違いとばかりは言えなかった。

実際、「僻邑の細民」にまで趣旨を徹底しないで献金を集めれば税の賦課とおなじだと指摘した新治県・片岡治躬でさえ、田舎では区戸長が懇々と説諭しなければいくら法制が立派でも実行されないから、ぜひとも役人が「奮発奨論」してくれるように依頼すべきだ、と述べている（『郵便報知新聞』74・2・9、74・3・13）。お上から説諭されなければ動かないという現実は、製糸業発展のために器械導入の告諭を出してほしいと県に依頼した山田信胤の願書からもうかがえる。新しい事業を始めるにあたって県や区戸長の力に依存するのはむしろ当然のことで、当時の民衆にとって「自主自由」な運動はまだ〝危険〟で、なじみのないものだったのだ。橋爪も、〝誰々曰く〟という「投書ノ如」き形式では反響がないから、政府の許可や知事県令の返書を得たい、と檄文の末尾に追記している。井上にどう言われようと「窺済」を標榜せざるをえなかった、というのが実情だろう。そして、地域での彼らの運動がかなり強引だったのもたしかなようだ。岐阜県庁は、「公儀ヲ借リ、無志ノ者ニ強弁説得」しないようにと曽我長四郎らに念をおしたが、「本人共之注意コ、ニ薄ク、一直ニ慫慂」しているらしく、「手ヲ官ニ借リ、藉口ノ一助」にしようとの「心底」がある、と心配している。

とはいえ、ここでの問題は、建白の形式や、人民の自発的運動と政府の関係如何という原則に関してであり、外債の消却を人民の献金でまかなうこと自体の是非ではなかった。政府としても当初は〝自由な情願〟による献金を受け付けるつもりだったようで、七三年十二月二十四日、早川忠吾の献金願を受理すると、「奇特之儀ニ付、願之趣聞届ケ、其賞ノ為、木杯一口下賜候」と大蔵卿大隈重信の名で通知している。

ところが、七四年二月二十日、なぜか大蔵省は態度を一変して、「献金願之儀聞届候旨、先般指図ニ及ビ候処、右ハ詮議之次第有之《これあり》、取消」と通達する。そして、これ以後、「篤志之段、神妙之至リニ候得共、外債ニ付献金之儀ハ聞届ケ難ク……其旨懇《ねんごろ》ニ相達ス可キ事」（山田信胤、二月二十八日）、願の趣旨は許可できないが「願意奇特之段ハ褒詞致シ置ク可キ事」（樋口次郎三郎ら、五月十日）と、府県に指令するようになる。(10)

七三年の決算こそ大隈の予想の五倍もの黒字になったが、これはまったくの例外で、国家財政の赤字基調は変わらなかった。しかも七四年二月には佐賀事件が勃発し、台湾出兵も内定された。日清開戦の危険がでてきた八月には「海陸軍非常予備金は既に尽きて殆ど剰す所なし」(11)という事態にまで追いこまれている。どのような「詮議」が大蔵省であったのか、今のところ明らかにしえないが、膨大な借金と財政支出の急増に悩む政府が、いったん受けとった献金をわざわざ返却してまでこれを拒むのは異常というほかない。

一方、外債問題の建白にたいする左院の返答は次のようなものだった——〝負債はもともと「政府ノ特権」で行ったのだから、その消却もまた政府が考えることで「今更、別ニ全国人民ニ賦ス」べき「情理」はない〟（星雄記に対する回答）、〝内外債ともすでに政府において「御処置ノ順序」ができているから建白を採用すべき筋はない〟（気賀林への回答）。滋賀県令の松田道之も、聞くところによると「若干年ノ後、政府無債ニ至ルトノ説アリ」と述べており（『日新真事誌』74・5・13）、岐阜県庁も、大蔵省へ上陳したところ〝本省において「目途有之」、献金願はすべて聞き届けがたい〟旨の口達があったから、そう心得るように、と曽我長四郎らに伝えている。

おそらく、このあたりが政府の公式見解とみてよかろう。献金をもらう側が「聞届」だの「神妙ノ至リ」だのといい気なものだが、現代でも政治「献金」というのはおかしい、「寄金」のはずだとの指摘がある（「天声人語」

『朝日新聞』一九八九年五月三日）くらいだから、日本の官尊民卑の風潮は根が深い。それでも、借金がかさむと御用金を賦課して済ませようとした江戸時代の大名たちにくらべれば、政府の責任で借金をしたのだから今さら国民に心配をかけさせるわけにはいかない、消却は政府の義務でありその目途もたっている、という言葉はまことにご立派で、現代のどこかの政府にも聞かせたいところだ。

たしかに、近代国家においては租税以外の金を国民に賦課することは不当とみなされている。京都の磊々堂主人なる者も、「橋爪氏ハ猶旧習ヲ脱セズ、人民ニ賦課シテ外債ヲ償却」しようとしているが、もし政府がした借金の返済が人民の「義務」であり、政府は人民に賦課する「権利」をもつというのでは、「政府ニ擅暴ノ制限ナク、人民ニ安堵ノ堡障ナカラン」と批判している。橋爪のようなやり方は、結局、政府の擅暴を野放しにするだけで、政府が「人民ノ膏血ヲ剝ギ、之ヲ毛唐人ニ与」えるとの印象を民衆にもたせ、ついには「不測ノ変乱」を招きかねない、とも指摘する（『日新真事誌』74・6・14）。正論だろう。

こうして、橋爪が「暴民蜂起」の遠因とみなした外債の消却が逆に「不測ノ変乱」を生みかねないとの危惧が出され、さらには、そもそも外債消却は国民の義務なのか、それとも政府の義務なのかという原理的な問題が浮上してきた。もともと近代国家の一員としての自覚・使命感から生まれた運動だったはずなのだが、じつは、彼らの「報国心」と近代的財政原則とは無条件には合致しなかったのだ。

ただし、当時の明治政府が、磊々堂主人の言うように「旧封建諸侯」と違って「定税ノ外、民ニ一銭ヲ課セズ」、国民からの献金をいっさい受けつけなかったかといえば、そんなことはない。『太政官日誌』には「学校費トシテ金百円献納候段、奇特之事ニ候、依テ其賞ノ為、銀杯一箇下賜候事」とか、「木杯一組下賜候事」といった記事が数多く見られる。また、七三年（明治六）五月に皇居が焼失した後は、各地から修復のための献金がぞくぞくと寄せられた。天皇は、国家のために多額の費用を必要とする今日、皇居造築を急ぐことは望まない、「朕ガ居室ノ為ニ民産ヲ損ジ、黎庶《れいしょ》〔万民の意〕ヲ苦マシムルコト勿《なか》ルベシ」との勅諭を出して仁政ぶりを示したが、政府は大蔵省（のちに宮内省）で献金を受けることにした。結局、翌七四年十二月に再建がきめられるのだが、そのときまでに献金総額は二十九万円に達したという。(12)

しかも、個人の場合はともかく、集団献金の大部分は半強制とみてまちがいなかった。たとえば、最高五円、最低一銭五厘、合計三百二十三円を献金した愛媛県大洲の住人一千六十一人のすべてが自発的であったとは信じがたい。また、金額のランクが設定され各村のほぼ全員が拠出したとみられる三潴県（現福岡県）第一―四大区の三千七百円余、愛知県第十大区の三百九十三円余なども、行政側の割り当てがあったと思われる。これらの献金を政府はあっさり受けとっている。(13)

つまり、明治政府は、学校や皇居修築のための献金には木杯を与えるような奨励策さえとりながら、外債関係だけはたとえ個人の自発的な申し出であっても拒否したのだ。とすれば、政府の措置は磊々堂主人の言うような近代的財政原理の建前にもとづくものではなかったことになる。これだけ物議をかもしているにもかかわらず、大蔵省が拒否の理由を個別に「口達」しているのも、変といえば変である。

(五)　財政共議権

その理由をさぐる手がかりが大坂府・中川松二の投書にある。中川は「至極御尤ノ論、御同意」はするけれども、とことわったうえで、橋爪に次のような質問をする（『日新真事誌』73・12・10）。

国債ハ一度消却スルモ、再度生ゼザルヲ期シ難カルベシ。世間ニハ先例ト云フコトモアレバ、後年、人民ノ知

ラヌ間ニ外債生ズルコトアラバ、其時ハ如何センヤ。此一事大ニ不安心也。此辺ノ儀、尚御高諭、相願度候
借金というのは一度すると癖になる、十六銭二厘で肩代わりしてやるのはいいが、これに味をしめたわが政府がまた借金をかかえこんだらどうするのだ、世間には前例踏襲ということもあるのだから……、という至極もっともな疑問である。橋爪はこれに答えていない。

国民のこうした「不安心」のいきつくところをいちはやく察したのは、当の放蕩息子のほうだったと思われる。殖産興業のための積極財政主義は大隈財政の基調であり、明治十四年政変による大隈失脚の遠因が前年の五千万円外債募集案にあったことはよく知られている。[14]しかも、献金運動が動きだした七三年十二月は、二百四十万ポンド、千百七十一万円余の外債を原資とした家禄償還の推進を政府が決定した時期でもあった。おまけに、この二百四十万ポンドは七三年一月に大蔵省の吉田清成がイギリスで契約を済ませたものだから、本来なら「明治六年会計表」に計上すべき額だった。五百五十万円のはずの借金は「人民ノ知ラヌ間」にすでに三倍に膨らんでいたわけだ。七四年五月十三日に各官庁へ通達された「明治七年歳入出見込会計表」には外債千七百八万円余と正しく記されていたが、『太政官日誌』には「本年度歳計概算別紙ノ通リ大蔵卿大隈重信ヨリ差出候」とあるだけで「別紙略之」となっている。それでも、六月の気賀林の建白が「外債一千七百万円余」と述べているから、この頃には国民に知れ渡ったようだ。宮城県・山口惣兵衛が一口五十銭の国債へのふりかえを提唱したのも、この金額に対応している。

つまり、「十六銭二厘」はそもそもの出発点から無意味だったのであり、橋爪たちはまやかしの〝情報公開〟におどらされていたのだ。はじめから千七百万円と知らされたら、しかもそれが「無為坐食」の華士族の家禄を償還するための源資だとわかっていたら、はたして献金運動がこれほど拡大したかどうか疑わしい。一人五十銭では「薄資」といえないし、愛国の志士たちはまったく違う行動に出たかもしれない。次章でみるように、家禄問題は

この時期の士族、民衆にとって切実な争点になっていたのだ。ぞくぞくと寄せられる報国心のかたまりのような献金願を手にする大蔵省役人の心底には、やましさといくらかの恐怖があったはずである。

学校建設や皇居修築のための献金は政府の政策と矛盾しなかった。小学校設置にともなう経済的負担は新政反対一揆の主因のひとつであり、役場とならんで小学校はつねに打ちこわしの対象になった。西洋式教育への反対をからめた保守派の批判も激しかった。たとえば、白川県（現熊本県）佐田介石（九月付）は、文部省の小学校用書籍目録どおりに教科書を買い、それに「舶来の石盤、石筆、洋書、測量器」や日本風の筆墨紙の代金、教師への月謝などをあわせると二十四、五両になる、このような「無理なる御仕法」は「民を育つる学校に非ず、民を倒すの学校」ではないか、と痛論している。したがって、献金は財政だけでなく啓蒙の面からも、また開化政策を国民が支持していることの証明としても歓迎すべきで、菊の紋章入りの杯を贈るだけの価値があった。皇城再建の献金も、強制によって天皇への反発を生まないかぎりは、奨励こそすれ抑止する理由はなかった。

外債問題は違った。献金はかえって政府の政策を牽制する機能をはたす。在野の愛国者たちの献金を右手で受けながら、左手でポンドをかき集めるわけにはいかないし、だれだって放蕩息子になんども金をやりたくはないからだ。しかも、国民が財政当局の姿勢をチェックしようとすれば、どうしても政治の基本的な枠組につきあたらざるをえない。実際、そのような意見が登場してきた。

遠江の農民・足立某の投書がその一例である――なにかといえば御用金を課した「封建束縛」の時代を経験してきた人民の「深き疑団」を解かないかぎり、この運動は広がらない。そこで、「英国下院の法」を日本に合うように「折衷」して「衆議院を興し、民間より議員を募り」、民とともに「国を護る」ようにすれば「誰か敢て憤起せざらんや」。

この投書は七四年一月二十二日の『郵便報知新聞』にのった。板垣らの民撰議院設立建白が公表されたのは一月十八日だから、当時の郵便事情を考えれば、足立は板垣らからヒントを得たのではなく、イギリス議会の知識をもとに独自に「衆議院」（この用語はまだ一般的ではない）に思い至ったのだろう。もちろん、足立の民選議院論は運動推進のためのもので、政府と対立する議会の姿を想定しているわけではない。だが、ここから財政共議権を要求する議会論への発展はたやすい。借金問題が議会開設の契機になったり、議会の権限拡大につながった事例は各国の歴史にいくらもある。政府が恐れていたのはこの点ではなかったか。

とはいえ、献金を拒否すれば議会論の台頭を封じこめられる、というわけでもなかった。なにしろ、政府の支出する金は小銭だろうと「悉皆、内国人民の膏血より出る所の金」であると認識し、借金は一挙に消却したほうが安あがりだから献金運動を支持する（山口惣兵衛）という人々の自発的な申し出をも、政府は拒否したのだ。ことが簡単にすむはずがない。案の定、山田信胤の献金の却下を報じた『郵便報知新聞』（74・3・5）を読んだ村井恒蔵らが「愕然トシテ」度会県に出した建白はこう述べている――皇城新築や学校建設への献金も外債消却の献金もおなじように「自由ノ権ヲ以テスル」のに、「一ハ嘉納セラレ、一ハ聞届ナキハ、大ニ嫌疑ナキ能ハズ」。また、聞くところによれば巨額の債務を負った仏国では国民が「靡然《びぜん》トシテ出金シ」、仏国政府も「嘉納」したというではないか。「国ノ患ハ即人民ノ患、国ノ債ハ即人民ノ債」という「理」にしたがえば当然だ。しかるに日本政府はなぜ受けとろうとしないのか。たしかにわが国は仏国と「制度憲法」を異にするが、「人民自由ノ権」は「決シテ異ナラザルベシ」、と（『東京日々新聞』74・3・22）。

フランスは一八七一年、普仏戦争に敗けて五十億フランの賠償金を負わされたが、国民が率先してその償却のための国債に応募してプロシャ軍の早期撤退を実現したといわれる。この事実はすでに飯田恒男らが、「仏朗西《ふらんす》巨大ノ債金、全国人力ヲ戮《あわ》セテ消却スル、僅ニ三四月ヲ経ズ」と紹介し、早川忠吾も「乱敗兵余ノ仏国婦女子ニ於テスラ斯ノ如シ」と例にあげている。これらは「報国心」の手本として出されたのだが、皇城・学校は認めて外債は拒否する理由はなにかという「嫌疑」が生まれたとき、日本とフランスの「制度憲法」の違い、「人民自由ノ権」のあり方に彼らの関心が向かいはじめたのは自然ななりゆきだった。

橋爪に反対した磊々堂主人もまた、政府が「民権ヲ破リ収斂ヲ欲スル」のは「古今万国」共通であり、それゆえ「文明諸国ニハ民撰議院等アリテ、之ヲ堡障ス」るのだと明快に述べている。彼の主張は政府擁護のためではなく、外債のような問題は議会でこそ審議すべきだという民権論なのであった。彼らだけではない。七四年四月には、ついに、当の橋爪自身が民撰議院を要求するに至る。

陛下、民ヲ撫セント欲セバ先ヅ民撰議院ヲ立テヨ。大臣参議不可ナリト云フトモ、国民可ナリト云ハヾコレヲ納レヨ。卑臣等、議スルトコロ〔ノ〕外債ノ如キモ亦然リ。コレ、民ト快憂ヲ同フスル所以也

橋爪の主張は〝在野の声を聞きいれよ〟といった程度のもので、磊々堂主人のような権利としての議会論とは言えない。しかし、この年になんらかの意味で議会開設を求めた建白書は二十数件にのぼるが、その大半は橋爪と似たりよったりだった。(15) 板垣や大井憲太郎も〝人民が国家と憂楽を共にするために議会を〟という発想から出発していたし（次章参照）、「民ト快憂ヲ同フスル」との表現が当時の民権理解の水準から大きく離れているわけでもなかった。〝幕府が滅びたのは「輿論」を無視したからで、国家の安危は軍備ではなく「人望」の帰趨だ〟という橋爪の指摘が、議会論としていかに未熟でも、民権論の原点であることはまちがいない。

橋爪は建白の前半で、過日「外債消却ノ儀」を左院に示し、各県令に依頼して全国に檄をとばそうとしたが、県吏は自分と力を合わせず、公務がいそがしくて廻文をうつす暇がないとうそぶく者までいた、また山田信胤の献金を政府は容れなかった……とこの間の不満を列挙している。母親に叱咤されて献金運動を提唱したとき、橋爪は役

人が協力しないとは予期しなかったろうし、まして、わずか半年後にみずからが「民撰議院」の建白を出すことになるとは、思いもよらなかったろう。「運動」を提起したからこそ、こうした思想の飛躍も可能になったのだった。老母はそんな息子をどんな思いでみていたことか。

(六) 報国から民権へ

橋爪が提起した運動は、外債消却が「皇国臣民」の義務であり「国家ニ報ユル道」のひとつなのだという、すぐれて〃体制内的〃な発想にもとづいていた。にもかかわらず、わずか半年のうちに、現政府の望まない民撰議院論・財政共議権論にいきついてしまった。もともと〃忠良なる臣民〃の模範たろうとした橋爪たちである。政府が彼らの要望をかなえてやる姿勢さえ示せば、これほどの急転回にはならなかったかもしれない。だが、政府としては献金を受けとるわけにはいかなかった。しかも、却下してみると、政府が自分の力だけで解決しようとするのは「仁ナラント欲シテ、却テ仁ヲ傷フモノ」だ(気賀林)との批判をひきおこした。〃国家の義務〃の行使を政府が認めないのは仁政に反し人民の自由権を阻害する、とみなされたのだ。「権利は義務をともなう」と言われるが、ここでは義務が権利を呼びこんだ。こうして、報国心を発揮できる場がほしいという国権論的欲求こそが民権論を生みだすことになったのである。

もっとも、五月以降は台湾出兵や日清開戦の危機感から戦費献金が激増し、外債問題はかすんでしまった。橋爪自身も、このあとすぐに台湾へ行ってしまったらしい。左院が建白書を正院に上申した文書のなかに、〃橋爪に事実誤認があるので呼び出すつもりでいたら「台湾へ差越シ居リ候」との届があった〃とある。[16] それに、政府が頑として献金を受けいれないのだから、運動のつづけようもなかった。

くわからない。

こうして、あれほど盛りあがった献金運動はあっけなく霧消してしまった。その後の橋爪幸昌の足どりもまった

とはいえ、外債問題への人々の関心がなくなったわけではなかった。『横浜毎日新聞』は十月三十一日になってから、「外債消却の事は陳套に属す」がと言いながらも、石川県・国田敬武の妻の願書を再掲したし、「開化の御発起人も何か相談の合はぬ事が有つたと見へて、段々御辞職」になるし、「租税の御法は細密なれども、異国借金の減つたと云ふ事も聞かず、此御様子では日本の開化は是より次第に後ずさりするより外なし」といった投書（『郵便報知新聞』74・10・7）もある。七九年（明治十二）頃には、「二ツトセ、不急ノ土木ハヨスガヨイ、内債外債ドウスルカ」という手まり唄がはやっている。[17]

しかし、より重要なのは、以前の派手な「報国」論とは違ったかたちで、橋爪の問題提起が着実に人々の意識のなかに根をおろしたことだった。その好例が小田県（現岡山県）第六大区会議決案である。小田県では、地方官会議開催の布告を機に、官選区長会を議会とみなす県に対抗して、民選の小区会―大区会―県会が開かれた。第六大区はこの運動の推進者の一人である窪田次郎の地元で、もっとも活発な議論を展開した地域だった。[18] そこでは「国体の事」など二十一か条が討論されたが、国債についてはこう述べられている――外債も内債も国家の債務に変わりないが、外債は利子を外国に与えるので「実に国家衰微、民心疑惑の根元」である、今後国債（内外債とも）を必要とする場合はかならず議会に「下問」すべきであり、もし布告・下問なしに借金をしたときは、その理由がなんであれ「国債」とは認めない、それは省の負債にすぎない、と（『郵便報知新聞』74・10・15）。

国債ではなく「省債」だという論法の意味するところは、台湾出兵についての彼らの主張をみるとよくわかる――一般人民への「御下問、御布告等」もなしに始まったこの戦争を「日本国、台湾を討つ」と表現してはならない、「日本官員の内幾名、合議御許可の上、台湾を討つ」と言うほかなく、したがってその費用も合議した官員た

ちの「私財」でまかなうべきだし、「禍福を日本国政府と日本国人民とに及ぼす」ことのないようにすべきである、と。つまり、国民の同意を得ない行政や財政支出は、勝手に実施した官僚の私的行為であって、日本国の行為とは認めないというわけだ。ここには「公」と「私」についてのじつに的確な認識がある。彼らにとって国民の財政審議権はもはや自明の前提であった。

民権論への発展は献金という運動スタイルの否定につながる。半年足らずでこの運動があとかたもなく消えさり、橋爪の名前がまったく忘れられてしまったのは仕方があるまい。彼自身の歩みをみても外債問題から民権家になったとは言えないし、運動家としてすぐれていたわけでもない。だが、士族や豪農商層の献身的な報国心をかきたて、財政運営の根幹にかかわる外債問題に国民的な関心を喚起したこと、そして、従来の研究では地租改正反対運動ではじめて意識されたとされる財政審議権の意義を、結果的にではあれ、より早い時期に提起した功績は大きい。(19) それだけではない。板垣らに先だって、建白書が大衆運動の武器になりうることをも彼は実証した。旧会津藩の貧乏青年士族、橋爪幸昌こそ、民権運動の端緒をつくった人物なのであり、報国心（国民としての義務）の観念を「国民の権利」に転換させる道筋、すなわち民権の論理の〝原初形態〟の体現者であったのだ。

註

（1）『明治文化全集第二巻　正史編』日本評論社、一九二八年、一八一頁。

（2）宮城県士族・星雄記は建白書（七四年一月付）のなかで、「大東宝鑑ノ調ニヨル」として「内債一億四千四百八十八万八千両余、外債百三十万四千両余、洋金百万ポンド、洋銀三百五十七万九千余」と記している。『大東宝鑑』は明治五年一月刊行の統計書だから、井上・大隈論争ではじめて国債の存在が知られたわけではないが、小冊子と『太政官日誌』の影響力の差はくらべものになるまい。なお、負債の額が大きく違うのは、井上が旧藩の藩札や不換紙幣を含めたからである。これについて大隈は漸次大蔵省準備金で償却（文字どおり焼却）するとし、『太政官日誌』に次のような記事（73・

11・30付）をたびたびのせてPRしている。
先般布達ノ太政官札ヲ初メ旧藩札等、九月十八日ヨリ十月三十一日マデ、和泉橋外焼却場ニ於テ左ノ通リ焼捨ラル
一太政官札四百六十六万五千八百五両一分二朱
一民部省札十六万五千四十五両三分二朱
（中略）
一旧藩札四百九十七万六千六百四十五枚
此新貨百一万二千五百三十四円七十五銭一厘

（3）中村隆英「明治維新期財政金融政策展望」（梅村又次・中村隆英編『松方財政と殖産興業政策』国際連合大学、一九八三年）一二、一三頁。ただし、「公債及び借入金」は歳入に含めなかった。なお大隈は井上の計算を基に、地租を増加し大蔵省の経費を削減して黒字をひねり出しただけで、基本的な変更をくわえてはいない。この点を指摘した田村貞雄氏は、大隈との財政政策をめぐる争いに敗れたことが井上失脚の原因だとする従来の説にたいして、租税改革・殖産興業・軍備近代化を優先する井上・大隈ら大蔵省と、個別的な改革を優先する諸省（参議）との対立が基本で、これがやがて「征韓」論をめぐる政争につながるとみている（「留守政府の予算紛議」、家永三郎教授東京教育大学退官記念論集刊行委員会編『近代日本の国家と思想』三省堂、一九七九年）。
（4）高橋誠『明治財政史研究』青木書店、一九六四年、一九六頁。日本の外債は一九〇四年の日露戦争のための戦費調達で膨張し、〇七年（明治四十）には十四億円に達する。
（5）岐阜県歴史資料館所蔵・岐阜県文書「明治七年　職制・文書・恩賞・雑款　全」。以下、岐阜県の動きについては本史料による。なお、本史料の利用については佐藤政憲氏のお世話になった。記してお礼申し上げる。
（6）国立公文書館蔵『公文録　明治七年五月　諸県之部』。
（7）色川大吉責任編集『三多摩自由民権史料集』大和書房、一九七九年、五三一頁。
（8）七三年の建白書では、先に紹介した近藤美が、官吏の給料の十分の一から三を徴収する提案をしている（十月十七日付）。彼は「頃者聞ク、外債若干之ヲ全国民口ニ課シ毎口幾個ヲ徴シテ以テ消尽セントスル者アリ」と述べているから、

こうした意見があちこちで出されたのだろう。橋爪はそれを献金という自発的な運動にしたのである。このほか、無尽を月一回開いて十年で消却するという足柄県（現神奈川県）農民・諸伏長十郎の建白（八月二十二日付）もある。無尽は「私家救済」のものだと左院に一蹴されたが、彼らは「真ノ開化」とは「君民同治ノ政ヲ布キ、華士族ノ禄ヲ食ムガ如キノ差」をなくすことだと述べており、けっして〝時代遅れの人々〟ではなかった。宝くじは現代でも重要な財源であり、案外の良策だったかもしれない。

（9）ブラックについては、金井圓『お雇い外国人⑰―人文科学』（鹿島出版会、一九七六年）参照。

（10）樋口次郎三郎らの献金願は新潟県令から太政官に転送されたので、却下の最終決定は三条太政大臣が下している。また、この処理文書には、「先般東京鎮台歩兵第八大隊下士以下、右同様之儀願出之節之例規ニ仍リ、御聞届不相成方ト存候」とあり、軍隊のなかにも献金の動きがあったことをうかがわせる（註6に同じ）。

（11）『明治天皇記』第三巻、吉川弘文館、一九六九年、二九二頁。

（12）同右、三五五頁。ただし、焼失を嘆く者ばかりではなかった。焼け跡の礎石五十七本を「窃売」して四十五円を稼ぎ、懲役一年の刑に処せられた度胸のある者もいた（『公文録　明治八年二月　課局』）。

（13）『公文録　明治七年　献金願名簿』。

（14）大隈も外債を放置しておいてよいと考えたわけではなく、毎年の元利償還による正貨流出の増大を憂慮していた。しかし国内産業の発展、直輸出（日本人商人による輸出）の拡大による外貨獲得なしには貿易と財政の〝双子の赤字〟は解消できない、というのが彼の考えだった（中村尚美『大隈財政の研究』校倉書房、一九六八年、参照）。また、七二年（明治五）の鉱山心得書で外資の導入を排除したように、政府内部でも外国資本に対する警戒は強かった。ただし、フランスなどで内外債の効用を知った欧米巡遊使節団の体験が、殖産興業政策の展開に大きな影響を与え、大久保・大隈は「『富国』が『強兵』にも『民力休養』にも優先されるべきであるという信念」で明治六年政変以後の政局に立ち向かった、と坂野潤治「『富国』論の政治史的考察」は指摘している（前掲『松方財政と殖産興業政策』三八頁）。

（15）板垣らの建白書が出される以前の七三年下半期に、左院宛建白書で議会に言及したのは二点しかない。また、七四年もほとんどが五月以降の提出で、橋爪の建白は在野からの議会論の先陣を切ったもののひとつだった。これも「運動」にかかわってきたがゆえの反応の早さといってよいだろう。

（16）議会の「経営施設ノ際ニ至ツテハ廟堂ノ神算モ可有之候共、其所論ノ大体ニ於テ間然スルコトナシ」というのが左院の評価で、三条太政大臣、寺島宗則・勝安芳・大木喬任の各参議が見ている。

（17）色川大吉『日本の歴史21　近代日本の出発』中公文庫版、一九七四年、八九頁。

（18）有元正雄他『明治期地方啓蒙思想家の研究』渓水社、一九八一年、七三頁。

（19）明治十四年政変で下野した大隈を党首にかつぐ改進党はともかく、自由党系の論客の多くは、大隈流の積極財政主義に反対して緊縮財政（民力休養）論をとなえた。彼らは外債はもとより内国債にも批判的だった。この主張と、西南戦争後の公債増発によるインフレーションの被害を「もっとも直接的に受けた『下民』が下級士族階級であった」現実との関連を坂野潤治氏は重視している（前掲「『富国』論の政治史的考察」四六頁）。外債・公債問題は橋爪以後の民権運動のなかでも経済政策論の重要な争点でありつづけた。

第二章　徴兵制か士族兵制か

❶ **和田鋭夫・安岡珍麿の建白書**（1874年７月付）
（『建白書　明治七年甲戌　自六月至七月　五』国立公文書館所蔵）

❷ **稲葉永孝『徴兵免役心得』**（1879年刊）

❷

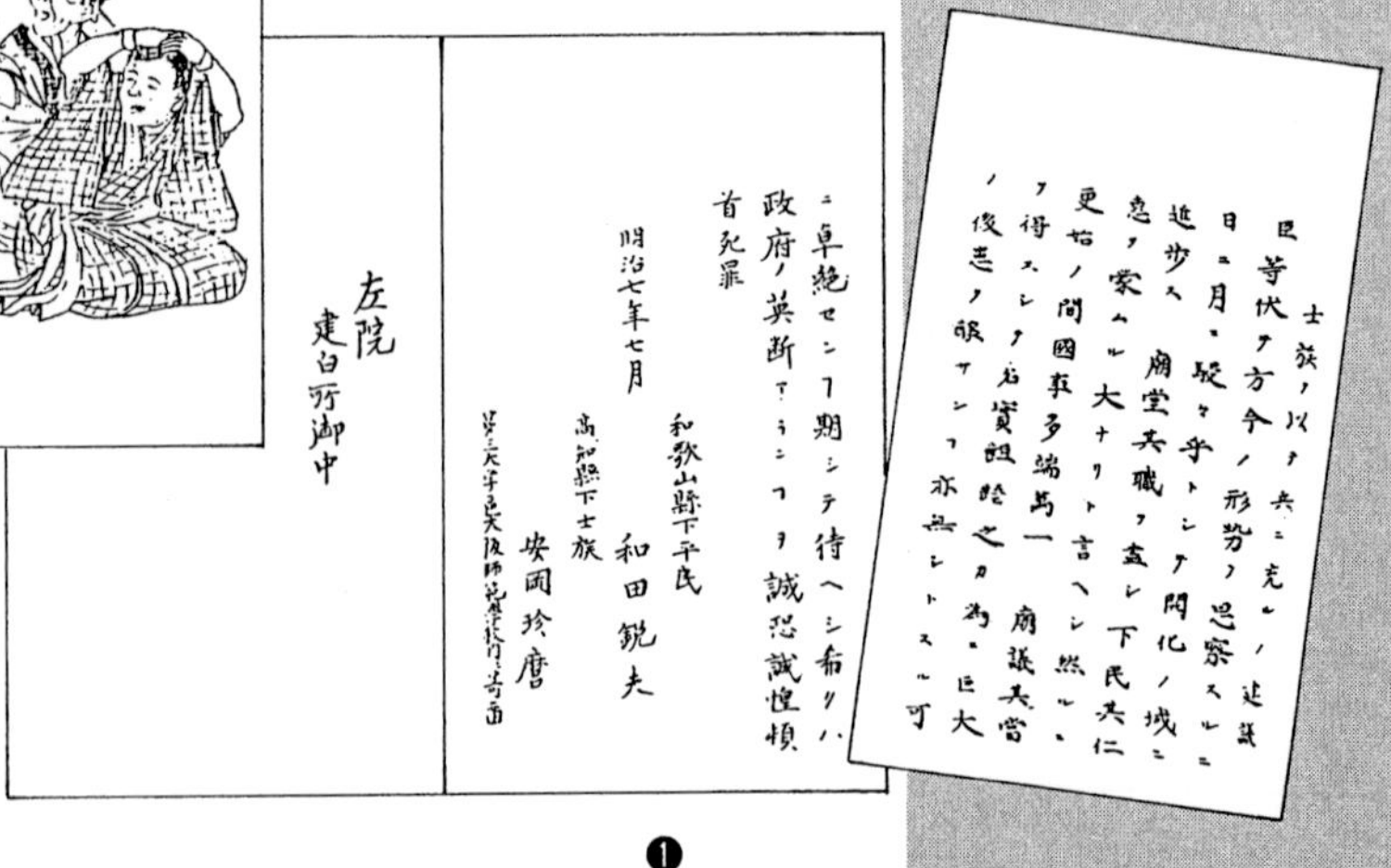

士族ヲ以テ兵ニ充ルノ建議
臣等伏テ方今ノ形勢ヲ思察スルニ
日ニ月ニ駸々乎トシテ開化ノ域ニ
進歩ス　廟堂其職ヲ尽シ下民其仁
恵ヲ蒙ムル大ナリト言ヘシ然ル、

ニ卓絶センコト期シテ待ヘシ希クハ
政府ノ英断アランコトヲ誠恐誠惶頓
首死罪
明治七年七月
和歌山縣下平民　和田鋭夫
高知縣下士族　安岡珍磨

左院
建白所御中

❶

(一) 血税実施

皇国ハ二千有余年、皇統連綿ノ国ニシテ、其民ハ不羈自由ノ権ヲ得ルト雖ドモ、猶百七十万余ノ華士族アリ。恩禄ヲ投テ不羈自由ヲ得ルコトヲ欲セズ、身ヲ以テ聖上ニ臣僕タランコトヲ欲ス。然ルヲ之ヲ役セズ。百官有司、之ヲ責ルニ遊手浮食ヲ以テス

一八七四年(明治七)九月、三潴県(現福岡県)官員・田中正道が政府に提出した建白書のなかに、このような抗議とも嘆息ともつかぬ一節がある。たしかに、明治政府が二年前に布告した徴兵告諭はその冒頭で、「我朝上古ノ制」では国内あげて兵士とならぬ者はなく、兵役がおわれば家に帰って家業にはげんだ、その兵士たちは後世のごとく「双刀ヲ帯ビ……抗顔坐食」し、人を殺しても罪に問われないなどということはなかった、と封建時代の武士を批判し、後段でも「世襲坐食ノ士」と駄目をおしていた。田中の念頭にあったのはこの告諭だろう。

すでに版籍奉還から廃藩置県にいたる過程で武士は士族と名をかえ、旧領主との法的な主従関係も解体し、家禄も削減されていた。また、六九年(明治二)の太政官布告で、士族の輩は旧来の「武門之流弊ニ泥《なず》ミ」、下民の「瑣屑ノ不敬ヲ咎」めて「刀殺」する者がたえない、商人にたいしても「筋違ヒノ我意」を言いはって「迷惑」をかけていると聞く、このような行為は「御一新ノ今日」では許されないのだぞ、と諭されていた。そこへこの告諭である。〝武士の常職〟である軍事的役割を否定したうえに、士族の存在そのものを倫理的に非難した「坐食」の語が、彼らに大きな衝撃をあたえたことは想像にかたくない。

しかも、国民皆兵が「我朝上古ノ制」だと言われれば、尊皇・復古をスローガンとして活動してきた手前、正面

きって反駁するのはむずかしい。士族自身は「臣僕」の地位を投げすてて一般民衆のような「自由ノ権」を得たいと思ってはいないし、平民は租税を出し官員は国事をつかさどっているのに、なぜ政府有司は我々だけを「遊手浮食」に追いやるのか、これが「皇統連綿ノ国」の姿か――田中正道の口吻はそうした彼らのとまどいといらだちをよくあらわしている。「攘夷」のはずがいつのまにか「和親」に転じてしまったこととあわせて、いったい何のための「御一新」だったのかとの思いがつのるばかりであったろう。「不平士族」にとって徴兵告諭ほどいまいましいものはなかったはずだ。

しかし、徴兵制は士族だけでなく平民にとっても思いもよらぬ災難だった。徴兵告諭は、国民皆兵こそ「上下ヲ平均シ、人権ヲ斉一ニスル道」であり、四民平等の精神にもとづくものだと謳いあげていたが、当時の制度は、戸主や官吏・官立学校の生徒などをのぞく二十歳の男子のなかから抽せんで三年の常備兵が選ばれるというものだった。しかも二百七十円の代人料を納入すれば免役になったから、「国民皆兵」の実態は中下層民衆の二、三男に課せられた賦役に近かった。もちろん待遇も悪かった。兵士となるからには「応分ノ報」があるべきなのに「給与ノ薄」、「被服ノ粗」は目にあまると、新治県（現茨城県）平民・直井佑之助（十一月九日付）が抗議し、第六章で紹介する北条県（現岡山県）平民・吉岡弘毅（二月付）も、将校が兵卒を「愛撫」するどころか「軍制厳粛」にすぎて「尊卑隔絶」している、と批判している。そんなこともあって「徴兵懲役一字の違ひ、腰にサーベル鉄鎖」といった歌がはやり、年齢をごまかすための戸籍の改ざん、戸主になるための養子縁組など、徴兵のがれのために人々はあの手この手の工夫をこらした。生家をとびだして行方をくらます者もいた。

そのうえ、徴兵告諭のなかの「人タルモノ、固《もと》ヨリ心力ヲ尽シ、国ニ報ゼザルベカラズ、西人之ヲ称シテ血税ト云フ、其生血ヲ以テ国ニ報ズルノ謂ナリ」との一節が、徴兵にいくと生血をぬかれるという風聞をうんだ。〝血をとられる〟という噂は、コレラで避病院に入れられるときや富岡製糸工場の女工募集の際など、「西洋化」への違和感・恐怖感と結びついて、ことあるごとに話題になったが、太政官の告諭にはっきり「生血」と書かれたのだからたまらない。徴兵＝血税への不安が一気に高まり、七三年（明治六）には、「血税反対」の一揆が岡山をはじめ福岡・大分・鳥取・島根・香川・愛媛・京都などに続発した。(1)

そこで各県庁は徴兵の趣旨をけんめいに説諭することになる。四民平等になったのだから国を守る義務も同等だというのがそのポイントで、神奈川県は、これが「全国人民ノ権ヲ同一平均センガ為」(2)の措置であることを力説し、島根県は、「均シク皇国一般ノ民」となったからには士族平民の「差別ナク徴兵トナル」のが道理というものだと強調した。そのうえで、島根県は、自分の家庭を各自が必死で守るように国家を守るには軍隊が必要だ、これに反対するのは「家族モ殺サレ、貨財モ盗マレ」るようにしてくださいと願うようなものだ、とおどかした。〝軍備戸締まり論〟のはしりである。また、誤解をうんだ「血税」については、心力をつくして国に報ずることをいうのであって、「現ニ血ヲ絞リ出シテ、税トナスコトト思フ」のは大きな間違いである、たとえてみれば「俗ニ苦労太儀スルヲ骨折リト申ス」とおなじで本当に骨を折るわけではない、文字面で主意をあやまってはならない、と諭した（『日新真事誌』73・9・19、20）。「血税」を「骨折」で釈明するこの論法は各地で活用された。(3)

しかし、東京鎮台管下での最初の徴兵と、十七―四十歳男子の兵籍作成のための調査がはじめられた七三年は、「征韓」論が急激に高まった年だった。日本の公使が清国皇帝に朝鮮「征討」を通告したと報じた新聞記事さえあった（『東京日々新聞』73・9・14）。また名古屋・大坂鎮台での徴兵がはじまった七四年は、台湾出兵からあわや日清開戦かという瀬戸際にまでいった。へたをすれば、三年間の〝懲役〟どころか、遠く朝鮮・中国にまでつれだされかねなかったのだ。〝二十歳の男―寅年生まれ―虎退治―朝鮮出兵〟の連想にも真実味があった。行方不明者の続出に手をやいた神奈川県が、徴兵されたからといって「必ズ今日戦場ニ趣カシムル」わけではない、逃亡者が多いと他県や政府にたいして「面目」がない、とやっきになって説諭したが、ききめはなかった。三条実美太政大臣の情報員・藤井英晴も、東京府民の人心「騒然タル」模様をこう報告している——今般、役人が一軒ごとに男子の年齢を調べているが、その命令が急なので「支那ノ戦ヒ近キニアリト、巷談喋々」たるありさまだ。そして、徴兵にとられた家では親族があつまって「鬼籍ニ入ルノ人ノ如ク思ヒ、生キ別レノ様」に嘆いている、と（七四年八月）(4)。なかには、不運にもくじに当たってしまった「悲愁ノ余リ……雑物舎ニ入リ、固ク戸ヲ閉ヂ、慨然トシテ自縛」した若者まであらわれた（『新聞雑誌』74・3・2）。

こうした民衆の動揺をみて、意気消沈していた士族たちは〝それみたことか〟とばかりに叫びはじめた。「国ノ何タルヲ知ラズ」、「親子兄弟、手ヲ携ヘテ涕泣」するような「文盲不学」の平民は国家の役にたたない、華士族以外に「気節ヲ尚ビ廉恥ヲ知ルモノ少シ」、というわけだ（和歌山県平民・和田鋭夫、高知県士族・安岡珍麿、七月付）。

だが、徴兵忌避のほんとうの原因は、臆病とか廉恥心といったレベルの問題ではなかった。豊臣秀吉の刀狩り・兵農分離以来、民衆は抵抗の武器をとりあげられたが、その反面、戦争になっても原則として人夫に徴用されるだけで直接戦闘にかりだされる心配はなくなったのだ。それは被治者としての農工商民の「特権」といってもよかった。幕末の混乱期ですら、農民を兵隊にとりたてようとすれば武士に準じたあつかいが必要であり、幕府はついに農民を百姓身分のまま戦闘に動員することはできなかった(5)。まして外国にまでつれだされたり、平時においてすら三年間も身柄を拘束されることなど、考えられもしなかった。突然「皇国一般ノ民」になったのだからといわれても、豊作と年貢の完納のみを「祈望」し、耕作以外のことに関心をもたないのが「良農」だと称揚されてきた農民が、命を投げだしてまで国に報いることを自分の「義務」だと思うはずがないではないか、と大坂府士族・秋山武安（十月付）も指摘している。

それだけではない。新川県（現富山県）商人・正村弥市（五月付）が喝破したように、政府は「人心ヲシテ政事ノ外ニ在ラシメ」たまま、すなわち、国政に関与する権利をまったく認めないままに、人民を「針席ノ危怕」に追いやろうとしていたのだ。つまり、民衆は政府から一方的に「国民」に仕立てられたものの、参政権はなく、しかも従来の租税負担にくわえて兵役までも課せられたわけだ。これでは「四民平等」は徴兵のための方便にすぎない。「血税反対」は根もない風説に踊らされた〝愚昧な民衆〟の挙動といったものではなく、明治政府の「人権均一」の欺瞞性にたいする根源的な不信の表明だったのである。

(二) 平民の居候

それにひきかえ、かの士族たちは武士としての職務を解かれながら、ひき続き家禄を支給されていた。減額されたとはいえ、その総額は莫大だった。『東京日々新聞』(73・11・9)には、次のような数字が掲げられている。

華族数	四三二人	総禄高	九六七、八四六石余
士族数	四二〇、五七九人	総禄高	三、七八六、九〇五石余

一石四円で換算すると、士族一人あたりの平均は年三十六円ほどだが、華族の平均八千九百円は勅任官の給料を上まわる。これに戊辰戦争の賞典禄をくわえた総額は二千万円余となり、じつに全歳出の三分の一弱を占めた。

このため、「農工商ヨリ税取」した家禄で生活する華士族は「食客」「イソフロフ」にひとしい(北条県・現岡山県平民、牧野重正、九月十日付)とか「華士族ハ平民ノ厄介」だ(吉岡弘毅)といった非難の声が急激にたかまった。そして牧野は、日本の現状を社員十人のうち八人余が労働し、一人余が「優游徒食」している会社にたとえて、華士族制度の廃止を主張した。また、士族を「無功無徳」、華族を「懶惰淫蕩」と形容した小倉県（現大分県）平民・是恒真楫（八月十五日付）は、彼らの財産は「自己ノ労力」によらぬものであり、「偸安姑息」な彼らに過多の禄を与えるのはかえって身を過るもとだといって、大幅な減禄を要求した。新聞紙上でも、華士族は乞食より劣る、なぜなら乞食はたいてい「癈疾等ノ為ニ止ムヲ得ズ」物乞いをしているのに、彼らは「筋骨ヲモ労セズ」「貴重ノ俸禄ヲ坐消」するばかりか「門閥ヲ鳴ラ」していばっているからだ、とこきおろされた（『東京日々新聞』73・12・7）。その一年後には、「愛国憂世郡自主自由村農　独立不羈郎」と名のる者が、「尸位素餐」（徳功もなく位につき禄を受けること）は己の罪のみならず「聖代ノ瑕瑾」であり、いまや家禄を奉還することが「諸公ノ義務ナリ」と華士族にせまった（『日新真事誌』74・12・7）。

さらに、鳥取県官員・後藤清平（二月付）は、造物主が人をつくったとき、「華族士族平民穢多非人等、人種ヲ分別スル」はずはなく、穢多非人の称が廃止されたのに華士族と平民の別があるのは「不公平」だ、と人間としての本来的な平等を主張した。彼はまた、平民は政府の扶助もなしに「困苦ノ中」で育てた子供がようやく一人前になって、これから親孝行してもらおうと期待したときに徴兵にとられてしまう、万一戦死すれば百五十円の祭祀料をくれるというが、「如何程《いかほど》貧民ノ子ニテモ、二十年以上、右金額ニテハ養育相成難ク」、老後の世話をしてくれる者もいない。それにひきくらべ、「御撫育ノ恩沢」をうけて「栄花ノ中ニ生長」した華士族の子供が死んでも、その親は家禄で安心して暮らせる、この不平等も平民が徴兵に甘んじない理由のひとつなのだ、と指摘した。前章で紹介した小田県第六大区の民撰議会でも、賤称を廃止したうえは華士族の名称や、身分によって刑罰を異にする「閏刑」の制度をすみやかに撤廃し、「旧来の陋習を破り、天下の公道に基く可しとの御誓文」を実行してほしいと要求している（『郵便報知新聞』74・10・15）。民権運動が五箇条誓文を武器にすることはよくあるが、ここでは身分制の残存が誓文にそむくものとして弾劾された。

こうして、遊手浮食の華士族にたいする不満が、華士族制度そのものの廃止要求、人間平等論へと発展しはじめた。

一方、政府内部でも家禄処分の必要性ははやくから認識されていた。前章でふれたように、源資となる外債を募集するために大蔵省の役人が欧米へ派遣されたし、七三年十二月には、平民に転身したい百石未満の士族に家禄六年分を授産資金として支給することを定めた家禄奉還条例が公布され（翌年十一月、百石以上にまで拡大）、あわせて軍費調達を名目に累進税率による家禄税が新設された(6)。前章で紹介した大隈の「会計見込表」でも家禄処分によって外債を消却する考えをほのめかしていたから、士族たちが「人心洶々、自ラ安ンゼザル」状態におちいった（文部省官員・西潟訥、二月付）のも無理はなかった。

そこで府県庁は士族の説諭にものりださざるをえないはめになる。かつて世禄の根拠とみなされた「農工商ノ三民ヲ保護スル」という「士ノ常職」はなくなった、いまや「人トシテ自主自由ノ権利ヲ有タザル者」は士族だけであり、「務メナキノ身」で「冬凍夏暍シテ納税セル農民ノ膏血ヲ分チ食スル」のが「至当ノ理」でないことは「各士族モ了知スル所」であろう、と（千葉県令・柴原和の告諭、『東京日々新聞』74・1・16）。また、県の役人が出席して士族・戸長の「議事筵」を毎月開いていた対馬では、俸禄は農民の「艱難ノ膏血」だから「粒々軽易ニ」浪費すべきでなく、「士ノ業ナクシテ恩禄アル」「遊手坐食」を恥じねばならない、「恩沢ノ渥《あつ》キ」政府だから今すぐ「廃禄ノ沙汰」はないだろうが、「日夜汲々奮勉」して家業をおこさねばならない、と話しあった（『新聞雑誌』74・2・28）。こうした新聞記事もまた啓蒙活動の一環であった。

これにたいして士族の側からは、〝家禄は農民の田畑とおなじ世襲の財産だ〟という反論がくりかえし出された。第四章でみるように、この時期の土地改革論は農民だけでなく士族にも土地を配分すべきだというものが多かったが、その論拠にもこの家禄＝家産論が援用されている。同様の意見は政府内部にもあった。家禄奉還のための外債募集に強硬に反対した駐米公使・森有礼は、家禄が「世襲の権」により数百年間所有してきた「疑もなき家産」であり、これを政府が取りあげるのは「諸人固有の権利を剝奪」するものであり、所有権を保護するという「経済学上」の原則にも反する「粗暴の措置」だと非難した。また木戸孝允は、「廉恥ヲ知リ愛国ノ念ヲ存シ、国ノ為ニ其義務ヲ尽サントス欲スル者」は士族しかいない、全人口のわずか一割の士族の衣食を奪えば国事にたずさわる者がいなくなる、と家禄税に反対した。(7)

だが民衆は、奉還希望者に家禄六年分を支給することにたいしてすら不満だった。「婢僕日雇稼」などの細民は一円の貯えもなく、ひたすら自分の「勉強力ニ衣食スル」だけなのだから、もし華士族に授産資金をあたえるのなら、「窮民」にも「多少ノ資本金ヲ給セザレバ、公正ト云フ可ラズ」、というのだ（牧野重正）。また、家禄税については左院からも基本的な疑義が出された。地券を発行して地租をとるようにしたことで「土地ハ各自私有ノ物」と公式に認められた。もし家禄に課税すれば、おなじように「家産」としての私有権が認められたと士族は考えるだろう。一時的には税収が見込めても、これではかえって将来の家禄処分を阻害する、というのである。(8)新聞紙上でも、家禄は人民の私有物とは違ってたんなる「扶持米ト見做ス」べきであり、「与奪ノ権、全ク政府（即チ人民）ニ帰ス」はずだ、と大井憲太郎らが民権派の立場から指摘している（『東京日々新聞』74・2・3）。このため政府も、税を課したからといって家禄を華士族の私有物と認めたわけではない旨をあらためて表明せざるをえなかった。

士族自身も現状のやましさを否定はできない。イギリス貴族にならって日本にも華族会議を創設し「華族ノ職分」をつくしたいと建白（一月十五日付）した正親町公董らにしても、自分らが「人民ノ膏血ヲ費ス」「遊手徒食ノ民」であることは認めざるをえなかった。「世界第一ノ遊民」との表現すらある（敦賀県・現福井県士族、脇屋至誠、八月付）。「憤発」して従五位の位記を返上する華族もあらわれた（『東京日々新聞』74・2・22）。

いまや輿論の大勢は圧倒的に家禄廃止にむかっていた。家禄奉還条例に「愕然」とするのは「誠に遅れたり」、最近の政府の処置をみれば「願ふも願はざるも……必ず御引上げに」なるにきまっている、と白川県（現熊本県）・佐田介石（九月付）も述べている。橋爪幸昌の建白で国家財政への関心が急激に高まった時期に、家禄税・家禄奉還条例の公布に先だって、家禄の総額を公表した政府の作戦は見事に功を奏した。冒頭に紹介した田中正道の建白がひどくひかえめなのも、致し方のないところであった。

㈢　一挙両利の策

そうした士族にとって唯一の突破口は海外出兵だった。徴兵の軍隊が未整備の現状で大きな軍事力を確保しようとすれば、彼らに頼るほかない。〝戦争のプロ〟としての存在価値も見直されるだろう。「征韓」と「封建復古」を要求した佐賀事件は、このような願望のストレートな発現だった。しかし、「封建復古」を公然とかかげたのではあまりに時代錯誤であり、佐賀事件も大分・福岡・萩に呼応の動きはあったものの、結局は孤立した闘いに終わった。そこで彼らがもちだしたのが士族兵制論だった。つまり、徴兵制を廃止して士族に兵役をまかせれば、徴兵忌避に必死の平民もよろこぶし、赤字の国家財政にとっても一石二鳥ではないか、というわけだ。

たとえば、前田直信ら石川県士族（五月付）は、現状では「農商貧家ノ子弟」を戦場におくるのは至難のわざだが、一時の便法として「コノ如何トモスベカラザル」士族を活用すれば、政府の費用も節約できるし士族・平民ともに「感戴」する、「コレ一挙両利ヲ得ルニアラズヤ」と主張した。また、白川県士族・松井正幹ら（九月付）は、日本の「疲弊ノ民」に外国の富強の民とおなじ血税の重荷を負わせるのは、たとえていえば「牛馬ノ重担ヲ犬猫ニ負ハシムル」にひとしい、「一身ヲ国事ニ委ヌル」ことを任務としてきた我々に軍事は任せてくれ、と胸をはった。農工商の三民を兵士にすれば産業の発達のさまたげになるし、「小国ヲ以テ彼ノ大国ノ法ニ拘泥」すれば、かえって「皇国衰微」の原因になるだけだ、との指摘もある（茨城県士族・手塚寿雄、十月十三日付）。ヨーロッパの徴兵制は理想的かもしれないが小国の日本には無理だというのは、彼らがよくつかう論法だった（だが、おなじ日本人でも犬猫は平民だけで、彼ら自身は牛馬なみの力があると思っている）。

台湾出兵・日清開戦は絶好のチャンスだった。各地でくりひろげられた義勇兵志願の運動は新聞に大々的に報道されて、外債の献金と同様、各地士族の「報国心」競争の観を呈したが、それはまた、士族兵制実現のためのデモンストレーションでもあったのだ。(9)

徴兵制にたいしては政府内部にも山田顕義の時期尚早・短期常備兵論、板垣退助の志願兵論など、さまざまな反対があった。それらを押しきって実施されたわけだが、島津久光左大臣はなお、「烏合ノ農商ヲ駆ル」のは「無稽ノ甚キ」ものだとして「兵制復旧」をくりかえし要求していた。そのうえ、七四年には岩倉具視右大臣までが、〝昔は主君のために死ぬ者がたくさんいたのに、今は王室のために死ぬ者があるのを聞かない〟と嘆いて、「士族ノ常職ヲ立テ、勇武ヲ尊尚」すべきだと言いはじめた。(10)士族兵制論は政府内の、それも左右両大臣の強力な支持を得たことになる。

士族兵制は平民にとっても大歓迎だった。兵隊に平民が多く官員に士族が多いのは、苦労を平民にしわ寄せするものだ、と批判する東京府の商人・小林権七（八月二十五日付）は、「致命ノ軍官」つまり生命を危険にさらす武官を士族にやらせ、安全な「保命ノ文官ハ三民ヨリ試験ノ上抜擢」して「月給ヲ賜」るようにすれば「誰壱人……疑惑ノ者」があろうか、と主張した。士族がわざわざ危険を引き受けてくれるというのだからまかせればいい、我々には国内の政治をやらせてくれ、というわけだ。徴兵忌避に懸命な民衆の声のみごとな代弁であるだけでなく、士族兵制論を逆手にとって民権を拡大しようとする底意すらみてとれぬこともない。

もちろん、「血税ノ遺鑑遠カラズ、民ノ訛言亦畏ル可キナリ」と山県有朋陸軍卿が危惧したように、(11)民衆の動向はいぜん予断をゆるさなかった。ふたたび「民ノ訛言」が跋扈したのでは戦争どころではない。しかも、佐賀事件は鎮圧したものの、鹿児島県士族は私学校を設立して結束を固め、高知の立志社も義勇兵を結成した。岩倉具視襲撃、ドイツ代理領事暗殺と、不平士族のテロもつづいている。一方、台湾出兵を前に、東京鎮台が急遽「旧藩の兵事に服役せし者」(12)を募集せざるをえないほど、徴兵軍はまだ弱体だった。在野の士族と民衆が同時に蜂起したら鎮台兵はひとたまりもないし、鎮台兵もいざとなればどちらに銃を向けるかわからない。この年、徴兵制が定着するかどうかは、実際のところ、はなはだ微妙であった。

逆に言えば、廃藩置県以後の急激な文明開化＝近代化政策に反発を強めていた士族と民衆にとって、双方の利害が一致し、政府の分裂を誘発させつつ開化政策の根源を衝くことのできるきわめて有力な政治的武器、それが士族兵制論だったのである。

㈣　旧制復古

しかし、士族兵制は本当に民衆の願望と一致していたのだろうか。

七四年（明治七）に徴兵制を非難する建白が二十数点に達したなかで、徴兵制堅持論者はまったくの少数派だった。しかし、それらは士族兵制の問題点を明確に指摘している。たとえば、千葉県令・柴原和（十一月二十六日付）は、佐賀事件鎮圧に福岡・小倉の士族を投入したり「支那従軍」を願い出た者に「優答」するようでは、士族が「自カラ……矜傲自負ノ色」をなし、「到底坐食ノ人ヲ断ツコト」ができない、と批判している。この「優答」とは、「愛国心ニ仗《よ》リ身命ヲ抛《なげう》チ奮テ報効」しようとした者たちを天皇が「奇特《きとく》ニ被思召《おぼしめされ》候旨」ご沙汰があった、と述べた太政官布達（十一月十八日）をさす。

また、長阪邦輔（二月付）は、「一小県ノ暴動ニ恐驚」してようやく「就産」する気になった士族の力を借りるのは、彼らの「自立ノ心ヲ妨害」して「無為素餐ノ人ニ非ズ」との観念をもたせ、今後は「暗ニ国乱ヲ庶幾スル」ようになるだろう、と士族の便宜的な利用が徴兵令の精神を骨ぬきにするばかりか、彼らの存在価値を誇示するために「国乱」を待望する風潮を助長しかねないと警告した。〝士族の軍隊は一大隊に二大隊の番をつけておかねば、いつ何事をしでかすかわからぬ〟というのが徴兵制の生みの親ともいうべき大村益次郎の口ぐせだったらしい(13)が、士族兵制が士族の「矜傲自負」をあおり、切りすて御免のような「武門之流弊」を復活させることはまちがいなかった。

新聞投書では、「猫尾同人」なる者の「士族兵役の議」（『郵便報知新聞』74・9・14）が本格的な議論を展開していた。台湾出兵は士族の制御をあやまり、「所謂往きがゝりにて、今更引くに引かれぬ」事態に追い込まれたものだと政府の不手際を批判したうえで、彼は次のように論じた――士族は「非常駈付人足の様なる心持」がぬけず、「我輩なくんば朝廷にては干城の壮士に乏しかるべし」と思いこんでいる。それゆえ政府は、士族の存続が「日本全州の泰平に害ある」ことを認識し、また無用の士族に家禄をあたえつづけることを人民に「遠慮」して、家禄の削減につとめてきたはずだ。それなのに佐賀事件鎮圧に士族を投入した結果、「此数年間の薫陶も誘導も、百日の萱の如くに一朝に消滅」してしまった。このうえ清国との戦争に動員すれば「駈付人足の足留賃」としての「永世秩禄を附与する」口実を与え、「封建に立戻るの道筋」をつけかねない。したがって、いかに困難でも徴兵軍だけでたたかい、「士族の無用素餐」たることを思いしらせねばならない、と。

つまり、士族兵制のいきつく先は四民平等の破壊であり、「是迄苦労して履行」（猫尾同人）してきた文明開化をだいなしにしてしまう危険があったのだ。左院もまた、軽々に旧領主や士族の力を借りると「四民合一ノ制」をそこない、「封建ノ旧制ニ復」しかねない、士族兵制論は「陰然、武門ノ常職ヲ復スルノ意ニシテ、断ジテ採ルベカラズ」と言いきっている（度会県士族・薗田三郎の十月十九日付建白書などの処理文書）。とはいっても、徴兵軍だけで戦争ができるわけもない。もしもこの年に清国とのあいだで戦端がひらかれていたら、徴兵制があっけなく解体したうえに、近代化路線そのものが崩壊したかもしれない。日清開戦の危機は、対外的のみならず国内的な危機でもあったのだ。

こうした士族兵制批判にたいする反論には次のようなものがあった。封建制は「豪傑」が土地を私有し「諸侯門閥」が「我意ヲ奮フ」ことから生ずるのだから、家禄だけなら危険はない。ロシアには土地を持つ「コサツケン兵」がいて政府もこれをなかなか廃止できないようだが、「統御スルノ宜シキ」を得て軍事大国になっている。士族兵制は名分のたたない「権道」ではあるが、日本でも陸海軍省が兵士を統制すれば心配ないはずだ（前出、和田鋭夫・安岡珍麿）。

たしかに、士族兵制といっても家禄を返還して平民になったり、平民からの選抜を認める説が一般的だから、形式的には志願兵制にちかい。兵隊になりたいものだけがなるというのだから、家禄は兵士の給料とみなすこともできる。政府が完全にコントロールできれば問題なさそうである。だが、士族兵制が一般的な志願兵制と質的にちがうのは、兵となるか否かの決定権が士族自身にあって国家の側に採否の選択権がなく、しかも家禄の世襲が前提されていることだ。やはり、士族兵制は実質的な身分制の復活につながっていかざるをえない。

事実、本章の冒頭に紹介した田中正道は、建白書の別冊として「国体議案」を添付し、華士族を「臣」、農工商を「民」と区分するように主張していた。そこでは、臣は兵事を職務とし定禄をうけるとともに「政府ノ選抜」で上議員になれた。他方、民は「自主ノ権」「独立ノ権」を与えられて兵役にとられることはなく、下議員の選挙・被選挙権をもち官吏にもなれるが、各省の長官になることはできなかった。臣と民とのあいだには軍事ばかりか政治的権利においても格差があったのだ。彼は、政府の有司が「門閥ヲ破リ人民同等ノ説ヲ主張」するから今や「殆ド共和国ヲ見ルガ如」き有様で、農工商も「気随我慢ノ民」のようになったと、はっきり「人民同等ノ説」を非難している。

身分制ではあれ上下二院を置き、「人民ノ入札」による地方議会や、その互選議員による下議院に「租税ノ当否ヲ論ズルノ権」を認めた田中の主張を、単純に封建制への復帰ということはできない。だがこの建白が新聞にのると、手厳しい批判がすぐさま寄せられた。広島県・坂本某は、華士族が「永世ノ定禄」をうけ「百官ノ長」となれるのに、「平民ハ重厚ノ租税ヲ払ヒ、百官ノ長タルヲ得ズ」などとは、「睡後ノ寝言」でなければ「狐狸ノ言」であろう、田中氏は「真ニ愛国ノ人」なのかと痛論し(『日新真事誌』74・10・9)、愛知県・山本晴正も、維新によって「武門専恣ノ弊」をのぞいたのに、ふたたび臣・民の区別をつくり「人民ノ権利ヲ束縛シ、文明ノ盛治ヲ妨礙」するとは「何等ノ狂言ナルヤ」と「憂憤」をぶつけた(同74・10・12)。士族兵制を求めた小林権七でさえ、「保命ノ文官」は平民が独占するつもりだったのだから、田中の国体構想には承服しえなかったろう。なお坂本は、国家とは上下貴賤の別のない「不羈自由ノ権ヲ有スル衆人」があつまって形成したものであり、政府は人民が租税をだして保護を託したもので、施策に「穏当ナラザル箇条」があり人民の「忠告」を聞きいれなければ、人民は「直ニ之ヲ改革スルノ権ヲ有スル」のだ、と民権論としても筋のとおった議論をしていた。

身分制議会の提唱は田中のほかにも、正親町公董らの華族会議論や中山忠能らの貴族議院論、これをまねた「士族会館議院」論(『日新真事誌』74・12・15、開化堂主人の投書)などがある。しかし、いずれもするどい批判の矢をあびた。(14) この年の国会開設論争では民権派も官吏を中心とした上院の存在を認めることが多かったが、これは華士族の特権としての身分制議会とは異なる。言論界をみるかぎり、身分制復活論は極度に劣勢であった。

しかし、徴兵制批判が身分制擁護に帰着する道筋はこれだけではなかった。もっとも極端なのが、徴兵告諭を逐条的に批判した名東県(現徳島県)農民・藤江二良三郎の建白(八月付)である。藤江は、租税で「民之汗油」を絞ったうえに「生血ヲ貪ル」のは、お上にとっては「楽之至リ」だが、下民にとっては「苦ミノ極ミ」だという、ありきたりの議論で筆をとめなかった。彼はつづけて、徴兵制が完成したあとで「上下平均之教」が広まったら「朝廷ハ如何」と心配する。〃国民の軍隊〃による共和制クーデターの危険を言いたいのだろう。そして、「皇アレバ民アリ、君アレバ臣アリ、父アレバ子アリ」、これが「人之倫」であり「貴賤上下ヲ平均シ、人之権ヲ斉スル」のは「禽獣ニ近」いと非難し、ついには、華族が皇族に昇らず被差別民が農民にならないという二つの「不可登之楷《ママ》」こそが天皇制の「両輪」ではないか、と明言するのだ。はしなくも〃万世一系〃の天皇制が被差別部落の存在に支えられたものであることを暴露したわけだが、それだけに彼は、四民平等を前提とする徴兵制を「日本之人ヲ以テ日本〔ヲ〕亡」ぼす「実ニ可恐《おそるべき》之大略ナリ」と論断するのであった。

実際、血税反対の騒擾が「解放」令反対を同時にかかげた例は、岡山をはじめ福岡・香川・京都・広島など各地にあった。藤江二良三郎の発言は彼だけの特異な暴論ではなかった。岡山の一揆勢は「穢多従前通り」の誓約書の提出を拒否した部落を襲撃して十八人を殺害したし、福岡でも「解放」令公布後に風呂屋・床屋が被差別民の拒否を申しあわせ、一揆になると千数百戸を焼きうちにしている。[15] 民衆の「新政反対」要求にひそむ根深い差別意識を看過することは許されない。

しかしながら、華士族と平民の差別を残したまま一方的に兵役を課した「四民平等」の欺瞞性が、「被差別部落も維新の恩恵に浴しているのに、百姓だけが何の恩恵も受けず、自分達だけが維新政府や県から差別されていると考える一種の羨望的差別意識」を呼びおこした[16]、という側面も見逃せない。ここでも彼らを「頑愚蒙昧」と裁断するだけではすまないのだ。とはいえ、その不満が華士族制度への批判、すべての差別の撤廃へとむかわず、〃差別の復古〃に帰着したところに新政反対一揆の最大の問題点があった。彼らもまた、アジア侵略の尖兵となり、「南京陥落」に狂喜した後年の日本民衆と同様の、〃加害者にまで仕立てられた被害者〃であった。

結局のところ、士族兵制論は、程度の差はあれ、天皇から被差別民までの「不可登之楷」を設定した封建的な身分制の復活に道をひらくものでしかなかった。田中正道らの主張は民衆の願望と真に一致してはいなかった。

(五) 権利としての徴兵

それでは、民衆は自由民権派にみずからの代弁者を期待することができただろうか。じつはこれもむずかしかった。

この年の一月に提出された板垣退助らの建白には、わが人民に「敢為ノ気」をもたせ「天下ヲ分任スルノ義務ヲ弁知」させて、「天下ノ事ニ参与セシムル」ことが民撰議院設立の目的だとあったし、大井憲太郎も、「不学無知」にして「納税軍役ノ義務アル」理由を知らぬ農商民に「国家ト憂楽ヲ共ニスルノ気象」をもたせるためにこそ民選議院の早期開催が必要であり、議会ができれば「血税誤解ノ暴動ノ如キヲ未萠ニ防グ」ことができると主張していた（『日新真事誌』74・2・23、7・13）。つまり、これまで「政事」を他人事として傍観してきた民衆に国民としての自覚をもたせるには議会こそがもっとも効果的である、というのが新政反対一揆に直面した民権家の論理だったのだ。

参政権を認めずに徴兵制を先行させたことが民衆の反発の根底的な原因だったことは前にみた。したがって議会と兵役をリンクさせるのは民権論としてまっとうである。だが、これでは「心力ヲ尽シ国ニ報」ずることを求めた徴兵告諭を受けいれるための議会であって、専制政府と対立する場としての議会とは言えない。大井はほぼ十年後の大阪事件裁判のなかでも、「壮血税とか称して随分紛議を醸した」が、これを強制したことで「天下一般、三尺の童子に至るまで」、兵役が「国民相当の義務」であることを知らしめることができたのであり、教育だけではこれほどの効果はあがらなかったろう、と語っている。[17] 左派といわれる大井ですら徴兵制には賛成なのだ。人民に血税を課すには「必ず立憲の政体を要す」と述べた七七年（明治十）の立志社建白書は、議会制を徴兵制の前提にすえた点で、大井よりはるかに明確に民権の論理をつらぬいているが、ここでも徴兵制そのものは「良制」とみなされた。[18]『自由新聞』の後継紙である『自由燈』にいたっては、「政治や軍の事はお侍様のお仕事だんべいと心得」てきた年寄りはともかく、今の青年が徴兵忌避にはしるのは許しがたい、「若し我国の為めに死することを厭はゞ、始めから日本国へ生まれて来ぬがよし」ときめつけている（「進んで兵役の義務を取れ」85・11・20）。

しかし、こうした徴兵制擁護論をいちがいに民権論の〝不徹底〟とか〝国権論への屈服〟と切りすてるわけにはいかない。「民権」が国政への参加権を主軸としている以上、国家的な諸問題をみずからの課題として主体的にうけとめる「国民」こそが、民権家の求める理想的な民衆の姿だったからだ。戊辰戦争のとき、会津藩の庶民が主家滅亡の危機をよそに家財を荷車に積んで逃げだした光景を見て、板垣は民権（民衆の政治参加）の重要性をさとったといわれる。真偽のほどはさだかでないが、彼らの「民権」観念を端的にしめす有名なエピソードである。したがって、民権家にとって兵役は国民の義務であると同時に、「国家ト憂楽ヲ共ニスルノ気象」のもっとも明快な発現なのであり、その「敢為ノ気」があってこそ専制政府を倒して民権を実現することができるし国家の独立も確保できるのだ。『自由燈』の好戦的な対外論に批判的だった『朝野新聞』でさえ、志願兵制は一国の軍事力を少数者（現状では士族）の手にゆだねることになり「人民ノ権利ヲ危クスル」と反対し、「徴兵ト民権トハ同時併行スル」ものだと主張している（「徴兵ト民権ノ関係ヲ論ズ」84・11・13、14）。

たしかに、軍隊の必要性を前提とするかぎり、志願兵制や傭兵制のほうが徴兵制より民主的だとは言いきれない。民権家にしてみれば、兵役は国民としての義務であるばかりか、国政参加の必須の一環にして議会と「同時併行」すべき政治的権利なのであった。

だからこそ前出の藤江二良三郎は、国民は心力を尽くして国家に報ぜざるべからずという徴兵告諭の一節に注釈して、こう言うのである。

国恩ハ君民与《とも》ニ受ルナリ、頻《しきり》ニ国恩ヲ挙テ君恩ヲ言ハザルハ、疑ラクハ皇国ヲシテ共和ニ至ラシムルノ遠謀ト察スナリ

国政を君主とその忠実な家臣にまかせるのではなく、人民の主体的な〝報国心〟に期待するのは、国政への人民の関与を呼び込むことにほかならず、それは結局共和政治の実現に至らざるをえない、徴兵制はそのための「遠謀」ではないのか、というわけだ。同様の指摘は、「民ニ自主自由ノ権ヲ与」えて「政度ノ外」におき、「政権ニ触レザラシム」ことが政道の要諦だ（湊川神社宮司・折田年秀、五月二十六日付）というかたちでも出されている。保守派にとっては愛国心の喚起自体が不吉なことだったのだ。大井憲太郎もモンテスキューに依拠して「共和政体ハ政治上徳義（即愛国心）ヲ以テ主義トス」(19)と述べており、この点での保守派と民権派の認識は完全に一致していた。

しかも、藤江のこうした危惧をうらづけるようなさまざまな動きが現実に生まれはじめていた。たとえば、義勇兵の願書を県庁に提出したのに政府に申達してもらえず、和議成立を理由に返却された青森県農民・諏訪内源司（十二月十五日付）は、「国家危急ノ事」をないがしろにした県庁の措置を非難するとともに、「下情ヲ上徹」するためには「新聞紙上ニテ喋々論ズル如ク、民撰議院ヲ設立スルヨリ善良ナルモノハアルベカラズ」と建白した。また、のちに忠告社というグループを結成する石川県士族・藤寛正ら（四月二十五日付）も、台湾出兵の一時中止に抗議するとともに、欧米ではかならず「国内人民ノ衆議」によって開戦が決定され「政府ノ独断専

決」で軍隊を動かすことはないと聞く、「蓋《けだ》シ理ニ於テ当《まさ》ニ如斯《かくのごとく》ナルベキ也」と批判した。

諏訪内は農民とはいっても旧南部藩士であり、朝敵の「汚名ヲ洗ヒ、今日ノ義務ヲ尽サン」との願望をもっていた。忠告社グループは別に民撰議院に反対し政府専制を支持する建白（八月付）を提出したし、そのメンバーのなかには、のちに大久保利通を暗殺する島田一良や斬奸状を書いた陸義猶がいる。したがって、彼らは本来保守派に属する士族たちだった。また、彼らの主張の内実は、外債消却献金を拒絶された橋爪幸昌とおなじく、〝政府は在野の意見を採りいれよ〟といった程度のことだろう。議会の主目的も戦争翼賛、戦意高揚にあった。

だが、開戦の是非を国民の「衆議」で決めよという論理が封建的な主従関係のもとで通用しないことはあきらかだ。好戦的な保守派ですら、自分たちの愛国的主張を政府に認めさせるには「民撰議院」や「人民ノ衆議」を「善良」な手段として持ち出さざるをえないところに、明治という〝時代〟の性格が端的にあらわれていた[20]。藤江はこうした現実を敏感に感じとっていたのだ。

義勇兵運動と議会との関連をより明確にしめしたのは、広島県士族、西本正道・平山靖彦らである。彼らは広島県士族千八百名の総代として義勇兵願を県庁に出す一方、いまや「国民一般、報国尽忠ノ秋」なのに、佐賀事件ほどにも「人心奮起」せず、いまだに台湾出兵がなにか「弁知」しない者も多い、と嘆く。そして、佐賀事件のときは「逆徒」捜索のための通達がたくさん出されたのがよかった、そこで、小区ごとに「人民会同」して代議人を選び、大区ごとに集会して戦争の趣旨を討議すれば、国民こぞって「愛国ノ真念ヲ発シ」、敵愾心を発起して「護国護身ノ方法」も見つかるだろう、だから、県庁が命じて会同を開くか我々に主催させてほしい、と願い出た。

これを受けた広島県は、開戦の布告がない現状で県が召集することはできないが自発的に集まるのはよかろうと判断し、政府に報告した。左院もまた、廟堂が決定していない「重大ノ事件」に「平民草莽輩」がみだりに「関知」すべきではないが、政府の「各人民ヲシテ国家ノ重キヲ担当セシメントノ御趣旨」からすれば、差しとめるわけにもいかないだろう、と回答した。まさに「天下ヲ分任スル」ための人民会同であった。

ところが内務省は、「不可議《ぎすべからざる》事ニ関渉シ、甚ダ不都合ノ廉《かど》モ有之《これあり》」として県の許可を取り消させたのである。なぜか。広島県庁もいうように、この地には「蠢愚ノ民」がなにかにつけて集まり「御政体誹議スルノ弊風」があった。廃藩置県直後には旧藩主引留めを名目にした大騒動が起きて県役人や庄屋が襲撃され九人の死刑者を出した。七三年には被差別民襲撃事件などの新政反対騒動があり、七四年には三次郡の農民・山田藤太郎が具体的な数字をあげて県庁の不正を追及する建白書（十月三十一日付）を左院に出している。山田の背後にも多数の農民がついていたはずだ。

とはいえ、西本正道は広島藩の勘定奉行を勤めた名門の出であり県役人の経験もあった。平山靖彦も県吏時代は宇品港の築港に尽力し、のちには奈良県博物館長・秋田県知事・貴族院議員などを歴任する人物である。決して無名の「草莽輩」なぞではなかった。しかも県庁が「折角ノ会合」だから下民が「気取リ違ヒ」をしないように「屹度《きっと》注意」せよとの条件をつけて許可したのだから、内務省の措置は過敏にすぎるようにみえる。山県陸軍卿が言うとおり、戦争中に「血税暴動」を再発させてはならないとすれば、「愛国ノ真念」を喚起しようとする彼らの努力は、奨励こそすれ抑圧すべきものではなかったはずだ。(21)

だが、じつは西本らはこれより前、政府が議会開設の第一段階として設定した地方官会議を、全国の「公議」をつくす「人民実当之代議人」による会議とはみなしがたいという建白（九月二十八日付）を提出し、集会の願書のなかでも、小区・大区をとおして代議人を選出していけば「所謂民撰議院」をたてることもできる、と述べていたのだった。

義勇兵運動については、さきに、士族兵制の思惑が秘められていると指摘した。しかし、西本らのように「国民一般」にまで民撰議院を基礎とした自発的な「報国尽忠」を期待するとすれば、いきつくところは徴兵制というよりはむしろ民兵的な皆兵制であろう。これではまさしく「共和ニ至ラシムルノ遠謀」となりかねない。外債消却献金を拒否した大蔵省と同様、人民が愛国心をもって「国家ノ重キヲ担当」しようとすること自体を「甚ダ不都合」だと内務省が警戒したのは、むしろ正解だったといってよい。

こうして、忠告社のような保守派をもふくめて、「国家危急ノ事」をわが身にひきうけようという「報国」心には、たしかに「民権」の要求が内包されていたのであり、ここでもまた、民権と国権は不可分なものとして存在しつつ、藤江のいう「君恩」＝封建的忠誠心とするどく対立していたのであった。

(六)　小国主義・非戦論

つまるところ、徴兵からのがれようとする民衆の願いは、復古派にも民権派にも託すことができなかった。いや、民権派には、各国の上にたつ万国共議政府を構想した板垣退助・植木枝盛の「無上政法論」や、中江兆民の小国主義の主張もあるではないか、民権論を単純な徴兵制擁護論に収斂させるのはおかしい、という反論があるだろう。もっともである。だが、そういうことならば、かの藤江二良三郎にも「万国対峙之一策」があるのだ。

彼レノ強勢ニ不張合《はりあわず》シテ、唯《ただ》信ノ一字ヲ以テ、万国交際被遊《あそばされる》ニ於ハ、彼レ猥《みだり》ニ暴行仕《つかまつり》間《ま》ジク、若シ暴行有之《これある》ニ於ハ、皇国之人民協力シテ、一命ヲ天ニ捧ゲ、粉骨砕身可仕《つかまつるべし》。彼レハ元来商法之軍ニ候得バ、死ヲ厭ヒ血戦ニ不及《およばず》、速《すみやか》ニ退散可仕

「信ノ一字」によって各国と交際すれば西洋の強国といえどもみだりに乱暴なことはしないはずだ、万一侵略さ

れたら人民が「粉骨砕身」して防げばいい、経済的利益が目的の西洋人には「血戦」をつづけるほどの覇気はないからすぐに退散するだろう、というわけだ。この主張は、「貿易ハ金銀之戦」であって相手が利益をあげれば我々は損をするのだから、「小国必衰之基」である貿易は中止したほうがいい、外国が「皇国出産之品物」を求めて来たらただで「御遣シ」になれば、各国は「神国之政ヲ信仰」して「自ラ降伏」するだろう、という信念と結びついていた。徴兵制は西洋「大国ノ法」だとの論法が士族兵制論者に多いことは前にふれたが、弱肉強食の世界にあって国家の存立理念をあくまでも「道義」におこうとする儒教的な小国主義が、藤江の徴兵制批判論を支えていたのである。封建派・復古派が侵略派だというのは根拠のない思い込みにすぎない。[22]

典型的な復古主義と小国主義とが結合する例として、もうひとり、「ランプ亡国論」で有名な佐田介石をあげておこう。「ランプ亡国論」というのは、舶来品であるランプの流行が石油などの輸入品の増加、菜種油・行灯などの国産品の衰退、眼病・火事の増加等々、十六の「大罪」をもたらすと説いたところからつけられた言葉で、佐田はこのほか、鉄道・洋服・断髪などもおなじ論法で非難し、各地に国産品愛用の結社をつくるなど活発な運動をくりひろげた。西洋との貿易は「四ツ目殺し」も知らぬ碁打ちが本因坊と争うようなもので勝てるはずがないという信念がその基礎にあった（七五年一月付）。藤江の「小国必衰之基」に通ずる発想だろう。

彼はこの時期にあきれるほどたくさんの建白書を提出しているが、二十三のテーマを論じた九月付建白は、そうした彼の経済論を網羅的に述べたものだった。[23]このなかで佐田は、消費者としての武士の経済的効用を強調し、もし全国の士族を農民や商人にしたら「天下の物品」を消費する者がいなくなって流通の道はたちまち閉塞してしまう、生産だけを大事にして「消費する事の大用」を知らなければ「皇国の真の経済」とはいえない、と断言する。いわば〝有効需要〟説による士族擁護論だ。維新後に城下町が衰退したことも論拠のひとつだった。また、穀食に適した日本人の体に肉食が合わないように、西洋の武器をつかうと「日本固有の元気」が失われる、などと「外国の兵制」の「七劣二害」をあげる（彼は列挙魔なのだ）。もちろん、その結論は「文武は士の専門」とする身分制、士族兵制である。彼の学校教育批判は前章でふれたが、そのほか、幼いときから「己れ〳〵の職業」を教えこまねば一人前になれないのに、小学校から兵役終了までの長期間を「文武の道」に拘束されて、どうして「稽古」ができようか、と不満を述べている。

武だけでなく文まで消費者である士族にまかせて平民は生業に励めというのだから、要するに徹底した封建時代への復古である。だがその一方で彼は、「天下の全力」を兵についやしたのでは、いつかは「兵権のために政府も圧倒」されて「天下の政は兵権に帰」してしまう、と軍国主義を心配していた。武力を少数の士族に限定させたほうが統制しやすい、と言いたいらしい。

軍隊を「凶器」とみなすのは儒教の伝統的な認識だが、徴兵制に賛成の民権論者のなかにも、軍隊が「皇帝を勝手に廃立」したトルコを念頭において、為政者が「兵隊の機嫌」をとれば、かならず天下を血に染め、人民を「銃剣の下に戦慄寒心せしむる」にいたる、と警告した者がいた（立花光臣、『郵便報知新聞』74・8・14）。「君の仰せを余処《よそ》にして、帆かけた船が出づるぞい、あれ民がなく……」と唄われたように、台湾出兵は外国の批判にとまどった政府の中止論を軍部がふりきって強行したものだったから、トルコの事件は他人事ではなかった。軍部の危険性という一点では、佐田と立花（板垣らの建白書を起草した古沢滋のペンネームと言われる）は一致したし、士族兵制を全面的に批判した「猫尾同人」（政府派の福地源一郎といわれる）もこの点では異論がなかったはずだ。

佐田介石はまた、別の九月付建白で、琉球は「支那の属国」であり、これを日本の領地とみなして台湾に出兵するのは琉球を「押領」するにひとしく、「支那に対して大に信義を失」うものだ、断じている。台湾出兵のねらいのひとつは、琉球の領有を清国に認めさせることにあったから、この主張は政府と真っ向から対立した。しかも彼は、日本が清国と戦争をしても「鼻角力が関取に稽古致す」のとおなじで勝ち目はなく、清国に敗けないにしても兵器類の輸入で借金が急増し、「外国へ国を売却」することになると、開戦につよく反対した。それだけではない。かりに日本側に名分があっても「国辱は亡国よりも百千倍軽し」、「小国よりは大国に謝すべき事、古今の常理なり」と言いきるのである。まさに時代錯誤というほかない復古主義が、軍国主義や領土拡張・海外出兵を徹底的に批判する小国主義に帰結するのだ。

もっとも、台湾出兵や日清開戦への反対は他にもたくさんあった。のちに『大東合邦論』をあらわす樽井藤吉（八月七日付）は、たとえ清国に勝っても「内国疲弊、人民困窮」し、朝鮮出兵が政権の命取りになった豊臣秀吉の二の舞を演じることになる、と警告した。また、置賜県士族・宇加地新八（五月付、八月付）は、政府は台湾の野蛮をただして「天道ヲ知ラシメ」ると言うが、そもそも「日本人民、天道ヲ知ル者幾許《いくばく》ゾヤ」と〝文明の使徒〟を標榜する日本政府の口実を皮肉るとともに、佐田とおなじく、台湾・琉球を中国の属地とみなして出兵に反対した。欧米の「横浜在留兵隊」をそのままにして「孤弱ノ台湾」を討つのは世界の「信ヲ失スル」という者もいた（青森県士族・長尾義連、四月付）。

「征韓」優先の立場からの非難もあった。「琉球船を殺掠」した台湾と「天使」（天皇の使節）をこばむ朝鮮と、その「罪」はどちらが重いか（磐前県・現福島県士族、佐藤政武、四月二十二日付）、「本末転倒、順序錯雑」もはなはだしい（栃木県士族・大屋祐義、七月二十九日付）、といった主張がそれである。「征韓」を要求した直後に台湾・清国の義勇軍に合流してしまう白川県士族・宮崎八郎や石川県・忠告社のようなやみくもな好戦派が多いなかにあって、あくまで「征韓」の名分に固執する頑固な保守派がいた（大屋は西郷隆盛の死を聞くと割腹自殺してしまう）ことが、この年の対外論の大きな特徴だった。[24]

つまり、明治国家最初の対外戦争である台湾出兵は、義勇兵や献金運動の盛りあがりはあったものの、後年のような挙国一致の支持を得ることができなかったのだ。元来、攘夷を最大の名目として蹶起しながら「一変シテ勤王家トナリ……再変シテ開港家ト」なるという「事理顛倒」(開拓使・現北海道士族、蠣崎多浪、八月付)の矛盾をかかえる明治政府にたいして、対外強硬論はつねに反政府派最大の切り札となるわけだが、台湾出兵だけは在野の主戦論が先行することなく、出兵批判・非戦論が広汎、多様な論拠によって、かつ公然と主張された。

もとより、ここでの非戦論は日露戦争時の社会主義者やキリスト者のような明確なものではなく、実質的にはたんなる時期尚早論が大半だった。大久保・大隈ら開明派に出兵の主導権をとられたことへの反発もあった。しかし、理由はなんであれ、この年の建白書をおおざっぱに区分すると、主戦論と非戦論の比率はほぼ二対一になる。建白を出すような〝志士〟のあいだでのこの比率は、政府のイデオロギー的な統合力がいかに脆弱だったかを示している。

また、士族兵制論者のなかにも開戦、非戦の両論があったし、保守派からも民権派からも義勇兵が出願された。強大な軍隊の危険性についての認識でも、民権派、保守派の別はなかった。ただ、どちらかといえば、国家と「憂楽」を共にしようとする民権派のほうが主戦論に傾きがちだった。のちの壬午事件・甲申事件における自由党系民権家の熱狂はよく知られているが、この年に設立されたばかりの立志社も「国難に際し身を致すは人民の通義」であり、「人民たるもの坐視傍観する時ならんや」と義勇兵を出願した。(25) 後年まで高知県内で立志社と対立する高崎審雄ら(九月付)が、徴兵制のような「人民平均ノ制」や洋式の服制・学制などを非難するかたわら、「万民未ダ安堵」せぬ現状での戦争にも反対したのと対蹠的である。また宇加地新八も消費者としての武士の効用や実質的な士族兵制を主張するなど、基本的には佐田とおなじ立場だったし、樽井藤吉や長尾義連もれっきとした保守派だった。

もともと、対外政策に積極主義をとるか消極主義をとるかの選択と、国内の政治体制論とはストレートにつながらないから、小国主義・非戦論は民権論、封建論のどちらとも結びつきうる。だが、少なくとも一八七四年(明治七）にかぎっていえば、これらは主として、徴兵制や文明開化政策を推進する現政権に批判的な保守派の主張なのであった。(26)

(七) 参加か自由か

結局のところ、士族兵制は実現しなかった。建白書をうけとった左院も、万国対峙の今日では「国力ヲ均一ニシ、兵権ヲ統一」することが急務であり、兵制を一変したのは「千古ノ卓見」によるもので、一石二鳥といったような「尋常庸人ノ所見」とは次元を異にする、たとえ「国勢困難ニ赴クトモ」「目前ノ小利害」のために「永世ノ大典ヲ動揺」させることはできない、と一貫して徴兵制を擁護した。第五章でみるように、政府内部では反大久保派の一翼をになった左院だが、徴兵制については一歩もゆずる気配がなかった。(27)

血税反対一揆も、秋田・高知などに局地的な動きがあった程度で、前年のような大騒動は起きなかった。趣旨が理解されたというわけではない。国民皆兵のふれこみにもかかわらず、実際に徴兵の作業をすすめてみたら、適齢者の八割以上がなんらかの免役事項にあてはまったのだ。神奈川県のある地域では五十三人全員が免役になった。(28)これなら、処罰覚悟で一揆をおこすよりも、養子や〝病気〟になって合法的にのがれたほうがてっとり早くて確実だった。

また、戦争の危機は徴兵忌避の気持をかきたてた反面で、平民のなかからも義勇兵に出願したり、軍費を献金する者を生みだした。国立公文書館蔵の『征清軍資献納簿』には、「東京府華族島津忠寛　家禄三年間返上願」「一等巡査田中発　献金願」など七十件ほどの願書が収められているが、このなかには「致命ノ軍官」は「食禄ノ者」にさせよと建白した小林権七の「軍靴献納願」もある。さまざまな出兵批判にもかかわらず、対外的危機感が人々に報国心をうえつけたことはまちがいない。そして、七七年（明治十）の西南戦争で、「土百姓等を集めて人形を作る、果して何の益あらんや」と公言してはばからなかった桐野利秋らが敗れさったとき、士族兵制論は完全にとどめをさされた。

それでもなお、民衆が徴兵制を積極的に受け入れたとはいえなかった。規則改正で免役条項がなくなった八九年（明治二十二）になっても「逃亡・不参」は該当者の一割弱に達している。[29] こうした民衆にむかって民権派が〝そんな奴は日本に生まれてくるな〟と罵言を投げつけたことは前にみた。この点に関するかぎり、民権派は民衆の味方ではなかった。

これにたいして、徴兵制反対で民衆の願望と合致した保守派の主張の根底には、牢固とした身分制擁護の思惑があった。田中正道が人民には「自主」「独立」の権利を与えてもいいが、華士族は「不羈自由」を望んでいないと言い、折田年秀が人民に「自主自由ノ権」を与えよと要求するとき、その「自由」とは、政治（とくに軍事）に拘束されないと同時に政治への関与も認めない、二重の意味での〝政治からの自由〟を意味した。しかし、士族兵制が単純な志願兵制の域をこえて、華士族制度の存続とか田中正道流の議会制度として固定化されるや、きびしい批判が続出した。もはや、身分制によって民衆を「政事」から排除しておくことは不可能だった。民衆の政治意識は確実に封建制から抜け出しはじめていた。

保守派が民衆を政治から「自由」にしておこうとしたとすれば、民権派は、政治への関与と政治（兵役）への献身を要求した。二重の意味での〝政治（国家）への参加〟といってよい。彼らからみれば、徴兵忌避は権利の放棄でしかなかった。実際、七八年（明治十一）八月におきた竹橋事件こそは、国民の軍事参加がもたらした大きな〝成果〟であった。西南戦争の主力として戦いながら論功行賞で軽視されたことを直接の引き金にして、徴兵の軍隊それもエリートの近衛兵が反乱を起こしたのだ。「近頃人民一般苛政ニ苦ムニ依リ、暴臣ヲ殺シ以テ天皇ヲ守護シ、良政ニ復シ度」と参加者のひとりが手紙に記したように、[30] 彼らの不満の射程距離は長かった。まさに藤江二良三郎の予言が的中したのである。

近衛兵が皇居（太政官）に向けて大砲を撃ちこんだ事態に衝撃をうけた政府は、「人権斉一」を掲げた「平民の軍隊」の危険性を除去するために腐心する。その第一弾が事件直後に出された「軍人訓戒」だった。山県有朋陸軍卿名義の軍人訓戒は、軍人を「皇上ヲ奉戴シ朝廷ニ忠ナランコトヲ誓ヒシ者」と規定した。起草者はもと明六社同人の西周である。彼は次章で紹介するように「宗教の自由」を明快に論じた啓蒙思想家だった。また、おなじ明六社の加藤弘之は、武官に「和戦ノ是非得失」を論議させてはならない、彼らの「権利ヲ抑制シテ只管《ひたすら》王命ニ恭順」させよと述べていた（「武官の恭順」七四年五月）。[31] だから、彼らの念頭にも軍部の危険性についての、佐田や立花と共通する認識があったはずだ。

だが、西の発想はいわゆるシビリアン・コントロールとはまったく逆だった。「兵家徳行」（七八年）[32] のなかで、「人民ノ自治自由ノ精神ヲ鼓舞」するのは当然だが「武人」は「民権家風ニ……染ム可ラザルナリ」と断定するように、政府・議会が民権派の手にわたっても軍隊だけは「王命」のもとにおくことがねらいだったのだ。彼はまた、「平民モ武士モ同ジク日本ノ主権タル皇上ヲ奉戴スル」点ではおなじだが「民属」と「臣属」とは「自ラ別ナル所」があると明言している。まさに「臣」と「民」との再分離であり、藤江のいう「国恩」から「君恩」への再逆転、〝国民の軍隊〟から〝天皇の軍隊〟への徴兵制の変質であった。そして、軍人訓戒の直後に設置された参謀本部が、この「統帥権独立」を制度的に保障した。

もとより、これは封建制への回帰を意味するわけではない。士族兵制のような身分制とは無縁であり、あくまでも議会制による国民の政治参加を前提にした対応策である。だが、軍隊での「臣属」的規制がやがて国民生活全般におよび、民権拡大に向かうべき「愛国心」の自発的な展開が「忠君」によって制御されたことはあらためて指摘するまでもない。軍人訓戒とのちの軍人勅諭こそは、国家への「参加」を強制されながら意思決定の権利からは「自由」な国民、つまりは「臣属」的国民＝臣民づくりの端緒なのであった。

こうした政府の施策にたいして民権派が正面から対決することはなかった。帝国議会の開設まで（正確には普通選挙権の実現まで）徴兵制は参政権の裏づけがなかったのだから、大井たちは徴兵忌避者を非難するのではなく、議会なしに兵役を課した政府を批判することに徹すべきだった。立志社の建白には一応この視点があったし、民兵（護郷兵）の構想も一部にはあった。だが、彼らにしても徴兵忌避を民権運動の一環ととらえ、運動として組織しようとはしなかった。立志社の「日本憲法見込案」には「宣戦講和権ハ国会之レヲ掌握ス」とあるから、議会さえできれば軍隊を統御できると考えていたのかもしれないが、実際には政府の統帥権独立の遠謀を察知することすらできなかった。いや、「愛国心」こそ民権運動の原動力だと信じ、ことあるごとに主戦論をとなえて義勇兵を組織する彼らに、〝義務としての参加〟がはらむ問題性の自覚を期待するのは無理というものだろう。日清戦争に突入したときの民党の熱狂ぶりがなによりの証明である。次章でふれる教育勅語の意義を看過したこととあわせて、ここに民権思想の「参加」論（愛国心論）の重大な陥穽があった。橋爪幸昌に示された〝民権の原初形態〟、すなわち「報国心の転形としての民権論」から脱却することは、当時の民権家にとって決して容易ではなかった。

とはいえ、政治への参加権が完全に保証されれば兵役もまた「権利」として当然引き受けるべきものなのだろうか。かならずしもそうではあるまい。参政権は確保しながら徴兵制のみならず軍備そのものまでも拒否する、これが戦後民主主義の核心であった。私もこの理念に共感する。しかし、そのためには、前述した「自由」と「参加」の二重性を、それぞれ解体しなければならなかったはずである。だが、そんなことは原理的に可能なのだろうか。あるいは、それを可能にし現実化するには、我々と国家との関係をどのようなものとして設定する必要があるのだろうか。この点について我々は充分に自覚的な解答をもっているのだろうか。

このようにみずからをかえりみるとき、徴兵制をめぐる民権派と保守派の論争をまえに、そのどちらをも支持できずに立往生した民衆たち、そして、あいまいな「参加」論のゆえに天皇制国家主義にまるめこまれてしまった民権家たちの姿は、じつは現在の我々の原像でもあるのだということに気づく。一八七四年（明治七）の民権と国権は、まぎれもなく、現代の民権と国権に通底しているのである。

註

（1）松下芳男『徴兵令制定史』（五月書房版、一九八一年）には、陸軍歩兵少佐須藤重男の著書からの次のような引用がある。「私の実父は明治六年兵で……父の談によれば、徴兵当時は体格が極めて良好で、よく肥えてゐた為に血税にとられたのだ、即ち生血をとられて、之れで軍服や軍帽等の赤色を染めるのだと、周囲の人もまた自分も信じてゐた。併し少々生血をとられても、マア人並よりより肥えてゐるから、少々は構はぬと諦めて入営したそうである」（二〇七頁）。なお、徴兵制に関する基本的な史料は、『日本近代思想大系4　軍隊兵士』（岩波書店、一九八九年）に収められている。

（2）『神奈川県史通史編4　近代・現代1』一九八〇年、一七五頁。

（3）また太政官も告諭を〝平易〟化した「てうへいのおさとし」を出した。「士はこれまでの士でなく、百姓はこれまでのいやしきものにあらず、おしなべて日本一よふの人にして、国にむくゆるの道も、もとより、その隔てはなかるべし……人たるもの、心と力をつくし、国にむくはねばならぬなり、西洋人、これをとなへて、血税といふ、（この血税といふことは、日本で云へば、人々その身の、力一ぱいを、つくすと云ふようなもの）其の生血をもつて、国にむくゆるのわけなり」（松下前掲書、一九六―一九八頁）。

（4）国立国会図書館憲政資料室蔵・三条家文書。

（5）久留島浩「近世の軍役と百姓」（『日本の社会史』第四巻、岩波書店、一九八六年、二九四頁）。たとえば川越藩も農兵取り立ての際には「農民之もの勤中、苗字帯刀差免候事」としている（『東松山市史史料編3　近世』一九八三年、四八八頁）。

（6）勅任・奏任官には官禄税もかけられた。七五年（明治八）には、これら禄税の総額は二百十六万七千余円に達した（『明治天皇紀』第三巻、吉川弘文館、一九六九年、一八〇頁）。なお、下級士族が佐賀事件のようなことをしでかすのは、結局は「私窮」への不満によるのだから、家禄の格差をなくし「士族一般同等禄」にしてやれ、という声もあった（滋賀県農民・竹内成由、三月付）。しかし、政府は累進課税だけで、「家禄平均」の措置はとらなかった。

（7）森有礼の七二年六月（明治五年五月）の意見書、木戸孝允の七三年（明治六）十二月の建白（『日本近代思想大系8 経済構想』岩波書店、一九八八年、一七四―一七六頁、一七八―一八一頁）。

（8）国立国会図書館憲政資料室蔵・宮島誠一郎文書、日本史籍協会編『岩倉具視関係文書』第八巻、東京大学出版会、七七頁、深谷博治『新訂華士族秩禄処分の研究』吉川弘文館、一九七三年、三五八頁。

（9）国立公文書館蔵『公文録・征清従軍名簿』には三十七件、約七千五百人分の願書が収められているが、これは太政官に正式に届けられたものだけだから、府県に留められたもの、和議成立で提出に至らなかったものなどを含めるとかなりの数になるはずだ。

（10）島津の七三年六月の建白書（日本史籍協会編『島津久光公実記』第三巻、東京大学出版会、二一九頁。島津は七四年五月にも同様の建白書を提出した）。岩倉の七四年五月の意見書（前掲『岩倉具視関係文書』第一巻、一七一頁）。

（11）七四年八月十二日付「征蕃善後意見書」（大山梓編『山県有朋意見書』原書房版、六五頁）。

（12）前掲『明治天皇紀』第三巻、二二七頁。

（13）前掲、松下『徴兵令制定史』、一〇〇頁。

（14）たとえば、「門閥貴族」が本当に「愛国忠君ノ深」をしめすつもりならば、議会をつくるのではなく「北地へ移住シ……身命ヲ軽ジテ労苦ヲ厭ハズ」開拓と国防に従事すべきだ、という富樫平太郎らの投書（『日新真事誌』74・3・9）など。

（15）石瀧豊美『『解放令』から筑前竹槍一揆へ』（好並隆司編『明治初年解放令反対一揆の研究』明石書店、一九八七年）。

（16）三善昭一郎「四国における解放令反対騒擾研究序説」、同右、八六、八七頁。

（17）松尾章一・貞子編『大阪事件関係史料集』上巻、日本経済評論社、一九八五年、三五五頁。

（18）『自由党史』岩波文庫版上巻、二〇一頁。なお、徴兵忌避の民衆にたいする自由党の冷やかな態度については、北崎豊二「明治一六年の徴兵令改正と民衆の動向」（『ヒストリア』69号、一九七五年）、稲田雅洋「一八八三年の徴兵令改正と民衆」（『大阪事件研究』2、3号、一九八五年）が紹介している。

（19）大井憲太郎「自由略論」『近代日本思想大系30　明治思想集Ⅰ』筑摩書房、一九七六年、三九三頁。

（20）敦賀県（現福井県）住職・島津義禎（九月二十四日付）も、府県に「下院」を設置して戦争の概略を知らせれば「懶惰怯弱ノ頑夫」でも「義気」をもつだろうと提言する。島津も士族兵制論者だが、それでも「議会」の導入には賛成するのである。

（21）以上、『公文録　明治七年十一月　内務省之部五』。

（22）山室信一氏は、中江兆民をはじめとする小国主義（スイス・ベルギーなどを模範国とする）の基礎に「道義立国」の論理を指摘する（『法制官僚の時代』木鐸社、一九八八年、三八四頁）が、その前提にこうした儒教的道義論を措定することができよう。なお、朝鮮における儒教的小国主義については、趙景達「朝鮮における大国主義と小国主義の相克」（『朝鮮史研究会論文集』第22集、朝鮮史研究会、一九八五年）などに指摘がある。

（23）佐田はまた「視実等象儀」なる模型を二千円もかけて制作し天動説を〝実証〟しようとした。この年左院に出した地動説批判の建白（十二月付）も〝素朴な疑問〟の羅列ながら妙に説得力がある。

（24）ただし中国のような「大国」との戦争に反対した論者が、朝鮮にたいしても「国辱」を甘受するとはかぎらない。たとえば、岡山県士族の関新吾、小松崎英太郎らは、この年の建白（八月九日付）では、他国から無礼を加えられたら「断然之ト交際ヲ絶チ、仁恕ノ道」を行えばよい、「兇暴ノ干戈ヲ動カス」のは「公道」に反する「無智ノ勇」にすぎないと言っていた。ところが翌年、江華島事件がおこると、関が編集長だった『評論新聞』は一転して激烈な「征韓」を要求したのである。

（25）前掲『自由党史』上巻、一五三頁。

（26）文明開化政策に反対する「復古」派には、佐田のような江戸時代を理想とする者と、国学者流の古代への復古を要求する者とがいる。後者の攘夷論が一種の膨張主義に帰着しがちなのにたいして、前者の系譜は小国主義に親和性をもつように思えるが、かならずしも明確に分類はできない。ここでも対外論を体制論と連動させるのはむずかしい。

（27）左院は廃藩置県直後に四民平等と兵制改革の建白を提出していたから、徴兵制の創設者とでもいうべき自負があったのだろう。そこでは、本来「同一ノ霊物」であるはずの四民のなかで、士族だけが「貴重ノ権ヲ専ラニシテ文武ノ常職」に就いているのは一見「士ノミ幸福」のようだが、戦時には士族だけが命を投げだし「三民ハ拱手傍観シテ国ノ利害存亡」にかかわらない形になり、「実ニ不平均ノ甚ダシキモノ」だと述べている（前掲、宮島誠一郎文書「左院関係史料」）。また、日本は島国だから海軍さえあれば充分ではないかという岩手県士族・花坂円（二月付）にたいして、左院は「佐賀県下動揺ノ如キ」場合にも陸軍が必要であり廃止論は「過甚ノ偏見」だと述べて、軍隊が国内向けでもあることを明言している。

（28）前掲『神奈川県史通史編4』一七七頁。

（29）藤原彰『日本軍事史』上巻、日本評論社、一九八七年、六五頁。

（30）竹橋事件百周年記念出版編集委員会編『竹橋事件の兵士たち』現代史出版会、一九七九年、六五頁。

（31）『明治文学全集3　明治啓蒙思想集』筑摩書房、一九六七年、一五八頁。

（32）同右、一〇六頁。

第三章　土葬か火葬か

❶ 仮名垣魯文『三則教の捷径』（1873年刊）
❷ 大内青巒（1874年８月19日付）の建白書表紙
（『建白書　明治七年甲戌　自八月至九月　七』国立公文書館所蔵）
❸ 日野霊瑞ら（1874年６月28日付）の建白書表紙
（『建白書(参考部)　明治七年甲戌　自五月至八月　三』国立公文書館所蔵）

❸　❷　❶

(一)　火葬禁止

人ノ子弟タルモノ誰カ我父兄ノ肌膚ヲ愛セザラン。……〔しかるに〕至愛至重ノ遺体ヲ以テ之ヲ炎火ニ付シ、恬《てん》トシテ怪ムコトヲ知ラザルモノアルニ至ルハ何ゾ。皆邪説ノ誑誘、人情ノ正ヲ害スルアルニ由レルナリ

一八七四年（明治七）九月、のちに東洋大学長となる大内青巒にたいして、左院はこう言ってその建白書をつき返した。当時の左院としてはめずらしいほど感情的で高飛車だった。しかしこれから半年、火葬が「邪説ノ誑誘」に惑わされた人情を害する行為か否かをめぐる苦しい論争にまきこまれようとは思いもよらなかったろう。

そもそもの発端は前年七月十八日の「火葬ノ儀、自今禁止候条、此旨布告候事」という太政官布告にあった。理由はつけられていない。だが、神道派による仏教攻撃の一環であることは、この措置を支持した新聞投書を見ればわかる。仏教が〝親を捨て無為の仏道に入ることが本当の報恩だ（捨親入無為、真実報恩者）〟などと説くのは人情に悖《もと》る「禽獣ノ所行」である、まして「父母ノ遺体ヲ水火ニ投ジテ、愉快ナル事」があろうか、これらはみな「愚人」が「浮屠《ふと》（仏陀のこと）ノ邪道」に惑わされた結果である（『東京日々新聞』73・12・27）。「最も尊重すべき父兄の遺体」を「火燼」して平然としている仏教の風習が日本に伝わって以来「博識の君子」はながく慨歎しつづけてきた、このような「野蛮の弊習」が禁止されたことは「実に感佩するに余り」ある（『郵便報知新聞』73・10・17）、等々。

儒教は「孝」を重視する。大切な親が死んだのに仏のもとに還ったと喜んだり、親の遺体を焼くとはなにごとか、というわけだ。だが、葬儀から仏教の影響を排除することは儒者たちにとってつねに難題だった。親が仏式の葬儀

を望んだときはどうしたらよいかという弟子の質問に、朱熹でさえ明快な答をだしかねたといわれる。日本の儒者たちも神葬祭の実施や火葬の禁止をくりかえし求めたが、あいにく、江戸時代はすべての住民がどこかの寺の檀家になることを強制した寺請制度がしかれていた。土佐藩の野中兼山、会津藩の保科正之などが領内の火葬を禁止したような例はあっても、仏教による葬儀が当然という制度のもとにおかれた彼らがあくまで儒教の儀礼を守ろうとすれば、隠れキリシタンにも似た辛苦に耐えねばならなかったらしい(1)。

したがって、仏式葬儀とりわけ火葬にたいして「博識の君子」には積年の恨みがあったのだ。明治初年の廃仏毀釈運動は政府によってブレーキがかけられたものの、七二年七月(明治五年六月)には神官も公然と葬儀ができるようになり、東京の青山などに神葬祭用の墓地が造られた。神道家にとっては念願の「葬儀・埋葬の自由」の実現だった。この余勢をかって、仏教が「邪説」であることの証明ともいえる火葬を禁止できれば、彼らにとって感佩するにあまりあることはたしかだった。

これにたいして、仏教側からの反論は当初ほとんどめだたなかった。その原因のひとつは、神官の思いこみに反して仏教徒でも土葬にするところが大半だったことにある。そもそも、日本における火葬は仏僧がもちこみ、文武四年(七〇〇年)の釈道昭にはじまるという『続日本紀』の記述自体、事実と違うようだ。すでに七世紀初めには須恵器生産地(大阪)の竈塚から火葬された人骨が出土している。釈迦の火葬もインドの風習に従ったもので仏教思想と直接にはつながらない、といわれる(2)。実際、文化庁の調査によれば、明治末でも東北地方の太平洋沿岸・関東・香川をのぞく四国・九州南部などを中心に土葬の地域が圧倒的に多い(3)。そのためか、大規模な新政反対一揆のあった北条県(現岡山県)、東京に隣接する埼玉県などの布達類をみても、断髪令についてはなんども指示が出ているが、火葬禁止関係は見当たらない。これらの地域では布告そのものが無意味だった。

一方、東京・大坂・京都などの大都市では火葬がかなり広まっていた。大坂府は、今般の布告の「厚キ御趣意」

をよくわきまえて遺憾のないようにせよとの布達を出し、梅田・千日前・南浜などの火葬場を撤去した。千日前が繁華街になるのはこれ以後である。[4] 東京府は特別の説諭をしなかったが、小塚原・深川・落合・桐が谷などの火葬場はすべて廃止された。このため千住南組・砂村新田などの寺が「火葬便益論」を添え、さらには献金の申し出までして火葬の再開を東京府に嘆願したが却下された。[5]

農村では北越地方がおおむね火葬だった。『東京日々新聞』（73・12・7）には、北陸や越前のような寒い地方では雪の上に薪を積み火葬しておいて、春に雪がとけてから墓に移すしかないと聞く、もしそうなら禁令は「天下ノ実地ヲ洞察」せざるものだ、との投書（小西黙一）がのっている。もっとも、これには、北越以上の寒冷地の羽州でさえたいてい土葬で、寒国ゆえに火葬せざるをえないというのは「暖国ノ空論」である、との反論が寄せられた（73・12・27）。

北陸は浄土真宗のさかんな地方である。祖霊信仰を否定し葬式の宗教的意義を重視しない親鸞が、薄葬としての火葬を勧めたといわれる。ただし、いまでは真宗の葬儀がもっとも盛大だし、真宗の教義と火葬とが直接結びつくわけでもない。また、日蓮宗・曹洞宗・真言宗・羽黒山伏の信者で火葬する地方や、広島県北部のように真宗で土葬にするところもある。[6] 葬礼は教義だけでなく土地の風習に制約される面が大きいのだろう。とはいえ、十九世紀前半に北陸から福島の相馬地方へ移住した真宗門徒が、地元の農民とは別に自分達だけで「火葬組」を組織したように、真宗と火葬の結びつきはかなり強く、文化庁の調査も両者の高い相関を指摘している。[7] 真宗はもともと寺を中心にかたく結束し、「お他宗」との区別も厳格だった。相馬の門徒は神仏混淆にも抵抗して第二次大戦直前まで神棚の併置を拒んだ。新潟には、村人がみな真宗信徒で「鎮守神」のないことを「誉レ」とさえしているところもある。[8] それだけに突然の禁止令の衝撃は大きかった。

だが、布告が出たのは七三年（明治六）三月の越前門徒三万人が蹶起した大一揆の敗北後であった。この暴動は七〇年（明治三）ころから富山をはじめ各地でおきた真宗門徒の「護法一揆」のピークをなすもので、断髪反対・耶蘇教排撃など新政反対一揆と共通する性格をもちつつ、近隣の佐渡・富山や松本での強引な寺院統合政策（富山では真宗寺院・一二百四十八か寺が一寺にまとめられようとした）などへの強い危機感から生まれたものだった[9]。したがって、「人民怨恨セザルハナシ」（前出、小西默一）とはいえ、彼らにはさしあたりこの禁令に正面きって反対するだけの余力がなかった。むしろ布告そのものが護法一揆の鎮圧をうけて出された感さえある。そこで、滋賀、石川、香川、徳島などの信徒たちは、土葬した墳墓の上に薪を積み火をつけて、わずかに「情思ヲ安ズル」ほかなかった（前出・大内青巒の八月十九日付建白）。

(二) 大蔵省のクレーム

こうして火葬禁止令は、神道にとってもっとも手ごわい相手の浄土真宗に決定的な打撃を与えるかにみえた。ところが、思わぬところに伏兵がいた。大蔵省である。布告の二週間後、大蔵省事務総裁・大隈重信は三条実美太政大臣に、火葬を禁止するなら東京府の旧朱引内はいっさいの埋葬を禁じるべきだと申し入れた。「朱引内」とは江戸幕府の寺社奉行の管轄区域を意味したが、明治初年には市部をさした。おおよそ山の手線のやや内側と本所・深川地区が入る。郡部が「朱引外」である。

大蔵省の言い分を紹介するまえに、そもそも火葬禁止という宗教政策の基本にかかわる問題が決められた経緯をみておこう。すでに述べたように、火葬禁止は儒者・神道家の永年の念願だった。維新直後の六九年（明治二）には、太政官の審議機関である公議所が、下総の百姓・権之丞の建白を百九十対十三の圧倒的多数で可決していた[10]。しかし、今回の布告のきっかけを作ったのは神道派ではなかった。治安を担当する司法省が、東京の千住や深川にある火葬場の煙が「悪臭不潔ノ甚シキ」にたえないので火葬場を郊外に移すべきだ、と言いだしたのが発端だった。ただし、司法省は火葬が「浮屠教法」によるとしても「事理ノ当否」は本務に関係ないとわざわざ断って、もっぱら公衆衛生の観点から、「火葬所取設ノ儀」として太政官に上申した。

火葬の煙や臭いは江戸時代にも悩みの種だった。下谷・浅草付近の寺院はもともと寺ごとに火葬していたが、徳川家綱が寛永寺へ墓参した折にその臭気がただよってきて物議をかもした結果、これらを統合して小塚原に火葬場を新設し、日没後に点火させることにしたという。[11] 都市化につれて火葬場が郊外に移っていくのは、いわば〝時代のながれ〟であった。

ところが、これを受けた太政官正院の庶務課が、むしろこの際だから「断然御禁止被仰出《おおせいだされ》候テハ如何」と、問題をエスカレートさせたのだった。〝火葬は「浮屠ノ教法」による「惨刻」「野蛮」の風習である。「百事御釐正ノ折柄」、このような「人類ノ忍ビ難キ」弊習を存続させたのでは「隆世ノ大欠典」である〟というのだ。

露骨に神道的な発想である。ただ、火葬が残酷だという点にかぎれば、当時の実態からみてまったくの詭弁ともいえなかった。天皇や上流階級の場合はともかく、古来のいわゆる「野焼き」は、「野天に穴を掘って、多量の薪とわらを置き、棺の上にも積み上げて火をつけ、長い時間かけて焼く……火葬に立ち会った人たちは、顔をそむけずには果たしがたい作業」だった。[12] もちろん、のちには座棺用の炉や専用の建物がつくられるようになり、それほど無惨な感じはなくなっていた。しかし石油・ガスのない時代である。現代のように簡単には済まなかった。ところが、土葬は埋葬の際に遺体をそこなうことがない。神道家が火葬を鳥葬などとならべて非難する根拠のひとつはここにあった。

しかも、いま火葬場の郊外への移設を命令すれば、おのずと火葬の容認につながる。彼らがこの際いっきに懸案を解決してしまおうと考えたのも無理はない。宗教政策を担当する教部省も神官が主流だったから、〝当省も「見込ノ趣」を申し立てるつもりだった〟と正院に先を越されたのをくやしがった。

彼らの唯一の気がかりは、土葬にすると墓地を拡張しなければならないことだった。現代でも、あの広大な中国で土葬による墓地の膨張が経済成長の障害になり、政府が火葬の普及にやっきになっているとの報道がある（『朝日新聞』一九八九年五月十二日朝刊）。せまい日本ではいうまでもない。だから正院は、わざわざ三府の知事に墓地の確保が可能かどうかを問合わせた。各知事はそれぞれに対応策を回答したが、禁止措置そのものに疑義を呈することはなかった(13)。

これで火葬禁止の方針は確定した。排仏毀釈のさかんだった維新直後ですらできなかったことが、司法省の上申からわずか二か月たらずで、あれよあれよという間に実現してしまった。司法省が「人民の健康」という観点から問題提起してくれたことが神道派の攻勢を有利に導いた。事前に知事の了解もとった。こうなれば仏教側から多少の抵抗があっても充分に押しきれる、と彼らは考えただろう。布告が理由をいっさい述べない簡単なものだったのも、その自信のあらわれのようにみえる。

ところが、意外にも政府内部、それも大蔵省からクレームがついたのだ。布告が出ると東京府は、先の回答で述べたように墓地確保のため〝寺院の地所はすべて墓地と心得よ〟との布達を出させてほしい、さもないと数年のうちに寺の境内に住民が住みついてしまうと上申し、太政官の許可を得た(14)。この決定を知って、当時、内政全般を管轄していた大蔵省はびっくりした。「広大之地面ヲ占居」している東京の寺社では、「奸僧共」が地租のかからぬ境内を門前地と称して賃貸し「莫大之地代」をむさぼっている、そこで政府は、旧藩主の版籍奉還に準じて、祭事法要に必要な最小限の境内地をのぞいた社寺地の上知（返上）を命じたはずだ、と大蔵省は憤慨する。七一年一月（明治三年十二月）の上地令は、免租の土地を減らし、寺社の力をそぎ、士族授産用の土地を確保するといった何重ものねらいがあり、地租改正の前提作業としても譲れないところだった。それなのに借地に出している地所を墓地の名目で認めたら「賦税上之平均」を失ってしまう、というわけだ。

また、大蔵省は広大な墓地が都市計画の邪魔になるとも主張した。江戸は市中の二割以上を寺社地が占めていたといわれるが、行政担当者の眼からみれば、「皇国第一之首都」に散在する墓地は「尤モ殺風景ニシテ不体裁」なものでしかなかった。まして土葬だと改葬のときにバラバラになった骨を掘り出す「惨酷之処分」にならざるをえない。すでに銀座の煉瓦街の建設が本格化していたし、品川・横浜間の鉄道に境内がひっかかった寺もある。また、本願寺境内を縦断する銀座・築地間の新道建設計画が発表されるや、〝墓地をあばくのは人殺しとおなじだ、改定律例（当時の刑法）でも墳墓をあばく者は懲役一年、屍を残毀する者は懲役五年と規定されているではないか〟との批判が出された（『日新真事誌』74・5・24[15]）。

さらに、人口稠密な東京では「腐敗之悪気」がもれて「人身之健康」を害するおそれがある、との理由づけもあった。火葬の煙も有害だが土葬の「悪気」もこまる、というのだ。それゆえ郊外に巨大な墓地をつくり、朱引内は埋葬を禁ずべきだ――以上が大蔵省の言い分だった。

つまり、大蔵省は火葬禁止自体には反対しなかったものの、あくまで行政執行者の立場から、首都東京に広大な墓地の存続をゆるし、国民の健康を害するような施策は認められないと主張したのである。租税頭・陸奥宗光も「至急御指図」をいただかないと支障が大きいという「掛合」の私信を添えるなど、大蔵省の姿勢は強硬だった。太政官は「そう言われてみれば……」とばかりにあっさりこれを認め、〝追って朱引内の埋葬を禁止する、あらたな墓地の選定について大蔵省と協議するように〟と東京府に命じた[16]。

(三) 朱引内埋葬禁止

こうして東京府では火葬禁止が朱引内の埋葬の全面禁止へとエスカレートした。七四年(明治七)六月末、二か月ほどの猶予をおいて九月から実施する旨、太政官から東京府に布達された(17)。

埋葬の禁止は火葬と違ってすべての宗派・寺院に関係するから、これまで対岸の火事視していた諸寺もあわてだした。朱引内の住民は火葬してもらえないだけでなく、先祖代々の墓にも入れなくなった。親子兄弟夫婦で墓が別ということもおこる。大騒ぎになるのは当然である。東京府は埋葬禁止を予告した前年の太政官指令を公表し(『東京日々新聞』73・9・18)、その対応策を会議所に諮問していたから、府民が知らされていなかったわけではない。しかし間近かに迫ってからあわてだすのが庶民というものだろう。布達を知ると「涕泣哀哭……人気一般動揺」し、檀家ばかりか、地方へ出張中の官員までが手紙で問い合わせてくるほどだ、と四谷安楽寺の徳永寛明(八月付)は述べている。そして徳永は、子が親を慕うのは「世ノ人情」なのに、墓が別になればおのずと「祭祀モ疎遠ニ」なり「親子兄弟ノ情実」も薄くなる、この禁令こそ〝人情を害する〟ものではないか、と批判した。

この点は東京府も気にしたらしく、内務省(七三年十一月に設置され大蔵省から事務をひきついだ)と折衝して、夫婦の一方がすでに朱引内に埋葬されている場合にかぎって合葬できるようした。また、指定された墓地(青山・雑司谷・谷中天王寺・小塚原など九か所)の利用には、坪あたり「上上」で五円、「中中」で一円五十銭、「下下」で二十五銭の負担金が必要だったが、貧窮者むけに年賦または免除の規定をもりこんだ。

しかし、この程度の〝見直し〟で府民が納得するはずもない。八月には、浅草の蓮妙寺・妙音寺など六十六か寺の住職・檀家総代が嘆願書を提出して、墓を掘ったときの「腐肉白骨」を「憫哀」してくださる政府の措置は「至仁至恩ノ大英断」ではあるが、しかし都市計画にぶつかるのは全住民の百分の一にも達しない、「一ツノ忍ブ能ハザル」ことのために百を忍ばねばならぬのはかなわない、まして、いまや「四海同視」の世の中なのに、なぜ我々朱引内の人民だけが先祖の墓に入れず「忠信孝悌ノ誠」を失い、仁義、人情に悖るような不幸な目にあわねばならぬのか、そもそも「宗廟社稷ハ万世ノ基礎」のはずだ、どうしてこれで「愚夫愚婦」が「朝廷ノ尊、国廟ノ重キ」を知ることができようか、と大弁論をぶった。たしかに、この禁止令は祖先崇拝という神道のたてまえや、個々の人民の「墳墓敬尊」の念を宗廟社稷の「崇尊」につなげようという天皇制の家族国家主義に抵触しかねなかった。総代たちはそこを衝いた。

これにたいして内務省は、「夫婦同穴」の要望は儒教の教えと一致しない、「忠」「孝」で結ばれた君―臣、母―娘にしてもおなじ墓に入るわけではない、物理的には違っても精神的なつながりは保てるはずだ、と反駁した。それに、住職どもは墓地を切り売りして「活計ノ一助」にしてきたからあれこれ「難訴」してくるのは予測できた、だからあらかじめ東京府に下問もし、東京府も会議所に諮問して「差支えなし」との答を得た、いまさら再改正の話でもあるまい、と突っぱねた。(18)

葬式請負業化した寺院にとって埋葬禁止が経済的な死活問題だったことはまちがいない。〝府民は東京府が用意した「水地」の多い埋葬地よりも、交通の便がよく乾燥して手入れのいきとどいた郊外の寺の墓地を好むだろう、そうなればおのずと朱引内の寺院は「薄納」になり、檀家の取りあいで寺院同士の「舌戦」になりかねない〟と徳永寛明も心配している。高額の戒名料などへの批判が神道家から出されていたところへ、檀家離れの追いうちでますます生活が苦しくなる僧侶の不満のほうが、府民の嘆きより声高だったかもしれない。

一方、左院は、基本的には内務省に同意しながらも、火葬禁止が埋葬禁止にまでつき進んだことにとまどった。現状では多少なりとも「愚夫愚婦ノ痴情」を斟酌し、急激な改革は避けたほうがよいと述べ、夫婦合葬も「一般ノ人情」にかなう穏当な措置だと賛成した。そして、埋葬禁止が府内の「外見ヲ美ニスル」ための措置ならば「国家ノ急務」とはいえまい、と内務省の性急な態度に異を説え、府民の「痴情」への配慮と「改革」のテンポの抑制を求めた。(19) この時期の左院は一般的に「民心」の動向に強い関心を寄せており、こうした見解は特別のものではないが、本章の冒頭に紹介した火葬にたいするエキセントリックなまでの態度とはあまりにも対蹠的である。埋葬禁止は国家の急務にあらず、との言葉の裏には、〃朱引内も土葬でなにが不都合か〃いった口吻もうかがえるが、それ以上に彼らはこの騒動が火葬禁止令そのものへの批判に転化するのを恐れたのだろう。

(四) 火葬派の反撃

だが、〃火葬派〃がこうした「人気一般動揺」を見逃すはずはなかった。左院あての建白では、冒頭でふれた大内青巒の建白(八月十九日付)が最初の反撃だった。大内はまず、神魂が去ったあとの人体は「十数元素ノ集合」物にすぎない、と言う。左院も、死んで魂が離れてしまえば肉体を「剉焼舂磨」してもなにも感じはしないと述べており、遺体そのものに格別の宗教的意味を付与しない点では両者に対立はなかった。しかし、子供が親の身体を大切にすることこそ「人情ノ正」だという方向に左院が議論を展開したのにたいして、死者がなにも感じない以上、どのような葬礼をするかは「人情愛念ノ余波」の問題で、理屈のうえでの是非はないはずだ、というのが大内の論法となる。しかも、各国の葬儀の制度を調べてもその形式はさまざまだし、欧州では土葬の害毒を指摘する「医家ノ説」が出て火葬が流行しているではないか、また神道家の言うように火葬が親不幸だとしたら、火葬の村からは「孝順篤行ノ人」が出ず、「土埋ノ家」からは「決シテ兇暴無道ノ子ヲ生ゼス」と断言できるのか、と皮肉る。要するに、土葬か火葬かは「政務治道」に関係ないのだから人民の「思想ノ帰嚮ニ一任」すべきである、これが彼の結論であった。大内はのちに、曹洞宗の基本聖典とされる「修証義」を編纂したりするが、この時期は西本願寺法主・大谷光尊の侍講となり、また最初の仏教新聞『明教新誌』を発行するなど、浄土真宗派に近い仏教陣営の論客として活躍しはじめたところだった。

徳永寛明の建白書がこれにつづいた（九月二日提出）。彼もまた、土葬の臭気や犬が骨を掘り出すなどの欠点をあげたうえで、なにごとによらず仏法より出たものはよくないと誹謗する者がいるが、自分の説に合わなければ野蛮だとするのは「偏執ノ心」ではないか、と反撃し、さらに、いったん布告になったからといって「万代不易」というわけでもなかろう、現に朝令暮改はいくらもある、天下の政治は「臨気《機》応変ニシテ寛大ノ御趣意」であるべきだ、と布告の撤回を要求した。

さらに、小石川の近藤秀琳（九月八日付）や金沢の北方蒙ら（十月十九日付）が、浄土真宗の住職であることを明記した建白書を提出し、都会、田舎をとわず庶民が禁止令の「不便不利ヲ私議」している現実を訴えた。ことに北方らは〝去年禁令が出されたときは自分たちの「浅魯」を恥じて「敢テ一言」も述べなかったが〟とわざわざ書き添えた。護法一揆敗北の打撃から真宗教徒が立直りはじめたのだ。

新聞の投書では緑街清史なる者が、〝慶長の役で日本に連行されて甚七と名乗った朝鮮人が、異境の地で早逝したわが子を嘆き続けた話を仮名本を読んだ。自分も「甚七に似たる私情」を抱いている〟と告白した。というのは、仏法は信じないが火葬を好む方だという彼は、昨年病気で長男を失ったが火葬にできず、しかも東京に寄留していたばかりに故郷の墓に入れることもできなかったのだ――「大なる甕に入れ、松の厚板にて蓋をして〈チャン〉を塗」って埋めたものの、火葬ならば骨壺を持ち帰ることができたのに……と、「親心の愚痴なる、今に至り心に掛りぬ」。そうしたやり場のない怒りを秘めて、彼は、「地の下は見へぬ知らぬと安心」してすましこんでいるのかもしれないが、「大切なる体を泥土中に埋め、漬物の様に大石を置き、ゆる〳〵と腐らし、そろ〳〵と蚯蚓《みみず》責にする」

のを忍ぶことができるのか、と土葬論者を痛撃した（『郵便報知新聞』74・8・31）。この「緑街清史」とは明六社同人の阪谷素である。[20]

たしかに、遺体の〝始末〟という角度からみれば土葬も火葬も大差はないのだ。それに、土葬した数年後に骨を掘りあげて埋葬し直す慣習が各地にあるが、こうなると生身の肉体から骨だけを取り出すための手段として土葬が使われているにすぎない。だが土葬派はこれを「非人情」とはみなしていない。そういえば、現在でも鳥葬などのシーンをテレビで見て思わず「残酷な……」と顔をしかめる人がいるが、この人たちと土葬論者とのあいだには共通項がある。つまり、神の国に還るための儀式というそれぞれの民族（や個人）の世界観や文化の固有性にたいする無理解、そして、目に見えなければどんなことにも平然としていられる「想像力の欠如」ともいうべき精神のありようにおいて。阪谷はそこを暴露したのだ。

また浅草・佐竹慧昭の「火葬便益論」も重要な指摘をしていた（『郵便報知新聞』74・7・9、10）。この投書は朱引内埋葬禁止が公式に布達される以前のもので、管見のかぎりではもっとも早い本格的な論説である。そのなかで佐竹は、土葬の腐敗・臭気の害、墓地不足を見込んだ「狡猾投機の徒」の買い占め、土葬では改葬の費用がかさむこと、旅行中に客死したら先祖の墓へ入れないこと、安政五年のコレラ大流行のときにも数万の死者を火葬にしたので墓地を新設する必要がなかったこと[21]、の五点を火葬の「便益」としてあげた。しかし、注目すべきは総論部分の次の指摘である。

凡そ天地の際に火より清きものあるなし。火は日なり、太陽火珠なるを指て云ふなり。物を清むるに燧火《うちび》を用ひ、伊勢の神様には檜木に因て火を発し清るを以て知るべし……火焼し清る時は五尺汚臭の体も忽《たちまち》に変じて至清至潔、一団の骨珠なり。是を祀殿仏閣の檀上に置くに、誰ありて不潔なりと云ふものなしここには現世的な「便益」ではなく火葬を善しとする理念、〝火は万物を清める〟という一つの価値観がはっきり提示されている。汚臭に満ちた肉体が輝く「骨珠」に変わるのだ。北方蒙らも加賀の方言では火葬することを「清ムル」と言うとし、近藤秀琳も再建白（十二月十日付）で、「火焼シテ清浄ニシ、一瓶奉盛シテ敬供」してから墓に入れるのがなぜ不人情なのか、と詰問している。伊勢神宮をはじめさまざまな神事においても火は〝清め〟に使われている。さきの緑街清史の批判とともに、土葬派にとっては手痛い反撃であった。

こうして、前年の禁止令発布時には政府の威権をはばかって一言も口に出せなかった者たちが、火葬の実益ばかりかその理念までをも公然と押し出しながら政府に立ち向かいはじめた。

この流れをいっそう加速したのが、『日新真事誌』（74・8・4）、『郵便報知新聞』（74・8・5）に掲載された、イギリス婦女薬院の「姑娘《ミス》エフ、フェン、ウッキ、ミレー」女史が「シント、ジョフジ、ポール」寺院で行った講演の抄訳である。彼女はまず、古代エジプト以来の葬礼史を略説して、トロイ戦役後のギリシャや初期のローマは火葬だった、イギリスもそうだったがキリスト教が普及してから土葬になった、ドイツは「特に名ある人のみ火葬」だ、などと述べたあと、死体から出る「硫酸水素瓦斯」は人間に害をあたえる、また先年アメリカ「クェビック」の鉄道敷設工事では墓地を開削した工事人夫たちが疱瘡にかかり「死する者殆んど地を塗る」に至ったと、土葬の「大害」を強調し、さらには、「寸秒」で燃焼できる方法が最近発明されたことにもふれて、断然火葬を普及させるべきだ、と力説した。

この記事は、在英の知人からの手紙を写しただけだと断っているように、政策変更を直接に求めてはいない。しかし、どこの国でも国民が「開化に進むときは土葬を廃して火葬に変」じたとか、火葬の利益を無視するのは「開化の却退」だ、との評言をやや唐突に挿入して、火葬こそが文明開化の道であることを印象づけようとしていた。

イギリスではこの年、つまり一八七四年に火葬協会が設立され八四年に火葬法が成立、翌年に火葬第一号が現れたし、ドイツではジーメンスが新型炉を開発して七八年に火葬場を建設したというから、火葬への関心が欧米で高まっていたのは事実だった。大内青巒が引きあいに出した「医家ノ説」はこれをうけたものだが、〝欧米での流行〟をふりかざした論法が、当時のもっとも効果的な説得術だったことはいうまでもない。[22]

投書の主は『日新真事誌』が「島地黙斎」、『郵便報知新聞』が「好奇同人」だが、たぶん島地黙雷であろう。島地は浄土真宗の僧で、七二年（明治五）西本願寺からヨーロッパに派遣されて翌年帰国し、政府の宗教政策にきびしい批判をぶつけていた。ただし、この年の五月に出した長文の建白では、神葬祭の強制などをとりあげながらも、火葬問題にはまったくふれていない。朱引内問題が浮上した今こそ好機到来とばかりに、しかしかなり慎重に手をうったものと思われる。

はたしてねらいは的中した。大内だけでなく、徳永寛明もどこかの国の婦人の「火葬便宜ノ説」にふれ、北方蒙らは「クェビックノ災癘」に言及し、近藤秀琳もオーストリアなどでは火葬具さえを製造していると、それぞれに、火葬が世界の趨勢であることの論拠に利用した。

そこにもうひとつ、火葬派を勢いづかせる記事がつづいた。兵庫県令・神田孝平の大蔵省あて上申書である（『東京日々新聞』74・7・29）。神田の主たる論点は、あらたに墓地を開く場合はその土地の地租七か年分を一時に上納すべしという大蔵省の指令を批判して、これでは墓地は無税という従来の原則に反し、土葬による墓地拡大の要求にも応えられない、というものだった。だが彼は語を継いでさらにこう述べたのだ——火葬禁止は「深キ御趣意」によるものと「恐察」するが、火葬説が「近頃ハ外国ニテモ追々流行」しているようだし、人民の願いでもあるのだから、「輿情」に任せて禁令を「御取除」になれば諸般の「不都合」も解消するのではないか、と。

開明的な県令として著名な神田が、公然と火葬解禁を求めたこと、それが新聞に公表されたことの衝撃は小さくなかった。大内も、聞くところによれば「神田兵庫県令ノ如キハ、已ニ其禁ヲ解カンコトヲ上奏スト」と建白を書きおこしている。大内以前に火葬解禁を要求した左院あて建白はひとつもないのだから、はっきりと禁令の「取除」を求めた神田の記事を見て、彼も火葬問題を論じる勇気をもったのだろう。

(五)　国民教化の怪談妄語

ところで、行政権力を利用した仏教攻撃は葬儀以外のさまざまな面でも行われていた。たとえば山梨県は、盂蘭盆《うらぼん》の行事を「蒙昧ノ流弊」ときめつけて禁止した。「霊祭ニ託シ、踏歌遊惰」する盆踊りのような「風習」がよろしくないだけでなく、「仏氏ノ妄誕ニ誑惑」されたものだから、というのがその理由で、先祖の霊をなぐさめるのは盆にまとめてやるのではなく、それぞれの忌日に「分限ニ応ジ」てやるのが本筋である、と説諭した（『日新真事誌』73・7・28）。京都府も、真夏に「腐敗シ易キ飲食」を施す不衛生と、この行事が「無稽ノ謬説」にもとづくことなどを理由に禁止していた（『新聞雑誌』明治五年八月）から、同様の動きが各地にあったはずだ。盂蘭盆会は日本の土俗的風習に仏教が同化したものといわれるが、神道家にはこうした民俗行事もすべて「仏氏ノ妄誕」にみえるらしい。この措置を「牧民ノ職タルニ恥ヂザル所」（『日新真事誌』73・8・31）、「千載ノ大活眼」（同73・9・2）と讃える投書がつづいた。また太陽暦になって盆がなくなったはずなのに諸宗の僧侶が法要のために「縦横に奔走」しているのはどういうわけだ、という声もあった（『横浜毎日新聞』73・7・19）。

ここに太陽暦が登場するのは、七三年（明治六）からの太陽暦採用を機に、旧来の五節句を廃止して神武天皇即位日や天長節を国家の祝日にしたからだ。政府はさらに、梓巫・市子・憑祈禱・口寄なども「人民ヲ眩惑」させるものだとして禁じた。これらはみな、民俗的な行事や信仰を天皇中心の国家的祭祀体系にくみこむ政策の一環だった。太陽暦でさえ西洋諸国と歩調をあわせるためだけに導入されたのではなかった。

山梨県では小正月の道祖神祭などへの干渉が早くから行われていたし、さらには、雨乞いの申請を「祈禱ハ道家仏説ノ妄誕」にすぎないと不許可にするなど、政府のこうした政策を忠実に実行していた。福岡の新政反対一揆が雨乞い集会を契機にはじまったので警戒したのかもしれないが、開明的地方官の一人に数えらる藤村紫朗県令が、民衆の信仰や慣習を文明開化の合理主義に反する「蒙昧」としてだけでなく、「仏説ノ妄誕」と関連づけて非難しているのは見落とせない。文明開化はなやかなこの時期、神道派にとっては火葬や盂蘭盆こそが「野蛮」だったのであり、「開化」の語はそれぞれの思惑から都合のよいように使われていた。そうしたなかで、江戸時代に培われた民俗的風習だけは西洋的「近代」と神道的「古代」の双方から挟撃されていたのだった。[23]

このほか、愛媛県石鉄山の蔵王権現を引きずりおろして「石鉄神社」に替えるとか、皇大神宮の大麻（神符）を役場が住民に押しつけるとか、神葬祭への変更はいいが仏葬への復帰は認めないなど、地方官による神道の強制は枚挙に暇がなかった。左院あての建白でも苦情が絶えず、島地黙雷（五月二十四日付）も、県吏が神職を兼任し「威権」をつかって仏教を圧迫する横暴を非難した。廃仏毀釈は行政の衣をまとって陰微につづけられていた。

火葬禁止もこうした状況をなかで強行されたわけだ。そこで、もう少し当時の宗教政策全般についてみておくことにしよう。[24]

明治初年の暴力的な廃仏毀釈運動が挫折したあと、七二年四月（明治五年三月）には神祇省も廃止された。そして、島地黙雷ら仏教側の要望をとりいれる形で教部省が設置され、東京に大教院、府県に中教院、各地に小教院をつくり、神官だけでなく僧侶も教導職に登用するあらたな国民教化体制が発足した。基本となる三条教憲（敬神愛国ノ旨ヲ体スベキコト　天理人道ヲ明ニスベキコト　皇上ヲ奉戴シ朝旨ヲ遵守セシムベキコト）を大前提に、教導職の試験や説教のテーマとして、十一兼題（神徳皇恩　人魂不死　天神造化　顕幽分界　愛国　神祭　鎮魂　君臣父子　夫婦　大祓）、十七兼題（皇国国体　皇政一新　道不可変　制可随時　人異禽獣　不可不教　不可不学　万

国交際　権利義務　役心役形　政体各種　文明開化　律法沿革　国法民法　富国強兵　租税賦役　産物製物）が決められた。

この題目をみただけでも、七三年一月にできた十一兼題に神道的発想が濃厚なことはあきらかだろう。これにたいして、十七兼題は新政反対の大一揆が続発した直後の十月につくられたから、文明開化へ国民を教導することに力点がおかれた。大教院が教導職の心得として示した「説教論題十七則」のなかの「文明開化説」はこう述べている――朝廷の政治はすでに「文明ノ極」に達したのに人民の風俗は開化の域に至らず、「一令下ル毎ニ民心疑惑シテ手足ノ措ク所ヲ知ラ」ない、はなはだしくは「軽挙妄動」して徒党を結び「大逆ノ罪ニ陥ル」ことすらある、目下の急務は「下民ノ惑ヲ解ク」ことだ、と（『日新真事誌』74・2・18[25]）。

静岡県では、旧幕臣でのちに大成教管長となる平山省斎らが県庁あげての支援をうけて各地を巡回し、〃四民平等になって農商人でも参議・大臣になれるようになった、だから意気地のない奴だけが御一新を恨むのだ、今までは「下ノ者ヲ皆馬鹿ニシテ」治めたが、これからは「学問ヲサセテ利口ニサセテ治ル」のだ〃などと説教してまわった[26]。また秋田県の神官僧侶試験では、十三歳の少年が、三条教憲の「皇上奉戴」とは「天子様の御恩をありがたく存じまする事、別して今上皇帝様は王政御一新なされ、世界を洗濯して下さる、御苦労故に、其御恩を忘れず報ひ奉る事と存じまする」と答えて、中教院から「十銭二厘五毛の賞賜」をもらっている（『横浜毎日新聞』74・8・5）。この少年は僧侶の息子らしいから、三条教憲などが国民の教化に一定の効果を発揮したことは認めてよいだろう。

だが一方では、教導職の説教は「怪談妄語」ばかりで諸人の嘲笑をうけている（磐前県農民・田村新三郎ら、十月二十二日付）とか、「真ノ教導」とは「天地鬼神モ感ズル程ノ知識」がなくてはかなわぬはずだが、今の教導職に言行が一致し倫道の立った者は一人もいない（度会県士族・薗田三郎、九月五日付）、といった批判が殺到した。

芸伎のあいだでも「敬神愛国口ではいかん、我身に能々《よくよく》体旨せよ」といった戯歌がはやった（『郵便報知新聞』74・1・19）。教導職に講釈師や落語家までが動員されたためにいっそう風当たりが強くなったこともあるが、なにしろ大教院で行われた教導職採用試験で、徴兵告諭にいう「血税」とはなにかと質問された某宗（あえて名は記すまい）僧侶の答が次のようなものだったというのだから、全体の水準も推して知るべしだった。いささか品のない話で気がひけるが紹介しておこう（『日新真事誌』73・10・31）。

彼答テ曰ク、血税ハ売淫ノ税ナリト。一坐〔の者〕異答ヲ怪ミ、問者之ヲ難ジテ曰ク、売淫ノ者、何ヲ以テ血税ヲ出スヤ。曰ク、穴ヲ以テ口糊、故ニ此税ヲ設クト。満坐始メテ、血穴ノ同音ヨリ誤解セルヲ察シ、抱腹絶倒、一人トシテ安坐スルナシ……

しかし、教導者の「怪談妄語」ばかりを責めるわけにはいかない。そもそも、この教部省―大教院体制そのものが「怪談」なのだ。芝増上寺での大教院開院式では、本堂から阿弥陀仏を撤去して注連を張り、山門に鳥居を建て、天御中主神・高皇産霊神・神皇産霊神の造化三神と天照大神を祀り、神官とともに円頂法衣の真宗管長が柏手をうって降神式を挙行したのである。神仏合同布教といっても実態は仏教側が神道に屈服した形での神仏混淆であり、〝仏教にいう極楽・地獄は神道の高天原・黄泉《よみ》にあたる〟といった「妄語」が巷の論議の的になった。

それでも説教となれば僧侶には長年の経験があり、地域との結びつきも深かったから、現場での力関係は逆転した。真宗の僧が伊勢大神の神徳を説くと聴衆はありがたがって「涙を流し、念仏を唱へ、賽銭を投」じた（『東京日々新聞』74・11・28）とか、〝皆さんのなかにわが宗門の人がいたらお題目を唱えましょう〟と教導者が呼びかけると「頑夫愚婦」が大声で題目を唱えはじめて「満座囂然トシテ沸騰スルガ如シ」（同73・12・10）、といった光景がよく見られたようだ。

このため神道側は、今の教化体制は仏教を利するだけで「三教憲ノ車ニ仏教ヲ載セテ運輸ス」るようなものだ、大教院も僧徒の「巣屈」になっていてまるで「公田ノ水ヲ盗ミ私田ヲ養」うにひとしい、そもそも、「宗旨違ヒノ仏徒」に「神教」を布教させるのは邪道だ、といらだった（大鳥神社・中山正文、七月付）[27]。

そのうえ、七三年二月にはキリスト教禁止の高札が撤去されて、事実上布教が公認された。「狡猾不学ノ徒」が洋教に心酔し「共和政治」を主張しているが、なんたる「怪談妄説」ぞ、と「血泣切歯」したり（二荒山神社・斎藤松寿、間宮魚用ら、六月二十八日付）、キリスト教解禁は「邪徒」が政府の中枢に潜伏しているからだ、ロシアのペートル大帝の「遺訓」には布教によって「敵中ニ我党ヲ植」えつけよとの一条があると聞いた、いまさらのごとく思いあたる節がある、といきどおる者もいた（茨城県士族・鈴木大、六月付）。折からロシア正教のニコライが東京駿河台に建設した「宏荘美麗にして……都下無比」の教会堂（『新聞雑誌』74・12・10）は、そうした〝侵略の象徴〟であった。

また出雲大社の松田敏足（八月付）は、殉死したキリシタンを思いだすまでもなく、「宗教ノ弊害」は政府の統治から離脱するところにある、もしもわが国「固有ノ神教大義」を軽視する風潮が広がれば「神詔」を知る人がいなくなり「較赫ノ神璽ハ玩器ニ均シキ物」になる、と憂慮した。政府の命令よりも「宗戒」を重んじる国民がふえると、ついにはカクカクたる三種の神器もおもちゃ同然になり、天皇制は崩壊してしまうというわけだ。

そこで、彼らは神祇官・神祇省の復活と祭政一致への復古による神道の国教化を声をそろえて要求することになる。たとえば、教部省の常世長胤ら（五月二十日付）は、いたずらに文明開化を唱えて忠孝の道をうしない、「共和ノ政」を称揚して「立君ノ国体」を忘れるような「本末顚倒」を防ぐには神祇官の復活しかないと建白し、伊勢神宮大宮司・田中頼庸（五月付）も、祭政一致こそ治国安民のかなめであり「帝統一系ノ国体」を「万世ニ興立スル」ことができる、西洋各国もそれぞれ自分たちの信ずる宗旨を国教にしているではないか、と主張した。また出雲大社大宮司・千家尊福ら（五月二十七日付）は、「国ト休戚ヲ共ニシ、君臣上下同気一貫」の「心志」を人民にうえつけるには「日本宗ト称スベキ」国教をたてるほかない、と力説した。「浮屠氏」をインドに送り返せば仏教の弊害も「サパリ」となくなって「神州ノ尊」さが分かるようになる（岩手県農民・伊山徳次郎、二月付）とか、「教導ノ根本」をたてて「天神天祖ノ一神道」に統一すべきである（酒田県・現山形県士族、山口三郎、二月付）といった意見もあった。

神祇官の復活・祭政一致を求めるこうした動きは後年までつづくが、この年の左院あて建白書だけでも十数点に達する。他人の建白をふまえて議論を展開したり、栃木県下九郡の神官・僧侶二十四人が連名で建白したようなケースもあるから、伊勢神宮・出雲大社の大宮司らを先頭に、かなり組織的な運動を展開していたとみてよい。

(六) 宗教自由の要求

これにたいして仏教側の論客、島地黙雷は、前述のように「国体」を名分としキリスト教の脅威を口実として仏教を抑圧するさまざまな実例を列挙し、教部省が自分の当初の構想とちがって「曖昧ニシテ条理ナ」きものになったと批判した。浄土真宗住職・干河岸貫一（六月二十八日付）もまた、神道家が「朝威」を借りて諸宗の信者を抑圧し、「人民ノ巫祝《ふしゆく》」なろうとしていると憤慨した。

僧侶以外からの批判もあった。たとえば大蔵省出仕・吉田次郎（五月付）は、「惟一神道ノ古典」でキリスト教を防げないことは「三尺ノ童児」でさえ知っていると言い切り、わが国には「固有の宗旨無し」とする「柳北漁夫」（成島柳北）も次のような投書を『郵便報知新聞』（74・2・6）に寄せた。

神道と云ふは唯我が皇上の祖先を敬する而已。上古より別に神道の名義あるに非ず。然るに是を以て儒仏と抗峙して喋々論を建るは、本居〔宣長〕等が私に説を建て、国学者と巫祝家と混同して一の教派を生じ来るに因れり

宗教としての「神道」は太古からあったわけではなく、宣長などが儒教や仏教に対抗してひねりだした私説にすぎない、と喝破した柳北は、さらにつづけて、キリスト教を模擬した〝三位一体〟的な造化三神を祀り、「ことさらに矯誣粧飾」して神道を「一大宗旨なり」と言いはるのは、かえって「皇上の祖先」の霊をもてあそぶもので、「大に国家の為に愧《はず》る所」だ、と切って捨てた。「戯《たわむれ》に一書を投ずる而已」というが、柳北の筆鋒はさすがに鋭い。

仏教派も弱者として〝圧制〟を嘆いてばかりはいなかった。とくに浄土真宗の側には、独一真神のキリスト教や、弥陀のみを信じる真宗のような一神教こそが最高の宗教であり、これにくらべて神道は宗教だとしてもしょせん「一ノ雑神教ニ過ギ」ない、との自負があった（大内青巒、六月十七日付）。「雑神教」の神道では高度な一神教のキリスト教に対抗できない、というのだ。こうした真宗の「一神教」認識は、島地黙雷の外遊経験がもたらしたと言われる。

彼らはまた、神道国教化＝「日本宗」の弱点をも明確につかんでいた。大内青巒は問う――「皇上ノ祖先ヲ祭祀敬崇スル」ことが宗教だとすれば、信ずる者は信じ、信じない者はそれを嘲弄するという諸宗教の神仏と天皇とは同等なのか、と。たしかに、天皇を神にすることは〝鰯の頭も信心から〟といった意味での「神仏」のレベルに天皇を〝引きおろす〟ことでもあったのだ。また、干河岸貫一はこう指摘した。朝廷が「威権」によって布教しても、信仰は心の問題だからキリスト教や仏教を完全に追いはらうことはできないだろう。もし国教に従わなければ「我皇帝陛下ノ民ニ非ザル者」とするのか。それでは神道国教化はかえって〝非国民〟の大量生産をもたらし、「国体

ヲ維持」しようとして逆に国体を破壊することになる、と。

たしかに、民衆の土俗的な神々を排除したあとに残された「固有ノ神教」なるものには、それ自体で自己完結しうるような宗教的な世界がなかった。たかだか、〝皇徳を敬い国体を維持しなければならぬ〟という教説、つまり、統治イデオロギーとしての機能だけである。それゆえ、神仏混淆から抜けだしただけでは宗教として自立できなかった。彼らが仏教との併存を前提とする教部省―大教院の教化体制を非難し、あくまで「祭政一致」「国教」を要求せざるをえない理由がここにあった。仏教派はここを衝いたうえで、政治的支配者である天皇をそのまま宗教的な神に祀りあげようとする発想に内在する本質的な矛盾をえぐり出したわけである。

そのうえで大内は、いわゆる「忠信仁義」といったことは現世の「修身斉家ノ常経」であり、「幽冥ニ渉リ死後ニ関スル」ものではないとして、「レリージヨン」と「モラリテイ」の区別を主張し、島地黙雷は「民ヲ文化ニ導キ」権利義務を知らしめる「治教」と、「霊魂ノ去来、幽冥ノ禍福」を扱う「宗教」との混淆をやめるよう要求した。成島柳北もまた、「敬神は即ちグラチチウド」の一部であり「愛国は即ちパトリオチスム」である、「何ぞ之を宗旨と称す可けん」と断言し、明六社の西周も『百一新論』(七四年三月)[28]のなかで「もれる」と「れりじうん」の弁別を求めたのだった。

こうして、敬神愛国は「モラリテイ」「治教」の課題であり、人間の生死や霊魂にかかわる宗教は、人民の選択にまかせて「下情ヲ抑圧セザル」ようにすべきである(干河岸)、という「宗教の自由」論が成立した。[29]

(七) 人情保護の論理

それでは、神道、仏教両派からの建白書攻勢をうけた左院はどのような態度をとったのか。「我邦ノ急務、先ヅ第一、国憲屹立シ、次ニ国教ヲ一定スルヨリ先ナルハナシ」――これが左院の立場だった。

左院は板垣退助らの議会開設建白を「至当ノ道理」と上申したように、具体的形態はともかく、議会制を前提とした国憲（憲法）の制定には肯定的だった（第五章参照）。また、政府の任務は信仰の自由の「妨害ヲ防グノミ」であるという西洋文明国の説にも、一応は同意した。にもかかわらず、「外教ノ侵入」や国体にかかわる「不可言ノ禍」を防ぐために、天皇に「信従」する国教を定めねばならない、というのである（田中頼庸への回答）。火葬問題での発言を思えば、この結論は容易に推察できよう。

ただ、左院は神道の国教化にかならずしも積極的ではなく、むしろ現状追認の姿勢が強かった。「敬神愛国之道ヲ全国ニ布教」するために教部省や大教院をつくったのだから、「神祇道、御尊崇之実」もあがっているはずだ、との建前論さえ述べている（都々古別神社・水野秋彦、四月五日付への回答[30]）。この傾向は個別の問題をみるとより鮮明になる。たとえば、日本人の信仰だから仏も「神祭ノ式」で祀るべきで、葬儀は神葬祭に統一せよと要求した愛媛県士族・半井真澄（二月十五日付）にたいして左院は、「議論精確」とはいえ数百年の慣習を一朝に改革すれば大混乱を生じ、いわゆる「理ニ泥ンデ実際ニ適セザル」の弊害をまぬがれない、と反対した。また、神田神社が「叛逆ノ臣」である平将門を祭神にしているのはけしからんという声（「教部官員某議案」『新聞雑誌』74・2・8）が高まり、天皇の立ち寄りを機に末社におとされてしまうが、左院は、神社の盛衰は「人心之帰向」によるほかなく、祀られる人の是非は「強テ穿鑿ヲ為サヽル方」がよい、とこれに批判的だった（度会県士族・太郎館季賢、一月付への回答）。実際、神田神社の神主は「朝廷に諂諛して神徳に背」いたと氏子から非難され、例祭が近づいても準備する者すらいない有様だった（『郵便報知新聞』74・9・14）。左院のこうした対応には、「理」において神道の立場にたちながらも、教部省以上に現実的な行政官としての節度が示されている。

その左院があえて「人心之帰向」にさからい、人民の「数百年ノ慣習」を真っ向から組み伏せようとしたのが火葬問題であった。

大内青巒にたいする左院の高飛車な言説は本章の冒頭に紹介したが、あれにはつづきがある——近頃しきりに論じられる〃火葬の便益〃などは「情外ノ理論」にすぎない。便益だけをいうなら遺骸を原料にして「有益ノ肥料」を造ろうとの説にまで行きつく。「人情ヲ傷リ、風俗ヲ敗ル」もはなはだしい、と。大事なのはどこまでも「人情」であった。そして、葬儀と政治とは関係ないという大内に向かって左院は、相応の墓地に永眠できるという保証があって、はじめて国民は安心して国家社会に「誠ヲ尽」すことができる、したがって葬儀を正すことは国家にとって「人民保護上ノ一義務」なのだ、と反駁した。政府が火葬を禁じたのは「人民保護」のためだったのである。

それにしても、火葬ないしは仏式の葬儀が、なぜそれほどまでに「人情」をそこなうことになるのか。この疑問を解く手がかりが、度会県（現三重県）・内海真質の投書にある——「浮図氏或ハ云フ、屍ヲ焚クハ其親ノ為メニ罪ヲ滅スルナリト。何等ノ狂言、人ヲ惑スノ甚シキヤ」（『東京日々新聞』74・8・30）。

仏教にいう「清め」には、汚れた肉体から「骨珠」を取り出す即物的な機能だけでなく、欲に満ちた現世から魂を救いだすという精神的な意味があった。しかし、「孝」を基本とする儒教・神道にとっては〃親の罪〃などを子が云々すること自体、許しがたいことなのだ。神道家が盂蘭盆の行事を非難するのもおなじ理屈だった。仏教はこの風習に梵語の ullambana（倒懸、甚だしい苦しみ）をあて、「祖先の冥福を祈り、その苦しみを救うこと」という意味をもたせた（『広辞苑』）。だから、法要によって「倒懸ヲ解ク」といえば「艱苦ヲ救フ」ことになる、だが、これは先祖の功を尊崇する神道の「追善ノ義」とは全然ちがう、「人子タルモノ、濫リニ其父母ヲ罪障ノ悪因ニ誣ルノ理ナシ」——ということになる（相良長能の投書、『日新真事誌』73・9・2）。

つまり、神道派が親の遺体を焼く火葬を「不人情」と非難するとき、それはたんに「遺体を焼く」のが残酷だというのではなく、なによりも「親の」遺体が問題だったのだ。しかも、〃火によって清める〃という表現を共有はしても、お抜いや禊で取り除けられる神道の「穢れ」と、仏教（とくに浄土教系）の本源的な「罪」とはまったく異質な観念だった。神道派の仏教や火葬にたいする反発は、こうした根本的な発想の違いに起因していたのである。このことをふまえて左院などの発言を読みかえすと、彼らの気持がよくわかる。

(八)　火葬解禁

しかし、土葬派の旗色は急速に悪くなった。「便益」の点で火葬に太刀打ちするのはどうみてもむずかしかった。朱引内埋葬禁止を積極的に支持する建白書や投書も皆無といってよかった。[31]

こうしたなかで左院の態度が徐々に変わりはじめる。まず、十月三十一日受付の北方蒙らの建白が留置になった。理由は書かれていない。そして、十二月十日提出の近藤秀琳の再建白に至って、ついに「其論ズル所、稍《やや》取ルベキモノアルニ似タリ、因テ参考ノ為、本書ハ留置可然《しかるべく》候」と言わざるをえなくなる。近藤の論旨が再建白で変化したり説得力が増したわけではない。文章も短い。しかも左院内務課に建白書がまわってから、わずか二日で決裁になった（大内青巒のときはほぼ一か月）。近藤ではなく大内が再建白してもおなじ結果になったろう。火葬解禁を求める建白をはね返しつづけてきた左院がついに折れた。[32]

これを待っていたかのように、七五年（明治八）一月、東京府知事・大久保一翁が上申書を内務省に提出した。このなかで大久保は、朱引外にも墓地むきの空地は少なく、欧米でも火葬説が盛んだと聞くので、これからは火葬も「勝手」だということを「明快被仰出可然《おおせいだされてしかるべし》」と明快に要求した。そればかりか、火葬にかぎって朱引内でも埋葬を許可してほしいとつけ加えた。土葬よりも火葬を優越させようというのである。完全に攻守ところをかえた。内務卿代理・林友幸も全面的に同調し、しかも有力者による墓地用地の「占買」の動きまで言い添えて、太政官の

「特別ノ御詮議」を求めた。佐竹慧昭も指摘していたが、いつの時代にもこういう輩はいるものらしい。

この伺を審議した左院は、人民の苦情は西洋人のような「窮理ノ説ヲ信ズル」からでも、墓地不足への配慮からでもなく、「全ク浮屠之説ヲ偏信」したものにすぎない、とこの期に及んでも「浮屠」にこだわった。そして、本当に有害ならばなぜ土葬を全面的に禁じないのか、墓地不足が理由ならすべて水葬にすればいい、と強弁した。しかし、こんな極論が出てきたときはもう決着がついている。そのことは左院もわかっている。だからこう結論せざるをえなかった。

乍併《しかしながら》、葬事ノ如キハ人民ノ情ヲ強テ抑制スベキモノニモアラズ。素ヨリ愚夫愚婦ノ情実ヲ参酌シ各自ノ情願ニ任セ候共、行政上差シタル障碍モ有之《これある》間《ま》敷《じく》候

なんとも未練がましい言い方だが、とにもかくにも「人民ノ情」の問題に政府が「保護」の手を差しのべなくとも、行政上の障害にはならないと認めたのだ。画期的な「事件」であった。(33)

これをうけて太政官は五月二十三日、「明治六年七月第弐百五拾三号火葬禁止ノ布告ハ自今廃シ候条、此旨布告候事」と布告した。火葬による朱引内の埋葬も認められた。京都府でも九月には市街区域内の埋葬（火葬のみ）が許可された。(34)こうして、東京府を先頭に都市部ではしだいに火葬が支配的になっていく。とくに一八八〇年代のコレラの大流行がその普及に拍車をかけた。

この布告が出されると各地に火葬場が再建された。東京府でも、生活に難渋していた関係者を中心に再開の願書が出された（浄土宗深川霊巌寺など）。なかには、八か所の新設を許可してもらえれば会社を設立して「荒蕪不潔之地」を有用の地にして上田の十倍の地租を上納すると申し出る者（浄土宗清林寺）も現れた。政府批判の建白書

を提出した徳永寛明も「贈寿会社」なるものをつくって四か所で営業し、利益を府下の困民に無利息で貸し出したい、との願書を出している。徳永はまた、金銭の貸借が自由になってから「法外ノ高利」を貪る者が多いと述べ、この後も貧富拡大を批判する建白書などを提出する。火葬問題が彼の社会意識を飛躍させたのかもしれない。

会社設立といったこの種の願書はあっさり却下されたが、周辺住民の反対でつぶれたものもあった。たとえば、境内が朱引内にあった羅漢寺は亀戸に火葬場を建設することにして会議所の借地許可をとったにもかかわらず、臭気と地価への「差響」を嫌う住民の苦情が「余儀無キ次第」と認定されて結局不許可になった。また、今里村の増上寺別邸地も、内務省にまで書類がまわされながら、「近傍人民」の「迷惑之次第、余儀無」しとみなされて許可が取り消された。地価低落が反対の理由になるのはまさに現代のごみ焼却場などと共通のパターンだが、東京府は苦情の有無にかなり神経質だった。(35)

その一方で、泣く泣く土葬にしたものの、いつまでもあきらめきれない緑街清史のような人々がたくさんいた。『東京日々新聞』(85・10・7)には、こんな記事がある。

坂本町四丁目の天勝と云ふ人の咄しに、此間うちは妙な葬送が多《たん》と通ります、先達《せんだつ》て、また火葬が御免に成た物ですから、一旦土葬にしたのを又ほり出して焼場へ持て行くので有ませう、泥だらけの早桶を担いで来るのもあり、打小割れたのを縄で縛つたのも有り、臭いのもあり、青く水苔の付たのもありますが、毎日〳〵五ツ六ツ位は通ります、と云へり

こうして神道家の悲願だった火葬禁止はわずか二年たらずであえなく挫折し、逆に市街地の土葬禁止という藪蛇までつつき出してしまった。司法省が上申した「悪臭不潔」の語をうまく利用したはずだったのに、それがかえっ

て自分たちの首をしめる結果になった。神葬祭用に設置した青山墓地なども宗派にとらわれぬ公共墓地となり、これまで埋葬拒否に悩まされたキリスト教徒にも開放された。「愚夫愚婦ノ情実」つまりは輿論の勝利であり、神道派の完敗だった。

政府も権威をおとした。『朝野新聞』（85・5・25）には、さっそく次の記事がのった。火葬解禁は民権実現の第一歩でもあったのだ。

　神田孝平先生を始めとし、世の論客様方がやかましく仰せられた火葬も、トウ〳〵人民の自由に御許しが有りまして、誠に結構な事で御座ります。中々新聞に出る事も善い事は御採用になると見へます。論客様方、此上人民の為になる事は、沢山書て御出しなさい。民選議院も今に建ちませうし、出版自由も御許しになりませう

神道派の誤算は禁令公布直後の大蔵省のクレームにはじまる。布告の廃止をねらって朱引内埋葬禁止という難題をもちだすほどの深謀遠慮が大蔵省にあったとは思えないが、少なくとも司法省の上申に悪乗りした神道派をにがしくみていたのはたしかだろう。[36]また、西本願寺派は長州尊皇派との関係が深く、山口県佐波郡出身の島地黙雷も木戸孝允や伊藤博文と密接な連絡をとりあっていた。伊藤は大久保利通が台湾問題で清国と交渉に出かけたあいだ内務卿を勤めたし、彼の周旋で大坂会議が開かれ木戸・板垣らが政府に復帰した二月に、〝追って解禁を布告する〟との内達が太政官から出されたのも偶然ではない。[37]

だが、そもそも教部省―大教院体制は、仏教と神道の併立を建前にしていたはずだ。〝仏教を非難する神官がいるようだが今後は「他宗ヲ排斥」しないように〟との布達も出ていた（七三年一月）。したがって、火葬禁止令が理由を述べないのは、説明不要だからではなく「邪説ノ狂誘」などと公然と語るわけにいかなかったからだ。にも

かかわらず、このような突出した〝暴挙〟が実現したのはなぜか。木戸が帰国する五日前に布告が出されたところをみると、欧米巡遊使節団にたいする留守政府の対抗意識の一端とみなすこともできる。しかし、基本的には、神道派と仏教派との激しいせめぎあいがつづくうえに、キリスト教公認を要求する西欧諸国への配慮がからみあって、明治政府の宗教政策が未確定どころか混迷と言えるほどに不安定だったこと、その不安定性のゆえにわずかなはずみで大きく振子がゆれてしまったのだと思われる。

それだけに、禁止から解禁への逆転劇は、葬儀の形式という個別の問題にとどまらず、これまでの国民教化体制をもはげしく動揺させることになった。太政官が火葬解禁を内達する直前の七五年一月末には、真宗の大教院からの分離が認められ、解禁の布告が出た五月には大教院そのものが解散させられた。一般に葬式仏教は宗教に非ずと言われるが、死後、自分がどのように、そしてどこへ還っていくと観念するかは、宗教意識の核心にかかわる。ふたたび立ち昇った火葬の煙は、神道国教化運動の敗北と「宗教の自由」の勝利をしめす輝かしい狼煙であった。

(九)「宗教の自由」の行方

だが、これは真に宗教の自由の勝利だったのだろうか。そう言いきるわけにはいかない問題点があった。

まず、火葬解禁の反面で部分的にせよ土葬の禁止が命じられたことだ。火葬派も火葬だけが正しいと主張したわけではない。「各葬主ノ情願」にまかせてほしい（近藤秀琳の再建白）というにとどまる。だが、「埋葬の自由」は結局、制限された。もとより、こんどは純粋に区画整理や公衆衛生という「近代的」な理由からだった。しかし、神道派のいう「人情」と異なった形ではあれ、大蔵省・内務省の「人民保護」もまた、民衆生活の「自由」への干渉、介入であることに変わりはない。

土葬の制限は当然火葬にはねかえる。内務省は、煙が人家に及ばぬよう注意せよと地方官に布達するだけでよいではないか、と左院の主張する火葬場取締規則の制定に消極的だった。ところが、「近傍之者共、苦情囂々」と新聞が伝えていることを理由に、警視庁は規則の制定をくりかえし東京府に要求した。(38) 行政権力の民衆生活への干渉はいつも強権的な抑圧の形をとるとはかぎらない。むしろこのように〝新聞の輿論〟や〝公衆衛生〟を掲げることが多い。そのほうがはるかに効果的・効率的なことは自明である。とすれば、漁夫の利を得て、市民生活への介入の機会を拡大した行政権力こそが、ある意味では土葬か火葬かをめぐる二年間の紛争のほんとうの勝者であったということになる。

大教院解散による「宗教の自由」にはもっと深刻な問題が伏在していた。仏教派は神道が宗教ではなく「治教」「モラリテイ」にすぎないと主張し、それによって神道を「宗教」の世界から追いだし、政教の分離をはかろうとした。国教制定こそが「非国民」を創出するという指摘も本質をついていた。だが、こうした論法は実は神道の側にもあったのだ。本居豊穎・田中頼庸・平山省斎・鴻雪爪・稲葉正邦ら九人が連名で提出した建白(五月付)は、国教とは「国帝ヲ主本トシテ、現今ノ政令ヲ国民ニ勧諭シテ心服セ〔シ〕ムル実際ノ方法」であり、「国教ハ宗旨ニ非ズ」と明言している。そして、教化は天下を治め万民を保全するためのものであり、どうして「区々タル一宗教ナランヤ」と反問し、巫祝者などが伝えることは神祇のなかの「祭典式ノ一部分」にすぎず、真の神道は「奇怪ナル」神典や「陳腐ナル」皇学者の説などとは無縁であり、「日々施行スル政令典章」こそが神道であり国教なのだ、と断言した。神道を外国伝来の宗教と同列に扱うのは「自ラ国教ヲ亡スニ近」い、とも述べている。大内青巒や成島柳北の批判にたいする彼らなりの回答だが、彼らもまた神道をはっきり〝治教〟と位置づけているのである。

いわゆる神道国教化運動は神道以外の宗教をいっさい認めなかった。だが、本居豊穎らが「皇国ノ神道ハ真箇ノ国教ニシテ、一宗教ニ非」ずというとき、その「国教」は「区々タル」宗教の存在を否定しない。田中は伊勢神宮大宮司、平山は大成教管長であり、鴻はのちに御嶽教、稲葉は神道本局（神道大教）の初代管長になる。明治の神道界の中核的な人物たちがすでにこのような「治教」観をもっていたのだ。とすれば、彼らと対立していたのは「宗教の自由」を要求する大内らではなく、神仏合同布教を前提とする教部省—大教院体制だったのであり、そのかぎりでは、左院への建白書攻勢には仏教派との共同戦線的な意味あいすらあったわけである。[39]

実は、左院のいう「国教」もこれとおなじだった。国憲を定立して「我国体如何、我皇道如何之大義」を人民が「確守」する体制ができないうちは「宗旨自由」を許すべきでない、と左院は主張した（吉田次郎への回答）。逆にいえば、「治教」さえ確立すれば宗教は自由でよいことになる。だから、千河岸貫一や大内青巒の建白についても、〃結局は建白者の論ずるとおりにするほかなく、どれほど仏教を抑圧してみても到底際限がなかろう〃との意見を添えて教部省に回附している。教部省が、島地の主張は自派の利害にとらわれた「僻見」にすぎないとの反論を半年がかりで書きあげて建白書の却下を求めたときも、左院は、「参考ノ用」に足りると「留置」にした。そして七五年（明治八）三月には、「宗旨自由」を認め僧侶・神官を内務省が管理するという「教部省ヲ処分スルノ建議」を太政官に上申する。このように、左院が大教院体制の解体、「宗教の自由」にはたした役割は決して小さくなかった。なぜ火葬にあれほどこだわったのか不思議なくらいだ。

だが、国体の永久確守を前提にした宗教の「自由」とは、まさしく国家神道＝帝国憲法体制そのものではないか。教育勅語が国民の生活のなかで「治教」として猛威をふるい、また、〃神道は宗教にあらず〃といいながら、天孫降臨・万世一系の神話に抵触する民衆宗教がきびしく弾圧されたのは周知のとおりである。[40]世界がその元初において、だれによってどのように形成されたかという「天地創造」の物語は、それぞれの宗教にとって自己の存在証明なのであり、「天孫降臨」と共存できる「自由な宗教」なぞありえなかった。

また、神道を「治教」に追いやることは、「天孫降臨」を宗教的な神話ではなく、現世的な「歴史」にすることだった。大内らが指摘したように、宗教ならば〝信じない自由〟も許されるが、「モラリテイ」を守らねば道徳的に、いや法的に非難される（「非国民」！）。まさに、形式的な宗教自由の承認と神道の非宗教化こそが、国民の歴史観や思想信条を根底で拘束する国家神道を可能にしたのだった。

　とすれば、この年の仏教派の「宗教の自由」要求は、反面で国家神道への道を率先して切り拓いたことになる。なんとも皮肉な結末である。

　かれらの誤算はどこにあったのか。神道を宗教から追放することで自分たちの「自由」を守ろうとした、そもそもの論理のたて方に落し穴があったのだ。「万世一系」「天孫降臨」は成島柳北が喝破したように特定の思想家の「私説」にすぎない。にもかかわらず、それを国家的な「治教」＝公説と認めてしまったのでは、天皇制の世界観と対決することはできない。「もれる」と「れりじうん」の区別を説いた西周がのちに軍人勅諭を起草し、一時は共存同衆に参加した大内青巒がやがてキリスト教との対決を旗印に尊皇奉仏大同団を組織するのも、そのかぎりでは少しの不思議もない。大教院解散後の七五年十一月、「信教ノ自由ヲ得テ行政ノ保護ヲ受クル以上ハ……朝旨ノ所在ヲ認メ……人民ヲ善誘シ治化ヲ翼賛」せよ、との教部省の口達を各派の管長が神妙に受けとったとき、この方向は確定した。こうしたカッコ付「宗教の自由」こそ、宗教者自身が「希求し選んだものであったから、その意味ではまさに『自由』だった[41]」と評されているが、もともと「国家護持」を標榜することでささやかな「自由」を与えられてきた、その〝伝統〟に復帰したままでだ、と言い捨てることもできよう。

　とはいえ、この年に火葬の解禁や大教院の解体を求めて懸命にたたかった人々がそうした帰結を予期し、国家神道の論理を積極的に提唱したわけではない。彼らは数年来の神道国教化の攻撃をふりはらうのに必死だっただけである。「宗教」と「治教」を区別する論理はそのもがきのなかから生まれ、実際に火葬解禁や「信教ノ自由」の公認などのめざましい成果をあげた。まぎれもなく民権の勝利といってよい。にもかかわらず、一連の激しい論争の真の勝者は天皇制国家権力であった。ここにも、「明治七年の民権と国権」の一筋縄ではいかない連関が顕現していた。

註

（1）渡辺浩『近世日本社会と宋学』東京大学出版会、一九八五年、一六四―一六九頁。
（2）浅田芳朗「日本に於ける火葬始源の問題」（土井卓治・佐藤米司編『葬送墓制研究集成』第一巻、名著出版、一九七九年）。
（3）文化庁編『日本民俗地図Ⅶ（葬制・墓制）』一九八〇年、第一〇三図。
（4）守屋毅「近代『盛り場』考」（林屋辰三郎編『文明開化の研究』岩波書店、一九七九年、三七〇、三七七頁）。なお、大坂府は前年十一月に白昼の火葬を禁止した（『大坂新聞』73・1・12）。
（5）浅香勝輔・八木澤壮一『火葬場』大明堂、一九八三年、一一九、一二〇頁。
（6）堀一郎「我国に於ける火葬の民間受容について」（前掲『葬送墓制研究集成』第一巻、九一頁）。
（7）堀一郎『宗教・習俗の生活規制』未来社、一九六三年、二六八頁。
（8）安丸良夫『神々の明治維新』岩波新書、一九七九年、一六四頁。
（9）三上一夫『明治初年真宗門徒大決起の研究』思文閣出版、一九八七年、参照。
（10）「公議所日誌」『明治文化全集　憲政篇』日本評論社、九八頁。
（11）前掲、浅香・八木澤『火葬場』五六頁。
（12）同右、四六、四七頁。
（13）京都府は適当な地所が多いから大丈夫だと回答し、大坂府は市街・郊外とも「火葬勝」だったから四、五十日後には「足シ地」の必要があると述べた。また東京府は境内をすべて墓地とみなし、新設した神葬祭地や各寺院の墓地を他宗派にも開放して融通しあえば、増設の必要はないだろうと答えた。以上の経過は、国立公文書館蔵『太政類典』第二編第二六九巻による。

(14) 国立公文書館蔵『公文録　明治六年七月　東京府之部乾』。太政官の許可は七月二十八日付である。
(15) また、東京では今でさえ墓地が狭いため、土葬のところでは「腐敗ノ速ナル」を欲して早桶の蓋を取って埋葬したり、すでに埋葬されている上にまた埋めるから「屍肉未ダ朽チズ、頭髪依然タル」姿がのぞき、愴然として「毛髪竦立」せざるをえない、という投書もある（『日新真事誌』73・12・8、干河岸貫一ら）。
(16) 以上、『公文録　明治六年八月　大蔵省之部一』。
(17) 布達は次のとおり。
墳墓之儀ハ清浄之地ニ設ケ永遠保存スベキモノニ候処、府下従前墳墓、市街ニ相望ミ、往々街区路線之改正ニヨリ発柩改葬等有之、人情之不忍次第ニ付、朱引内従前之墓地ニ於テ埋葬ヲ禁ジ、更ニ九ケ所之墓地ヲ設ケ……来九月一日ヨリ施行可致、此旨相達候事
但、朱引外墓地ハ従前之通可相心得事
(18) 以上、『公文録　明治七年十月　東京府並華族之部全』。
(19) 『公文録　明治七年五月　内務省之部二』、『公文録　明治七年六月　内務省之部一』。
(20) 『明六雑誌』第十八号に新聞投書と同文の「火葬ノ疑」が署名入りでのっている。
(21) 実際には、三、四万人の死者の半数程度が火葬にされたようだ（南和男『維新前夜の江戸庶民』教育社、一九八〇年、七八頁）。
(22) 前掲『火葬場』一五二、一五三頁。ただし、世界火葬協会（というものがあるらしい）などの統計では、一九七〇年になっても火葬率はイギリスの五五％を別にすれば、デンマーク・スウェーデン四〇％弱、西ドイツ一〇％といった程度で、日本の八〇％には及ばない。また、大きな宗派で現在も火葬を禁じているのはギリシャ正教、イスラム教、ユダヤ正教、ゾロアスター教、ロシア正教だという。
(23) 農民はやむをえずひそかに雨乞いを強行したら、たちまち「大潤雨」となった、そこで朝廷でも大祓祭などをやっているではないか、「祈雨ヲ無用祭トセバ、朝廷何ゾ之ヲ祈祭スルノ理アラン」との批判を呼び起こした（『日新真事誌』73・8・29）。

(24)　この時期の宗教政策全般については、村上重良『国家神道』(岩波新書、一九七〇年)、同『天皇制国家と宗教』(日本評論社、一九八六年)、前掲・安丸『神々の明治維新』、『日本近代思想体系5　宗教と国家』(岩波書店、一九八八年)などを参照。また、左院あて建白書をもとにした宗教の自由をめぐる論争については、阪本是丸「祭政一致をめぐる『政教』論争」(『国学院雑誌』八二巻一〇号、一九八一年)、同「神祇官再興建議と左院」(『神道学』一一一号、一九八一年)に詳しい紹介がある。
(25)　ただし、「皇国国体説」では、西洋諸国でも世襲、「撰立」とまちまちだが、「実学ノ道開クニ随テ、世襲ノ制ヲ是トシ撰立ノ法ヲ非トスル説」がさかんになり、「天譲無窮ノ神勅ト皆期セズシテ符合スルコト、実ニ偶然ノ偶然ナラザル理ト謂フベシ」などと、ひどいごまかしをやっている(『日新真事誌』74・2・13)。
(26)　宮地正人『天皇制の政治史的研究』校倉書房、一九八一年、一二五、一二六頁。
(27)　また、七三年(明治六)の大晦日には大教院が全焼した。これは神が仏堂の美を好まぬ証拠で「不思儀ノ焼失」だとされた(岩手県農民・伊山徳次郎、二月付)が、実際は、徳川家の菩提寺を大教院にするのはかえって「神威を汚し奉る」もので、ついには「邪教に圧倒」されてしまうと憤慨した高知県士族・宮崎岬らの犯行だった(『郵便報知新聞』74・9・16)。なお、共犯の二人はいずれも板垣退助の食客で、彼らは浅草観音堂も人民を惑わすものとしてねらったが未遂に終わった。板垣のもとに神道過激派がいたことは記憶されてよい。
(28)　『明治文学全集3　明治啓蒙思想集』筑摩書房、一九六七年、四頁。
(29)　ただし、仏教者のなかには、浄土宗・日野霊瑞らのように神官と連名で神祇官再興の建白を出したり、七三年十月に大教院からの分離を求めた真宗の動きを非難する者もいた。また、のちに大教院からの分離が認められたときも、そのまま残留しようとする寺があり、「大教院に神留まして、八百万の神たちと共に、南無法蓮陀仏と、メチヤクチヤの教法を播かんと騒ひで居るとの事、誠に面白い禿顱で御座います」と揶揄されている(『朝野新聞』75・5・9)。
(30)　ただし、左院は、以前から祭政一致の具体化として天照皇大神の皇居内への遷座を要望していたが、正院の反対で実現しなかった。そこで、次善の策として、神祇官の下に教導寮・諸陵寮を置くという田中頼庸の構想に賛意を示したこともある。

(31) しかも、〝祖先の墓と離別するほどの「難儀」の理由にされた道路建設は何の計画もないではないか。これでは銀座の煉瓦街のために住み慣れた家を急にとり壊されて「涙痕今尚乾かざる」住民のような悲劇が跡を絶つまい。また、政府は空き地にどんどん建物をつくっているが、これは延焼防止のために火除地を設けた江戸町人の知恵を無視するものだ〟などと、都市計画への批判まで出はじめた(斎藤藤斎の投書、『郵便報知新聞』74・12・7)。

(32) ただし、この決定には内務課筆頭議官の高崎五六が署名していない。大内に対する強烈な反論は他ならぬ高崎の手になるもので、これには他の議官の署名はなかった。高崎の沈黙が今回の決定を速やかに行いえた要因の一つだったのではなかろうか(註37参照)。また、北方蒙らの建白は、処理文書の欄外に「参考」と朱書されているだけで決裁の日付も入っていない異例の処理だったが、これまですべて返却処分にしてきた内務課ではなく、法制課の扱いだったことが「留置」になった原因かもしれない。

(33) 『公文録　明治八年二月　内務省之部三』。

(34) 前掲『火葬場』八八頁。

(35) 以上、東京都公文書館蔵『火葬一件　明治八・九年』。

(36) 大蔵省はまた、神田兵庫県令の伺を、「火葬ノ儀ハ篤キ御詮議ヲ以テ禁止」されたのだからいまさら取り消せない、七か年分の地租納付も変更できない、なるべく無税か安い土地を墓地にせよ、と却下した。この「篤キ御詮議」に微妙なニュアンスを読みとれないこともない。石芙蓉なる者は、大内の建白にたいする左院の評言のなかに「深き思召」の語があるが、なんとも「宛然たる旧幕末の口気」ではないかと皮肉っている(『あけほの』75・1・14)。「厚き御趣意」や「深き思召」は当時の常套語とはいえ、具体的な説明なしにこの種の表現が行政の側から出てきたときは、たしかにその施策を明快に説明する自信のない証拠とみてよかろう。なお、地租に関しては七五年三月、「枯骨上ニ賦税ヲナス道理」なしとする内務省が、田畑を墓地にして地租が減少するのをきらう大蔵省を押しきって免税にした(『公文録　明治八年三月内務省之部二』)。

(37) 真宗教団の大教院からの分離問題を軸とした島地・木戸の連携と、これに対抗する薩摩閥の黒田・伊地知・高崎五六らとの対抗については、前掲・宮地『天皇制の政治史的研究』、阪本是丸「日本型政教関係の形成過程」(井上・阪本編著

『日本型政教関係の誕生』第一書房、一九八七年）に詳しい。

（38）『公文録　明治八年六月　内務省之部二』、前掲『火葬一件』。

（39）大内青巒の六月十七日付建白書（「神仏混淆改正議」）は、『日新真事誌』（74・8・8、9）に掲載されたが、さらに、教部省・神道派系といわれる『教義新聞』にも転載されている（前掲『日本近代思想体系5　宗教と国家』四九頁）。なお、第一章に登場した岐阜県・高木真蔭は、横浜「アシアチック、ソサイテー」で講演した「ヘフン氏」の記事を読んだが、「神道ヲシテ宗旨外ノ者ト看做セシ見識、実ニ我碌々タル神道学者ノ及ブ所ニアラズ」と「歎美」している（『東京日々新聞』74・4・14）。高木は平民医と称し権大講義の肩書ももっていた。〝神道は宗教にあらず〟との説がかなりはやい時期から外国人や地方の知識人のあいだでも唱えられていたことをうかがわせる。

（40）たとえば、金光教教祖の赤沢文治は、「天照大神様と云ふは日本の神様……天子様の御先祖」だから「天照大神も人間ならその続きの天子様も人間」であり、これにたいして「天地金之神」は「日本ばかりではない、三千世界を御掌りなされます神様」で「神のなかの神」だと信じていたが、彼の死後、教団としての独立認可をうけるには、「惟神の大道を宣揚」し、毎日「賢所神霊、天神地祇、歴代皇霊を遙拝すべし」という「教会規約」を定めざるをえなかった（小沢浩『生き神の思想史』岩波書店、一九八八年）。また、一時は十万人近い信者を集めた蓮門教は、「お籠りと称して男女混合に宿泊させる」「淫祠」であるばかりか、「奸婆島村光津と云ふ者を皇祖皇宗と併せ祭る」「邪教」だと『万朝報』に攻撃されて、壊滅的な打撃を受けた（奥武則『蓮門教衰亡史』現代企画室、一九八八年）。

（41）安丸良夫「近代転換期における宗教と国家」（前掲『日本近代思想体系5　宗教と国家』五五〇頁）。

第四章　商売の自由か人民の保護か

❶『違式詿違図解』（1878年，愛知県）
　　　第75条に「飼兎飼鼡を売買する者」とある

❷ 新庄誠一の建白書（1874年 8 月付）
（『建白書(参考部)　明治七年甲戌　自八月至九月　四』国立公文書館所蔵）

❷

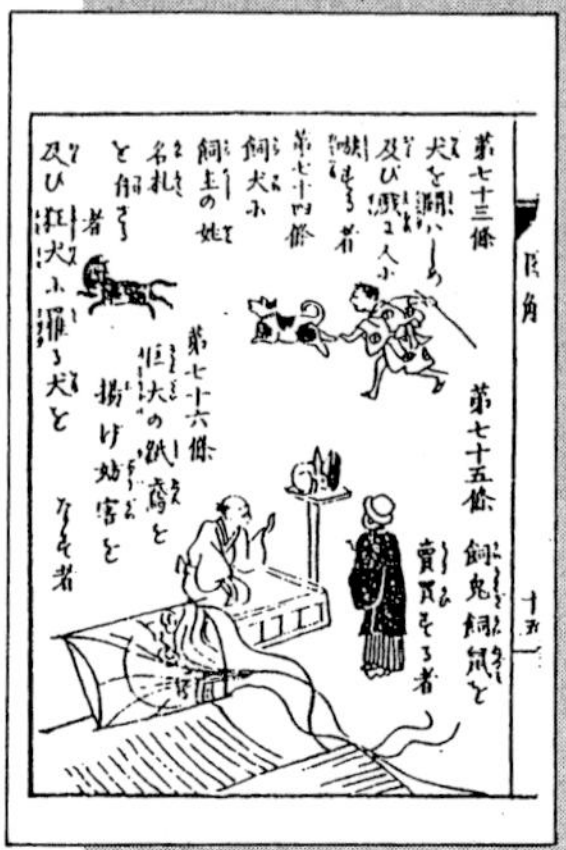

❶

(一) 米価急騰

米相場高下之儀……旧幕之時代……俗に閂《かんぬき》相場と唱へ、御威光を以て白米小売り百文に付き何合何勺より高直(値)は売買不相成《あいならざる》旨、御布告有之《これあり》候……自然之高直は不得止《やむをえざる》事也、然《しか》る所先達《せんだつ》て中、台湾御征伐之一条より……米商人無謂《いわれなく》米之買〆《かいしめ》いたし……万民之難渋広大無辺……民之上を恨むる処也……

高き家にのぼりて見れば烟たつ　民のかまどは賑ひにけり
蒸気車をのぞいて見れば煙たつ　上のかまどは賑ひにけり

実美殿　　　　民心

一八七四年(明治七)は米価が急騰した年だった。維新直後の六九、七〇年(明治二、三)の十円台(一石あたり)をピークに七二年(明治五)には三円数十銭にまで下がった米価は、七三年十月、東京の平均相場で五円八十五銭となり、七四年四月に六円七十銭、そして五、六月には七円五十銭にまで上昇した。(1)「世評」と題したこの文書は、二年前の倍にまで米価がはねあがった五月、日本橋に貼り出された落書である。凶作による「自然之高直」なら仕方ないが、商人のいわれない買い占めは許せない、旧幕府ならこんなときには相場に閂をかけて高値の売買を禁止してくれたのに、文明開化の今は「広大無辺」な万民の難渋をよそに、にぎわうのはお上のかまどばかりだ……三条実美太政大臣にあてられたこの「民心」は、警視庁―内務省を経由して期待どおり太政官にまで届けられた。(2)落書といえば、古くは「コノゴロ都ニハヤルモノ」という二条河原のものが有名だし、幕末にも活用されたが、明治の七年になってもまだ効果はあったらしい。

前年の七三年は天候不順による不作の年といわれるが、関東地方などでは、世間の「金融通ヨロシキ」により肥料をたくさん投入できたので稲の出来もよい（『東京日々新聞』73・11・4）と報じられていた。にもかかわらずこれほど騰貴したのは、「征韓」の噂（七三年末）、佐賀事件（七四年二月）、台湾出兵（五月）と事件が連続したせいだった。ことに台湾出兵後の対立激化で、太政官は九月二十八日、清国との談判は「平穏ヲ期シ、交和ヲ保全スル」よう努力するが、やむをえざるときは「臨機ノ変ニ応ズ」と、万一の覚悟を求める布告を出し、十月には山県有朋陸軍卿も戦闘準備を命ずるなど緊迫した事態を迎えた。

このため、一時やや下げた東京の米価は十一月初めに七円四十銭まで再上昇した。駿河の八円五十銭（十月）など、八円台をつけるところもあった。政府がひそかに七円以上の高値で六万石の備蓄米を買いあさったことも拍車をかけたとはいえ、和議成立の報が入るや、横浜では八円台から六円九十銭に急落した。典型的な投機相場である。

七一年（明治四）、東京・大坂などに米穀取引所の開設が認められ、また、津留（藩・県からの移出禁止）の撤廃（六八年）、米麦の国外輸出解禁（七三年七月）などによって、米の商品化は急速に進行した。そして、七一年、貢租米の石代納（金納）が認められると、為替方として租税金を扱ってきた三井組、小野組、島田組が、貢租米の収納・換金業務の委託も受けて相場形成の主導権を握った。(3) しかも彼らは、表向きは「正米切符」だといつわり「空米相場」をたてて値段をつり上げ、正米までも「空米相場之高直段」で売り出したのだ（東京府職人・中沢千蔵、十二月十八日付）。「米切符」とは持参人に現米を引き渡す旨を記した証書である。取引のたびに大量の現米を移動させるのは困難だから、江戸時代にも広く利用された。しかし、現米（正米）の裏づけのない「空米切符」が振り出され、また、切符による先物取引（空米相場）が盛んになると、米価は投機的色彩を強めることになり、しばしば幕府による禁令が出された。明治政府も一度は空米切符を禁止している（七一年）。三井組などはかつての御用商人と同様に、貢租米という〝公金〟を利用して荒稼ぎしていたわけである。こうして民衆の「自力之稼ギ」

（中沢千蔵）では追いつかないほど米価が高くなる一方で、「料理屋の歌舞は、官員に非ざれば小野三井の手代及俳優の人多し」と報じられる（『郵便報知新聞』74・11・9）ような事態になった。

このため、米商人どもは騒動を見込んで「我儘」をいたし、わずかの人数で「国中一統ノ人民」を苦しめている（鹿児島県士族・青崎祐友、八月二十七日付）、「奸商」たちが「支那事件」に乗じて利益を図ろうとしたことは「庶人ノ知ル処」だ（東京府平民・高山幸助ら、十二月十八日付）、という非難が高まった。とくに、たんなる買い占めではなく「空売買」による価格つり上げに非難が集中した。先物取引は価格変動を調整し商品流通を円滑にする機能をもつが、反面で〃ハイリスク・ハイリターン〃の賭博であることは今日でもよく指摘される。左院にも、米商社の売買は正米より空米の方が多く、実態は「指金勝負、組合博奕」にひとしい（新潟県商人・岡本弥平治、十一月二十四日付）といった批判が殺到した。なかでも、「三井組始メ全国ノ有商」を名指しで糾弾した静岡県商人・池谷佐平の言は痛烈だった（十二月十二日付）――「奸商共、正米商社抔ト唱ヘ官許ヲ得、大商館ヲ設ケ門戸ヲ誇輝スト雖モ、其実、俗ニ所謂博徒ノ上マヘ取リニ等シク、罪猶一層重シ」。

「博徒ノ上マヘ取リ」という言葉は、昨今の土地ころがし・株価操作を背後であやつっていた者どもにもぶつけたいところだ。九月には東京の米取引所でも一騒動が起きた。先物取引の買手が保証金を出した形跡のないことに気づいた売手側の問屋たちが「密《ひそか》に探偵」してみると、取引場を運営する東京商社の総括責任者で「三井代理」の男が買手と「牒合し、空手にして大利を得るの奸謀」をたくらんでいるとの風聞をつかんだ。そこで証拠金はもちろん「諸帳簿まで検閲せん」と押しかけたのだ。商社側は大蔵省の許可を受けている以上「不取締」のはずはないと強弁して立合検査を拒否したが、翌日には一転して「内済を希望」するなど、狼狽した。しかし「頗る侠気ある」追及者は内済に応ぜず、「さながら鼎の涌くが如」きありさまになったという（『郵便報知新聞』74・9・14）。

この騒動は結局うやむやに終わってしまったようだが、政府が「空商の賭博」を禁止しないのは怪しむべきことだ（天外如来「空商論」『郵便報知新聞』74・11・30）、と批判の矛先は政府に向かいはじめ、滋賀県令・松田道之も、万一開戦となった際には国内の人心をひとつにして「内顧ノ憂」がないようにする必要がある、そのためには米商人たちの「唾手ノ計」を防止しなければならない、と内務卿・大蔵卿に訴えた（八月二十五日付）。

(二) 米価統制要求

一般的に言えば、米価の騰貴は生産者である農民にとって有利なことだった。商社に同調して在郷の百姓までが米を囲っているとの指摘もある。だが、地租改正の布告が前年に出されたとはいえ、ほとんどの地方がまだ旧来どおりの石高で示された地租を納めていた。したがって米価が上がっても納める米の量は減らなかったし、石代納では、十月～十二月の平均相場が基準とされたから、値上がりした分だけ税額が増しさえした。大分県の場合でみると、石代納に換算して七二年（明治五）五十万円、七三年七十万円だった貢租が、七四年には実収量で一割減にもかかわらず百二十万円に増大している(4)。米麦の輸出解禁令についても、これによって「米価を沸騰」させて今年の貢米を「格外の高価を以て金納」させようとする「無情の法令」だと、関東近県の農民のあいだで取り沙汰されている（『横浜毎日新聞』73・8・7）。米価の騰貴はこの時期の農民にとって利益にならなかったのだ。

それに、農民は市場価格で商人に米を売り渡せたわけではない。のちに衆議院議員になる三重県士族・立入奇一（八月三十日付）の言うように、「中等以下ノ貧民」は収穫米をいっせいに売却するので商人の買いたたきにあい、飯米が尽きたころには値上がりした米を商人から買わざるをえない。また、伊賀のような市場規模の小さいところでは四、五万円で相場を左右できるから商人は簡単に利益を「占断」しえた。高知県平民・勝瀬壱平（十二月五日付）も、ここ三年で米価は三倍になった、今のような貢租代価では「下民ノ難儀」はひとかたでないと訴えており、東京以上に地方の相場の動きが荒っぽかったことをうかがわせる。

士族はどうか。家禄も石高表示だったが、石代納に合わせて金給になったところが多かった。その場合は前年の貢租基準米価が適用されたから、急騰したときには、家禄米一石の代金で実際には半石も買うことができない、だから「細民ノミナラズ、士民一般ノ苦情」なのだ、と左院も強調している（後出、井沢利三治の建白の処理文書）。米価が上がって喜ぶのは、余剰米を高値で売り払える一部の富農と投機資金を持った米商人だけであった。

そのうえ、米価はすべての物価の基準であり、米が高くなればすべての商品が値上がりする。まして、食物は本来「天地之造物」にして人命を養う「大切之物品」であり（中沢千蔵）、米は「生霊血脈ノ大元素」として一日も欠くべからざるものだとすれば、「米穀ノ大権」を商人の手に帰し、政治の対象外にするのは「人民保護ノ理」にそむき「生霊保護ノ国体」に反すると言うほかない（静岡県平民・中島清民、十一月付）。また、米価が騰貴したら外国から輸入すればいいとの説もあるが、輸入先の中国との戦争ではそれも無理だ（松田道之）、「大日本帝国の命脈」は米にあり（前出「空商論」）等々……。人々はこもごもに「人民保護」のための早急な対応を政府に要求した。

その対策としてもっとも有力だったのが、米価の公定つまり冒頭に紹介した落書にいう「門相場」の復活だった。「米価全国平均ノ御規則」ができて「愚夫愚婦」まで「御確定ノ米価」を承知すれば、「奸商ノ所為」は排除され、貧民でも「活計ノ道」が立つ、これぞ「救育安民ノ良法ト乍恐《おそれながら》奉存《ぞんじたてまつり》候《そうろう》」（高山幸助ら）というわけだ。

具体的な米価水準は、維新以後の最低価格である一石平均三円が「自然」で「公平之御定価」とされた（山口県貸本渡世・磯部栄之助、十一月一日付）。磯部はさらに議論を進め、「官許飯米屋」を設置してやみ米はにせ金づくりと同様に「厳密御探索」して処罰する、そして職人の賃金は玄米一斗、旅籠銭は一升五合相当というように連動させれば、諸物価も米価につれて下落するはずだ、と提言した。空米取引を「指金勝負」と非難した岡本弥平治

（六月十三日付）も、全国に「米穀商社」を設けて品質や遠近によって「定価」（新潟では三円）を決めれば「万民安堵」し、米商人の数も従来の百分の三に減らせると言う。米価を公定するだけでなくその流通まで統制して、商人が暗躍する余地をなくしてほしいというのが彼らの要望だった。

㈢　高米価容認

ところが、明治政府がしたことといえば、米穀輸出の停止（八月一日）、恤救規則の制定（十二月八日）くらいで、米価統制を求める建白書はすべて採用されなかった。建白者たちに左院はこう答えている――米価の騰貴は姦商によってのみ生じるわけではない。凶作とか他の物価との関連で高くなることもある。価格変動は「天然ノ道理」であり、政府が府県に商社をつくったり、全国的に価格を「平準」するのは「各自商売ノ自由ヲ妨」げるものであり、「決シテ施行スベカラザルノ策」である、と。典型的な自由放任の論理といってよい。

民間にも少数ながら放任論、高米価容認論があった。『日新真事誌』（74・6・13）には、米価の不満をよく聞くが、物価が高ければ人々は「遊惰ノ念」を捨てて「勉励労力」する、欧米でも物価の高い国は「必ズ富強」で、低い国は「貧弱」だ、したがって米価の騰貴は天が「人民ヲ愛護シテ富強ノ域ニ誘導」させようとする「良戒」なのだ、との主張がのっている。因果関係を逆転させたような苦しい議論だが、要は「貧富強弱ハ己ノ遊惰ト勉励ニ依ル」と言いたいのだった(5)。

もっとも、左院は事態をこのまま放置しておいてよいと考えていたわけではない。前章でもみたように、左院にとっては「人民保護」こそが政府の使命であった。佐賀事件後の「米価沸騰」の対策を求めた奈良県士族・山本士哲の建白（二月付）を上申するなかでも、なんの罪もない「蠢爾タル小民」の困窮を政府が「傍観」すべきでないと力説し、東京府・大坂府に向かって〝細民の怨苦が生じないよう「厚ク注意」すべし〟との達書を出そうとした。だが、正院に布達におよばずと却下されてしまったのだ。それでも、義倉の設置を提言した宮城県商人・井沢利三治の建白（五月十七日付）を受けとると、石代納を許可してから政府に現米の貯蔵がなく「米価抑揚ノ権」がもっぱら商人の手に移り、「実ニ人民保護ノ善政ト申シ難ク、此辺篤ト御注意」されたいと、あらためて上申している。

民間とくに士族のあいだでは義倉復活の意見も強く、貧窮対策として即効性がある義倉を「民ノ自由」にしたのは政府の義務を放棄したものであり、土地所有面積や竈の数によって割り当てよ（石川県士族・大塚志良、八月付）、一人一日一文の日掛けを（井沢利三治）、一人年一銭五厘の拠出を（石川県士族・浅井成章、十二月十日付）、といった建白があいついだ。しかし、左院は義倉には批判的だった。義倉は国庫の余裕と県官の努力がなければ維持しえないから、現在のような「多事ノ際」には到底採用できないと否定し、井沢がいう日掛け銭の徴収は「新税ヲ起シ候モ同然」だと却下した。義倉米の徴収にたいしては、東京・多摩地区の御門訴事件をはじめ明治初年から各地で反対運動が起きていたから、強制的な設置が新税にひとしい「拙劣ノ策」だという左院の認識は、それなりに現実的で適切だった。しかし、採用しがたい建白をわざわざ上申して「人民保護ノ善政」とはいえないとまで述べたところに、左院の危機感と正院にたいする精一杯の抵抗が示されていた。

左院のプランは、政府が米倉を設置して現米を貯蔵することだった。「商売ノ自由」に抵触せずに奸商から「米価抑揚ノ権」をとり戻すには、政府が相当量の米穀を確保して市場操作をするほかないと考えたのだろう。内務省もまた、小民の疾苦を放置するのは人民「保護ノ責任」にそむくとして、米穀の貯蔵を主張した。大蔵省もいちおうはこの議を容れたが決定には至らなかった。左院の上申書に判を捺した参議も勝安芳だけで大久保や大隈の印はない。台湾問題の紛糾で建白書どころではなかったろうが、もともと大蔵省や政府の主流的見解は、各国と交易を開いたからには「鎖国主義」によって「迂遠ナル貯蓄常平法ヲ用フル」必要はない、不足したら外国から輸入すればよいではないか、というものだった。[6] 事実、南京米の流入が七〇年（明治三）以降の米価低落の一因になっていた。このような〝米の自由化〟論に立つかぎり、米価安定法（「常平法」）の出番はなかった。

ところが、九月にはその大蔵省が、今後「蕃地ノ形勢」が険悪化して米価がますます騰貴すると「一大変事」が勃発しかねない、と心配しはじめた。家禄の石高どおりの米が買えない「士族一般」の「苦情」を理由にあげるだけで民衆への言及はないが、さすがの大蔵省も事態の深刻さを無視できなくなったのだ。だが、切り札になるはずの外米輸入は、〝食糧安保〟論者のいうように主たる輸入先の中国との戦争とあっては不可能である。そこで、苦肉の策として打ち出されたのが、家禄を「可成丈《なるべくだけ》」現米で渡すことにしてその分にかぎり正米納を復活するという案だった。なんとも姑息な措置だが、いまさら金納制移行という「租税之基本」を変えるわけにはいかない、と大蔵省は弁解している。「士族一般」の苦情をあげるだけだったのも、民衆を軽視したというよりは正米納の復活を極力限定したかったからだろう。協議に加わった内務省は、租税引請人がしいて農民に石代納を願い出させたために「自然ノ定度」を超えて米価が騰貴しているのだから、部分的にでも現物納を復活すれば少しは改善されるだろうと賛成し、左院も、士族だけでなく「一般人民ノタメ」にもなると同意した。[7] 内心、それ見たことかという思いだったはずだ。

もっとも、正米納と石代納とは一長一短で、米価の高低や地域の特徴、売り米の多寡によって利害を異にする。政府内部でも米価が大きく変動するとかならず議論がむし返されたし、この年の農民騒擾でも両方の要求が出されている。米価が下落した七六年（明治九）には、前年までの高米価を基準にした地租の軽減と米納復活などを求めて三重・茨城などで大規模な地租改正反対一揆が起きたし、逆に西南戦争後のインフレで米価が高くなったときは都市商工業者などから米納復活の要求が出された。[8]

しかし、一般的には石代納こそ農民の長年の願いであった。石代納が許可されて積年の「束縛ノ綱」から抜けだし「自由ノ波ニ浴」することができたのは「無前ノ幸福」だと人民は感謝している、と立入奇一も述べている。七三年（明治六）から六年間におよぶ大農民闘争となった酒田県（現山形県）のワッパ騒動も、士族の利益を優先する県庁が石代納許可の布告を農民に隠したことにはじまる。まして、部分的な正米納はかえって煩雑であり、それが士族のためだけに命じられたとあっては農民の納得は得られまい。事実、大蔵省の指令どおりに家禄分の正米納を命じられた磐前県（現福島県）の農民たち（正月元朔ら、十二月八日付）は、坐食している士族のためにいまさら「山路遠隔之場所」を運搬する苦労をさせられるのはたまらない、もしかすると「再ビ封建ノ姿ニ復」するのかもしれないとの風説がしきりである、どうしても正米納を復活するのなら徴兵制をやめて士族を兵隊にしてほしい、と要求している。租税と徴兵がつねにセットで考えられていたことがここからもうかがえるが、この時期の農民にとって石代納は封建制からの脱却を意味したのであり、正米納の復活による米価調節は決して「人民保護」の政策とは言えなかったのである。

次に、空米相場についてはどうか。内務省ですら租税引請人が「自然ノ定度」を破っていると認めたにもかかわらず、政府は積極的な手をうたなかった。例外は大坂府で、七三年のことだが、堂島の米油会社頭取を「空米商ヒ」と「一般ノ惑乱」をかもした科で懲役七十日（贖罪金十円五十銭）に処したのをはじめ百人以上の米商人を処罰した（『東京日々新聞』73・10・27。なお同年三月に米取引所は油取引所と合併したので「米油会社」などと呼ばれた）。だが帳簿公開を要求した騒動があったように、お膝下の東京ではそうした規制はいっさいとられなかった。そのため、大坂では処罰したのに東京では許すのか、という批判も出た。当時の東京府知事は旧幕臣の大久保一翁だが、この放任政策は政府の意向によるものだろう。

それにしても、なぜ政府は華士族に現米を支給する程度で米価の抑制に努力しないのか。「商売ノ自由」という大原則のためだけだったか。もちろん、そうではなかった。第一章でもふれたように、当時の政府は財政難で苦しんでいた。七三年こそ黒字だったが、七二年は七百万円、七四年は九百万円の赤字だった。[9]とすれば、高い米価を基準にした石代納で割高の地租を徴収したいと政府が考えるのは当然だろう。さきに、米麦の輸出解禁は米価のつり上げがねらいではないかという噂を紹介したが、実際、民間の解禁に先立って(七二年~七三年)百二十万石を輸出した大蔵省の目的も、外貨獲得よりは政府財政の損失をまねく米価の「低落ヲ挽回」することにあった。[10]大蔵省としては〝騰貴大歓迎〟だったのである。[11]

(四) 刻苦勉力の保護

だからといって、営業の自由や自由放任をとなえた左院の発言がまったくの方便だったわけではない。この点は私有の根幹をなす土地所有権をめぐる論議をみれば明瞭になる。そこで、やや横道に入るようだが、この年の土地問題論を簡単に追ってみよう。

土地私有権は七二年(明治五)の土地永代売買解禁・壬申地券の発行で公式に認められ、七三年七月には地租改正法が公布された。しかし、七四年には山口県、宮城県の一部などを例外として具体的な作業は進まず、「人民心得書」が公示されただけで地価の基準になる米価や利子率などの具体的数字も「告示禁止」の状態だった。人民はまだ改正の詳細を知らず、たんに今の地価の百分の三を取られるだけだと思っている、実際に着手したときの「民心ノ向背」は予測できないと、現場で作業にあたる地方官吏が心配しはじめた段階である(名東県出仕・黒川治愿、四月九日付)。したがって、この年は改租の細かな議論よりも、そもそも現在の地主・自作農にそのまま所有権を与えていいのか、小作農と士族にも土地を配分すべきではないか、という根本的なところでの論議がさかんだった。

たとえば、「田畑奉還」論をうちだした愛媛県農民・藤田建太郎(十一月付)はこう言う——皆が「手足ヲ労シテ」働き「座食ノ徒」のいない社会が望ましい。また、田畑は本来だれの所有でもなく「王土ニ非ザルハナシ」というべきである。それゆえ、領主が版籍を奉還したように農民からも「田畑ヲ奉還」させて、あらためて「戸別ニ配賦」すれば、他人の田畑を小作してかろうじて生活する貧農も借家・借地の貧しい商人も士族も「永世安堵」できるではないか、と。また、長野県農民・依田道直（一月付）も、「出格之思召」をもって全国の田畑を「悉皆大蔵省へ御引上ゲ」になり、「士民ニ均平之代価ヲ以テ御配当」願いたい、と全農地の買上げ・再配分を要求した。彼は相楽総三らの赤報隊に参加した経歴をもち、二年前には「皇国千万分ノ一ノ御入費」になれば、と私有地の返上願を県庁に提出したことがある。(12)このほか、地租改正だけでは「公平均一」とは言えない、せめて小作料の「平均法」と、地主と小作人との「権利義務ノ御規則」があれば、「古ノ口分田ノ美意」に近くなるだろう、と口分田の均分制を理想にしつつ、さしあたりの措置として地主小作関係の対等化と「貢米平均法」（小作料の統制）を求めた岐阜県戸長・佐久間国三郎（五月二十一日付）のような者もいた。

士族の側からも同様の要求が出された。高知県士族・南部義籌（八月付）はこう主張した――徳川時代は地所売買が禁止されていたから農民に私有の権利はなかった。王室や武士の土地を預って耕していただけで、「西洋諸国ノ荘僕」つまり農奴とおなじである。少なくとも、年貢が五公五民だったならば半分の土地は華士族のものだ。しかも、西洋の農奴解放すら有償なのに、「我ガ農民ハ其身ヲ償ハズシテ、忽チ自主ノ民」となっただけでも感謝すべきだ。また、そもそも「維新ノ功」は農民にあるのか華士族にあるのか、両者は「孰《いずれ》ガ智、孰ガ愚」か。ところが政府は「有功有智ノ華士族」から奪って「無功無智ノ農民」に土地を与えようとしている。農民だけが維新の恩沢に浴するのはなぜなのか、と。島根県士族・林雄兵衛ら（三月二十八日付）も、家禄奉還を出願した者には家禄の石高分の農地を買上げてほしい、これは農民から「至当ノ代価ヲ以テ御買上」になるのだから、彼らが「不平ノ意ヲ挟ムノ理」はないはずだ、と述べ、左院出仕・木下助之（八月付）も家禄に応じた農地の買い取りを提唱している。

農民たちの改革案が貧富の格差解消をねらいとし、士族が家禄を「空消」し「迷途ニ堕入」（藤田建太郎）するのを心配して彼らにも対等に土地を配分してあげようとしているのに比して、南部らの主張には「無功無智ノ農民」といった傲慢さや高飛車な物言いがめだつ。また、家禄による格差を認め、貧農には資金を貸与して年賦返弁させればいい（木下助之）というように、「平等」の視点が乏しい。いかにも士族根性丸出しである。しかし、少なくとも、現在の地主や自作農の所有権を否定し、土地の再配分を求めるという点では両者は一致していた。

こうした建白を左院は全面的に拒否した。「産業ノ道」は各人がおのれの「欲スル所ニ随テ」異なる仕事に従事するところにあり、農工商の「分業アル所以」である。依田の主張はこれに反し、天下の田畑を士民に均等に配分して全員を「農業ニ従事」させようとしている。非現実的な「空論」であり「到底採用ニ耐ル所ナシ」、と。また、田畑奉還論も「富ヲ剝ギ貧ヲ恤スル」にひとしく「一モ取ルベキモノ無シ」と一蹴した。自由な職業選択や分業こそが産業発達の条件であり、貧富の平均は豊かな者から富を奪う私的所有権の侵害だ、という左院の自由主義的経済論は、「商売ノ自由」を擁護した米価の場合とおなじく、確固たるものだった

だが、これを〝土地の再配分を拒否する地主制擁護論〟と切り捨てるのは一面的である。士族からの分配要求にたいして左院はこう断言しているからだ（林雄兵衛らへの回答）。

家禄奉還者へ賜ルベキ資金ノ額ヲ以テ豪農ノ耕田ヲ買揚ゲ、之ヲ奉還者ニ分賦スト云ハ、実ニ不足採《とるにたらざる》ノ暴仕法ナリ。農民等、数年ノ刻苦勉力ヲ以テ得ル所ノ家産ヲ押買シテ、世襲坐食ノ有禄者ニ分賦スル、何ゾ其コトノ暴ナルヤ。彼ニ奪テ此ヲ恵ミ、此ヲ悪《にくん》デ彼ニ恤《あわれ》ムハ政府ノ敢テ為ザル所ナリ

農民の長年にわたる「刻苦勉力」こそが私的所有権の根拠であり、封建的領有権をたてにした士族への土地分配は、たとえ有償でも「押買」の「暴仕法」にあたるというのだ。「封建復古」を叫ぶ佐賀事件が起こり、士族への土地配分を要求する木下助之の租税頭への登用を復古派の巨頭、島津久光左大臣が画策していたこの時期に、断固として農民的所有権を擁護した左院の見識や意気込みは見事とさえ言ってよい。

もとより、地租を財源とした家禄支給という形で実質的には領有権への補償がなされていたし、国家財政の三分の一を占める家禄のために農民の租税負担が重くなったことは前にみたとおりである。しかし、かりに農民が地租不納で処分されたとしても封建身分に戻されることはなく、土地を失って無産者になるだけだった。「四民平等」の布告が封建的隷属から民衆を一挙に解放したのはそのかぎりではたしかであり、維新の恩沢に浴したのは華士族ではなく農民だと叫んだ南部義籌の不満は、それなりに現実を正しくとらえていたのだ。[13] しかも左院は家禄の所有権化にも反対し、すみやかな償却こそが必要だとの立場を堅持した。「人民保護」のための米価統制を拒否し、「商売ノ自由」を守ることが政府の任務だとする左院の見解は、こうした近代的所有権についての的確な認識と確信に裏づけられたものだったのである。

(五)　兎取引の場合

とはいえ、明治政府がつねに「人民保護」よりも「商売ノ自由」を優先し、すべての投機的売買を容認していたというわけではない。ふたたび脇道にそれるようだが、その一例として兎取引をめぐる騒動をみてみよう。

七二年五月頃、兎の値段が突然上昇し、人々は待合茶屋などに兎を持ち寄り「高値ヲ争ヒ、毛色ヲ競ヒ」はじめた（『新聞雑誌』七六号、73・1）。毛皮や肉が目当てではなかった。「其所以ヲ解セズ」と『新聞雑誌』（五四号、

72・7）は報じているが、『横浜毎日新聞』（73・10・24）は「兎流行の来由」と題する投書をのせている。これによると、明治初年に「積善の隠君子、鷲沢何某」なる者が、二、三年中に太陰暦が廃止になる、そうなると月に住む兎が「悉く生活を失ひ山野に餓死する」から「兎霊を鎮めんより道なし」と言って、都下の兎を買い集めて愛玩していたところ、舶来の雄兎から「次第に名兎を産し、この種類を世に更紗《さらさ》種と称し大いに繁殖」した、そこへ「不思議や、彼の先見にたがわずして」改暦となったため、さらに大儲けをしたというのだ。真偽のほどは定かでない。ただ、戊辰戦争後の混乱が収まって民衆の生活に少しゆとりが生まれたことはまちがいなかった。コマ鼠やカナリヤなどの愛玩物も同時に流行している。

それにしても兎の値段は法外だった。「二十日妊《はらみ》ガ四十両、ツガイ離シテ雄ガ二分、柿ヨリダイジノ黒更紗、サゾヤオカラモ高カロガ、タント食シテ子ヲフヤシヤンセ」などと大津絵節に唄われ（『新聞雑誌』九一号、73・4）、華族様までが毛色の変わった兎を求めて奔走しはじめた。白兎を染色して詐欺罪に問われたり、一羽百五十円（！）で買手がついたのに二百円でなければ売らないと断ったところ、その夜兎が死んで父子喧嘩から殺人事件になった、などの騒ぎが頻発した。

こうなると「人民保護」を職務とする府県庁は放っておけない。自粛の通達、せりの会合制限・禁止などの手をうったが、「度々告諭致シ置キ候処、未ダ相止メ」ぬ府民に業を煮やした東京府は、十二月、取引する者を区の扱い所に登録させ、一羽につき毎月一円の税金を課すと布達した。ずいぶん無茶な措置だが、この「兎税」で価格は暴落、「税金ニ驚テ打殺スモアリ、川々へ流シ棄ルモアリ……床下ニ匿スモアリ」（同誌一七八号、73・12）といったパニックになる。そば屋で鴨南蛮をとったところ肉の味がおかしかったから気をつけろという記事（『横浜毎日新聞』74・1・6）もある。それでもすぐには熱は冷めず、七六年（明治九年）には新規の取引人も増え、密飼い・密売買で警視庁から送検されて罰金や始末書を取られる者が続出する。(14)

世間ではこの兎騒動をにがにがしく思う者が大勢いたから、新聞でも東京府の措置を歓迎する記事が支配的だった。また神奈川県も権令・大江卓らが太政大臣に建白書（七三年十月三日付）を送って、人民が「千金ノ時間ヲ無益ノ所業ニ費」すのを禁止しないのはなぜか、「人民ノ自由ヲ束縛セズ」を建前とする欧米各国でも賭博や売春は禁じているではないか、と法的規制を要望した。そして県民に向かっては、兎は毛皮で衣服をつくるほどの実益もないし「門を守るの能、鼠を禦ぐの技なく、愛す可きの声音も」ない、このような「無用の一長物」を飼い、実際は賭博と異ならぬことにうつつをぬかして本業を失うようになれば「文明開化の国人に笑はる、」から、「屹度《きっと》注意」致すべしと諭告し、売買停止をほのめかした（『横浜毎日新聞』73・10・6）。外国人に笑われぬようにというのがいかにも横浜をひかえた神奈川県らしい心配だが、全体としてはまことに懇切丁寧で、しかも無用の長物にはいっさい価値を認めない実利一点ばりのお達しだった。読者からはさっそく、「外国の笑ひ」を防止し、人民が「破産失業流離顚沛《てんぱい》の大困難に遭」う危険を洞察した愛民精神にあふれた諭告だ、と絶賛する投書が寄せられた（同73・10・14）。

一方左院は、ここでも、物価は需要と供給のバランスで決まるのだから、「無益ノ玩好物」を売買・貯蓄することも「人民ノ自由ニ任ズベキ」だ、と自由放任の原則に忠実だった。大江卓と違って無益な趣味にも理解があった。ただし「牧民ノ官」が「愚民ヲ愛護スル」ために弊害の甚だしい事柄を禁止するのは「施政上当然ノ務」であり、人民の自由を抑圧することにはならない、ともつけ加えている。〝愚民愛護〟こそ「牧民ノ官」の任務なのだ。とはいえ具体的な判断は直接人民と接する府県の仕事であって、政府が「掣肘」すべきことではない、というのが左院の結論だった（重税を課すべきだという東京府・鈴木清吉、七三年八月付への回答）。

いくら毛色が珍しくても兎一羽が百五十円、二百円というのはベラボーである。一石七円の米が高いといっても百四十円あれば二十石（約五十俵）も買える。万年青《おもと》などと違って西洋からの輸入品が珍重されたから、外国商人の詐欺まがいの売込みもあったらしい。趣味というよりはやはり投機、財テクであった。生業をかえりみず賭け事にのめり込みあげくの果てに破産する、ということがないように行政が注意するのは、たしかに愚民愛護の〝親心〟だろう。現在でもマルチ商法・訪問販売などの悪徳商法への世間の非難はきびしく、行政による被害者救済や禁止措置を求める声は根強い。放置すれば行政の責任を問われることすらある。神奈川県や左院の意見はそれなりに筋が通っているように見える。

　通俗的な啓蒙物を得意とする小川為治の『兎乃問答』（七三年十二月）をみても、兎税で大損した男が「百両の損なら五十両で追付《おつつく》やうになすつて下さるが政府乃御仁恵かと思ひます。それを死ぬ者乃喉を乾すやうなる御政事は、あまりといへば酷き事ではござりませんか」と不平を言うと、「平気先生、から〳〵と打哂《うちわら》ひ」、こう諭すのだった――国民が「何の役もなさぬ玩物のために奔走」するのを放っておくわけにはいかないが、さりとて、実態は賭博でも品物の売買という「商業乃姿」をとっている以上、「政府には人民乃商売を禁止《さしとめ》る権利」はない。そこで税をかけることにしたのだ。「物品税は人間必要乃品物からは取らざる規則にて、そのかはり玩物乃類、奢侈に属する物からは重き運上を取る」のが道理なことはお前にも分かるだろう。つまり、「売買するは人民自由の権にて妨るわけにはゆかず、さりとて捨置きては終に人民一同困窮に陥るといふところより、拠《よんどころ》なく重き運上を御取りなさるわけ」で、「金銭に余りある」「玩物好みの人」の「自業自得」だ、と。

　しかし、この兎騒動に示された行政側の対応は、本当の意味での「人民保護」になっていたのだろうか。

「奸商」非難の大合唱のなかで、実はこの点に踏みこんだ投書がわずかだが存在した。兎税が出された直後、東京の平井道孝は、告諭で止められないからといって税金で懲らしめるのは「笑止ノ至リ」だ、この伝でいけば、博奕や窃盗も税金をとって許すのかと、「酷税」の問題点をズバリと衝いた。そして、人民が家産を失うのを憂慮するというが、なんで兎だけが問題になるのか、米穀や舶来物の取引とどこが違うのか、商売はもともと「興廃」の危険を承知でやるものだ、と指摘した（『東京日々新聞』73・12・10）。また、兎を取引する者と「天下ノ遊民ニシテ禄ヲ窃ム」華士族と、どちらの不正が重いか、「懲税」を採用するならまず華士族に課すべきだ、という声もあった（同73・12・17、東京・平野平次郎）。翌年九月には、『東京日々新聞』に「兎嫌いの御小言」をのせた岸田吟香を批判して、「奸商々々」というが「私有の財を以て私事の翫に供する」点では万年青や金魚とおなじではないか、もし民に害があるなら断然禁止すればいいのに、税金をとったうえに「奸商」などと悪口をいうのは姑が「嫁をいじめる方法」にひとしい、「空利」ということなら「商社米油の売買、芝居の金主や開帳の請負」なども同じはずだ、と「銀莽の梅生」なる者が反駁している（『郵便報知新聞』74・9・25）。

兎商人だけが奸商で、より大規模な米の空売りは悪事でないのか、濡れ手で粟というのなら無為坐食の華士族の方が悪質ではないか、といったこれらの批判はきわめてまっとうであろう。「懲税」がいかに姑息で無責任な施策かという指摘もあたっている。政府自身は「人民ノ自由」を尊重するが、愚民愛護のための府県の統制は「掣肘」しないという論法はもはや通用しない。いつの世でも小悪を懲らし巨悪を放置するのが「政事」だとはいえ、兎と米とを対比して、政府の「人民保護」政策の偽瞞を白日のもとにひきずり出したこれらの投書の功績は大きい。

(六)「雲助共」の願望

だが、明治政府の〝嫁いびり〟は国民生活の細部にまで及んでいた。七二年（明治五）公布された違式註違条例（現在の軽犯罪法に相当）は、入れ墨・男女混浴・婦人の断髪・立ち小便などを禁じ、「裸体又ハ袒裼〔はだぬぎ〕シ、或ルハ股脛ヲ露シ、醜態ヲナス者」を取り締まった。電信線に凧をからませて裁判にかけられた五歳の子もいた（軽懲役十日のところ免罪。『新聞雑誌』74・3・20）。七四年中に東京府だけで一万二千五百人が処罰され、九百九十九円の罰金をとられている。[15] さらに、健康のため風呂屋の湯温を華氏八、九十度（摂氏三十度前後）より熱くしてはいけないという布達まであった。

そのくせ、八十八歳以上の老人のいる家庭に支給されていた養老扶持米は廃止になった。江戸時代からつづくこの「養老ノ典」の復活をもとめた建白（埼玉県区長・高橋荘右衛門、四月付）やこれを審議した左院文書によれば、維新以降、扶持米を増加して人気とりをねらったものの、七一年十月からの一年間で一万八千余石、金給（百歳に十両、八十八歳に五両）にした次の一年間で二万三千余円という「莫大ノ金額」にのぼったため、廃止されたらしい。[16] 左院はせめて八十歳の老人に「祝扇一柄」、九十歳と百歳には「寿杯一個」を贈るようにと上申した。しかし、財政難だけが廃止の理由ではなかった。親を養うのは子の義務であり「官ヨリ之ヲ養ヒ且ツ祝スベキ条理」はない、との理屈が根底にあったのだ。こうした自力救済の発想は七四年十二月に制定された恤救規則にも貫かれており、極貧者や独身の「癈疾」者に年一石八斗の支給を認めはしたが、本来は「人民相互ノ情誼ニ因テ、其方法ヲ設ルベキ筈」だ、と釘をさしている。[17]

半裸や褌で荷車をひき、熱い湯に入るのは人々の長年の慣習である。それを布達や罰金で取り締まろうというのだからたまったものではない。徳川時代からのささやかな老人福祉政策すら切り捨てられた。それでいて肝腎の米価は値上がりをつづけ、政府はそれを抑えようとしない。旧藩は重税だったがその分、窮民の救助や「愛民之道」に尽力した、と三重県の立入奇一（十一月十三日付）は新政府を批判しているが、庶民にとってこれほどの「虐制苛酷ノ暴政」（新川県平民・正村弥市、五月付）があろうか。開拓使（北海道）士族・蠣崎多浪（八月付）はこうした状況をじつに的確に表現している――「封建束縛ノ弊ヲ解キ、人ニ与ルニ自由ノ権ヲ以テス。而シテ民ノ束縛ニ苦シミ自由ヲ失フ、却テ封建ノ時ヨリ甚シ」。

これでは、世間話をしていても「政府は百姓町人を困らせる事斗《ばか》り」やるから、何かにつけて〝昔の良かりし時は……〃といった愚痴になる（『東京日々新聞』74・1・6）のは自然の成り行きだった。冒頭に紹介した日本橋の落書も「旧幕」をなつかしんでいたし、神奈川県の川崎あたりには、「天ちゃん返して徳さんよんで元の正月してみたい」という子守歌まであったらしい。(18) 新政反対一揆とはまったく違った経路で、〃徳川復古〃の願望が生まれはじめていた。

思えば、幕末の民衆は、米価の暴騰を抑止できなくなった幕府を「江戸の天下も今年限り、米の高いのも今年限り」とあざけり、やがて激しい打ちこわしを起こしたのではなかったか。世直し一揆がこれにつづき、ついには幕府が崩壊した。あれからまだ十年とたっていない。三百年もつづいた権力をつき崩した体験はなお鮮やかだ。「天皇の天下も今年限り」とならぬ保証はどこにもなかった。〃いやしくも「人タル者」には「仁心」がなくてはならぬ。まして政府が「貧民ノ患苦」を救わなければ、ついには「上ヲ恨ミ……動乱ヲ生ズル」のは必至である。万一、事がおきてから臍を噛んでも間にあわない〃（鹿児島県士族・青崎祐友、十月四日付）、との危惧も大げさではなかった。

ところで、近代国家成立期のヨーロッパでも食糧価格の騰貴が原因の民衆暴動が続発している。「営業の自由」の原則をたてに経済活動への介入を拒否する政府と、従来どおりの価格統制を要求する民衆とがはげしく対立したからである。民衆は「食料の公正な分配が古来から自分たちがもつ慣習的な権利であり、当局にはそれを保証する義務がある」と考えており、価格の上昇が不作のためではなく「隠匿や買占めによる人為的操作の結果だと信じ」たとき、暴動を起こした。ただし、そこでは掠奪よりも「民衆的価格設定」つまり正当な価格での販売を強制することが目的であったと言われる。イギリスでのそうした事例からE・P・トムスンが「モラル・エコノミー」という概念を析出したことはよく知られている。(19)

徳川幕府が米価の変動に神経をとがらせ、空米取引を禁止したり相場に「かんぬき」をかけたのも、生活の基本である食糧の価格を安定させることが支配者の責務とみなされていたからだ。「一人にても餓死流亡に及び候はば、人君の大罪に候」(渡辺崋山)という観念は、農民だけでなく都市住民のものでもあった。だからこそ、米価をコントロールできなくなったとき幕府の権威も「今年限り」になったのだ。〝年貢は百姓の務め、仁政は武家の務め〟といわれるゆえんである。[20]そして、打ちこわしに参加した大坂の人々は「一人一日につき一升二百文」での販売を要求した。平常価格が百文で八合前後だったというから無茶な数字ではない。[21]七四年の建白に共通の「一石三円」も二年前の実際の価格である。まさに正当な「民衆的価格設定」だった。

だが、米価を抑制したくてもできなくなった幕府と違って、明治政府は最初から価格統制の意志をもたない〝確信犯〟である。「封建束縛ノ弊」を除き「自由ノ権」を保証することを歴史的な使命とする近代的政治権力の当然の姿がここにあった。これまでみてきた米価をめぐる論争は、まさしく、近代国家形成期に特有な、自由主義的政治・経済原理と旧来の仁政概念＝「モラル・エコノミー」との対立の、端的な発現だったわけである。

しかも、このような民衆の「仁政復古」願望は、士族の「封建復古」要求とも相容れない性格をもっていた。「仕置が悪しくば年貢はせぬぞ……仕置次第につく我々ぞ。京の王様の御百姓になろうと儘じゃもの」という有名な加賀の農民(大聖寺藩一揆)の啖呵が示すように、江戸時代の民衆にとって大事なのは「仕置」の中身であって、それをだれが実施するかは二の次だった。だが、第二章でもみたように、明治の彼らはもはや身分制の復活を望んではいなかった。「徳さんの正月」は実際には「天ちゃん」も武士もいない「民の正月」を意味した。[22]実際、こうしたモラル・エコノミー的願望が、「東代官」(幕府)や「国々ノ主」(領主)の支配する社会への復古とはまったく違った方向に向かう可能性を明示した点で、東海道辺の「雲助」の次の言は衝撃的ですらあった。

東海道辺甚ダ物騒ニテ……雲助共ノ説ニ、早ク共和政治ニ相成《あいなる》方宜ク……昔シハ夫々天下ト云フ東代官アリ、国々ノ主アリテ、夫々屹《それぞれきつ》ト御咎メ被仰付《おおせつけられ》、諸色高直ニ売出ス事ヲモ不相成《あいならざり》シガ、当時〔今日の意〕ハ天朝アリテ無キガ如クナレバ、共和政治ニテモ諸色サヘ下直ニ相成候ヘバ、其方仕合《しあわせ》ノ由、評判致候

まえにもふれたように、「共和政治」は亡霊のごとく当時の〝識者〟を脅かしていたが、〝危険な芽〟は徴兵制やキリスト教だけでなく、米価問題からも確実に育ちはじめていたわけだ。東海道を旅行した者からこの「雲助共ノ説」を聞いた青崎祐友（十一月付）はまた、「煉瓦電信鉄道ハ見事ニ出来タ、後チハ日本ガ唐〔＝空〕トナル」というはやり歌をあげて、歌を禁止しても「人心ノ向背」は変えられない、いまや恐るべきは「共和政治論」である、といたたまれず建白してきたのだった。

もっとも、「雲助」の言う「共和政治」の中身はかならずしも明確ではない。十年後の秩父事件で活躍した落合寅市は、裁判官が高利貸から賄賂をとって人民を苦しめている、これでは「誠に政事はあってなきが如き有様」なので、「国会でも開け居るなれば、此の如きこともある間敷に」と考え、ついに蜂起したのだと述べている[23]が、七四年の「雲助」の判断がそこまで到達していたとは言えまい。彼らの共和政治待望論は「諸色サヘ下直ニ相成候ヘバ」に力点があり、〝だれが権力をとってもいいから、とにかく「諸色」（物価）を下げてくれ〟と読みかえるのが適切だろう。

とはいえ、「天朝アリテ無キガ如ク」「政事はあってなきが如き」という思いで、両者はぴったり一致していた。しかも、人民を保護することが政府の義務であるとする彼らの仁政要求は、封建社会への回帰ではなく、共和政治や議会と結びついた。江戸時代の農民一揆が仁政観念を武器に領主階級を追いつめながらも統治形態の変更を求めることがなかったとすれば、どれほど漠然としたものであれ、これは文字どおり画期的な飛躍といってよい。一見封建時代と変わりないようでありながら、近代社会成立期の民衆意識もまた、確実に「近代」を内包していたので

ある。

だが、民衆のこうしたモラル・エコノミー的要求を自由民権運動が支持することはまずありえなかった。『自由新聞』が貧民党の活動を「国家心腹の病」と非難したのは有名だが、民衆憲法といわれる「五日市憲法」起草の基盤となった学芸講談会員も、困民党の活動を銀行や質屋・金貸等を「劫掠」するものとみなしていた。[24]『自由新聞』とならぶ自由党の機関紙『自由燈』の社説（84・6・7）は、「徳政なんどといふが如き、一箇人の権利に踏み込む社会圧政をやらかすのは真平御免」だと断言している。落合寅市の期待と民権家の想定する「国会」のあいだには大きなギャップがあったのだ。

この点は、米価の統制や奸商の排除、貧富の平等を要求した建白者たちがどのような「政事」、社会のあり方を望んでいたかをみれば、よりはっきりする。たとえば、官許飯米屋という一種の食管制度をしき、米価に連動して職人の給料や旅館の宿泊料なども統制するような社会を構想した磯部栄之助は、さらに、貧富を六段階に区分して累進的な税金を課し、その他の税を廃止すれば、「質素実直之風義」にもどり、貧富の格差も広がらず、「家内暮シ易ク」人心も安定し、しだいに「人道」も正しくなるはずだ、と確信していた。また、かの青崎祐友は――彼は貨幣の「音《オン》直リ」（デノミ）で物価が下がると誤解しているむきもあるのだが――物価が安ければ人民は「安居」し政府も利益を得て、たちまち富国になる、そのためには「諸品局」を設置してすべての物価を米価を基準に公定せよと要求していた（七月十七日付）。

こうして彼らの議論は結局、すべての商品さらには賃金の公定にまで及ぶことになる。米は他の商品とは違う特別なものだから、これを統制しても「商売之自由」に抵触しない、との意見もあった（岡本弥平治、十一月二十四日付）。しかし、民衆の経済生活を脅かす要因は米価だけではない。土地の再配分論・均田論ほどストレートではないにしても、米価統制論が私的所有権の大幅な制限に帰着するのはむしろ当然といってよい。諸品局の構想も、商品経済の発展を阻止しようとした天保改革の物価公定政策にヒントを得たものだろう。植木枝盛が「身命保全の自由」「人生の自由」（思想の自由など）とともに「財産の自由」を「三大自由の権利」と呼んだように、政治的自由権の基礎に経済的自由権をすえた民権運動が、こうした統制経済の社会に同調できるはずはなかった。[25]

(七)　万民之太平楽

それでは、磯部らの構想が「雲助共」の願望に合致していたかというと、これもまたそうとは言えなかった。なぜなら、建白の後段で彼は、貧富の六等級に合わせて「一定ノ冠笠」を定めて着用させ、また、公私の会合でも等級によって席順を決めるというようにすれば、累進税率の多額納税者の「金功」も報いられるし、富貴は「人之欲スル所」だから自然とだれもが生業に励み「富国之御一助」になるだろう、と述べているからである。似たような主張は他にもあった。全戸を九級に分け、「等級ノ印証」を授与して「一家ノ盛衰、勤惰」の証明にすれば、人民は大いに発奮して貧民も豪商になろうという気を起こすだろう、というのだ（芝大神宮・中川真節、十月付）。「等級ニ随テ献金ヲ許ス」の表現もあるように、為政者の側から人民を「振起」させることだけが中川の目的で、磯部のような貧民救助の視点はない。左院も、みだりに「紛擾砕雑」の方法を設けて民業を勧奨するのは「政府ノ主意ニ非ズ」と相手にしなかった。

それにしても、神官の中川と貸本渡世の磯部という、およそ立場を異にする二人が、「冠笠」と「印証」で符節を合わせてしまうのはなぜか。いくら物価が安くてもこんな世の中に「雲助共」が住みたいと思うわけはない。磯部が結局のところ貧富の格差を認めたことよりも、「冠笠」の発想がどこから出てくるのかが気になる。

この問題を考えるうえできわめて興味深いのが静岡県平民・新庄誠一の建白（八月付）である。彼はまず、当時の人々の姿をこうとらえる――父母は子のために富貴を願い、子は父母への報恩を思っていながら、農工商みな私欲におぼれて心安らかでない。なぜなら「私慾ノ為ニ本心ヲ奪ハレ、不義ノ財ト雖モ之ヲ求メ、不義ノ業ト雖モ之ヲ為」すからである、と。なにやら現代の我々のことを言われているようだが、新庄はつづけて、国に一人の遊民もなく、溢れるほどの生産があってはじめて富国となり開化もすすむのに、今の商人は生産をになう「農工之功」を尊重せず、その利益を奪っている、と商人を非難し、これを匡すために、全国に大商館を十、中商館を百二十八、小商館を一万三百四十四、外国商館を五か所に設置し、商品流通を国家管理にしようと提言する。ただし、野菜・生魚・菓子などの生鮮品は自由販売とし、穀類・酒・炭薪・古着などは商館の区域内にかぎり自由で、区域外の売買のみ商館を通す。また紙・織物・陶器・傘・茶・煙草などはすべて商館で売買し、この業種の商人には救助米を支給して農工に転業させる。商館の従業員は月給制である。

新庄が織物などを商館でのみ扱うようにしたのは、別に工館を市や町に建ててこれと連携させるためだった。「人心ヲ動カスモノハ物品」であるから、「天下ノ人ヲシテ欲ニ動カズ、其所ニ安ンゼシムルハ、各物品ヲ端正ニスルニ在リ」、つまり、私慾におぼれず不義の財に心を奪われない人間をつくるには、物品自体を「端正」にしなければならない、そして、「邪器ヲ造ラズ正器ヲ造ラン」とすれば「物品製造ノ制度」をたてるほかない、そう彼は考えたのだ。

十四歳から四十九歳までの職人を工館に出勤させて、たとえば織物はすべて色無地、金属器・陶器などは全国共通の「正器」のひな形どおりに製造させる。品質の上下、形の大小など多少の差は認めるが、基本的には「一器一形」である。大工・左官なども工館の指示で仕事をする。「有益非凡」の品物を発明した者はひな形図を工部省に提出し許可を受ける。個別に注文を受けて「私ニ造器スル者」には罰金を課す。このような制度をつくって「異形ノ奢飾、寡益之弊器」を一掃すれば、「不義ノ財」を追い求める「耆慾之念」は絶たれ、質実で真に必要な品物だけが安く手に入るようになり、安んじて生活できるようになる、というわけである。

　農業に関してはここでは述べていないが、前年の建白（八月十二日付）に農館の構想が示されている。そのなかで彼は、貧農は終日耕作に従事して富農よりも「国ノ為ニ力ヲ労スルコト」が多いのに、税金のほかに小作料まで取られて困窮している、そこで、田畑山林すべてを貧富の差なく「一統」に分配したうえで、次のようにせよ、と主張した。


　一里四方ヲ以テ壱区トシ、境ニ往還ヲ開キ、一区ゴトニ農館ヲ建テ取締役ヲ任ジ、衆戸一家ノ如ク睦合ヒ、衆人共ニ耕シ耨《くさぎ》ツテ、公税之余穀ヲ商館エ送リ貨幣ニ交易シ、農具肥《こや》シ其他、農館必用之物買調へ、猶余リコレ有ル貨幣ヲ、鰥寡《かんか》孤独癈疾ノ隔テナク分給シ、共ニアハレムベシ

田畑を分配すると言いながらも、実際には一区ごとに建てられた農館を核にした「衆人共ニ耕」す共同耕作・共同経営が考えられているのだ。実質的には土地は共有に近い。藤田建太郎らの均田論（再配分論）との決定的な違いがここにある。

　ただし、七四年九月の再建白で彼は、「蒸気製鉄等ノ器械」を製造する場合は、富有者から出金を募り、出金高に応じて利益を分配すればいいと述べている。この一種の株式会社構想が示すように、貧富の平等化が彼の直接の目的ではなかったし、旧来の手工業的生産水準に固執しているわけでもなかった。「貧民ニ耕作セシメ独リ其作徳ヲ得ル」地主とか、「貧民ニ貸シ与ヘテ其利息ヲ得ル」高利貸のような「民ヲ困シメル」貨殖は認めないが、適正な利潤とその蓄積自体は否定していない。とはいえ、前述のように工業においても老人や子供の世話が必要な者をのぞく全職人（女性を含む）に共同作業が義務づけられており、このような「農工生財之良法」、すなわち農・工

館での共同生産と商館による主要産品の流通管理こそが新庄のユートピアだとすれば、この「万民之太平楽」は一種の社会主義と評してよい。もう少しはやく彼の存在が〝発見〟されていたら、まちがいなく「社会主義の先駆者」として脚光をあびただろう。

新庄は、「八歳ニテ母ニ離レ、十一歳ニテ父ヲ喪ヒ」、その後は義兄に育てられたが、「性質懶惰」のため読書をしても「半記半忘」、長じてからは「放辟邪侈ニシテ為ザルコト無ク、罪ニ陥イル」と、みずから建白のなかで告白している。そして二十八歳になった七三年一月、ようやく自分の過ちを悟り、「頻ニ父母ヲ思慕シ」「積年ノ不孝ヲ歎悔」するに至った。亡父の財を失い、老母の家に伝わる田を借りて質に入れたが請け戻せないうちに破産して「禍ヒ他人ニオヨブ」という困難のなかで、彼は一念発起、古事記・日本書紀などの勉強をして、ついにこの建白書の提出にたどりついたのだった。しかも、前年の建白でも商工館にふれていたのだが、商人を転住させないですむ「便宜ノ方法」を考えよという左院議官の言を真に受けた彼は、「爾来昼夜ト無ク寝食ヲ忘レ、誠心ヲ尽シテ其方法ヲ熟考シ」、生鮮品をあつかう地付きの商人にはそのまま商売ができるような商館のシステムを考案し、対象とする物品の分類や建設費用、館員の月給、運営費などを詳細に書きあげていった。

この執念の背後に、「微臣誠一、前年無行ニシテ今多病ナリ、故ニ未ダ……産業ヲ営ミ質地ヲ還ス」ことができない、という焦りがあったことは否めない。しかし、罫紙六十枚におよぶ大建白の書き出しはなかなかに格調が高かった――「天下之民、日ニ月ニ文明開化ニ進ミ」行くのは「天照大御神之御霊」を各人が「心ニ具スル」からである、「故ニ皇国之民為ル者ハ、敬神愛国ニ由テ而行ハザル可ラズ」、と。

天照大神を掲げたユートピアとしては近年、「神代に於ては上も下も同等の人なる故に、衣食住の要用物は都て……均しく分け与る」などと唱えた「神代復古運動」が注目されているが(26)、新庄の場合、天照大神の「御霊」の具体的なイメージははっきりしない。ただ、建白では記紀の双方から、海幸彦・山幸彦の話が引用されており、また、

「誠ヲ思フ者、神ヲ敬フ之道也」と言っているから、誠意をもって生活することが神の意にかなうと考えていたのだろう。「放辟邪侈」の青年時代を悔いる彼の思いが伝わってくる。

彼の「太平楽之世」は西洋の知識のやき直しではなく、以上のような自身の体験と日本の古典学習のなかから自生的に構想された社会主義であった。東海道辺の「雲助共」にこのプランを示せば、農館の構想に示された「鰥寡孤独癈疾」の人々への暖かい配慮なども含めて、新庄に共感する者が多かったに違いない。

(八)　ユートピアの果て

だが、この長大な建白書の締めくくりに置かれた「太平楽之説」を読んだら、彼らはどんな顔をしただろうか。新庄は「敬神愛国、仁義忠孝ハ富貴後栄ノ基本」だが、「窮理ノ実学」の教育も重要だと指摘したのち、音楽教育に言及して、現在の浄瑠璃などはいくつもの流派に分かれ、自分の「音節」だけが優れていると言い競っているが、これは「己レ独リノ楽ミヲ知テ、太平ノ楽ミヲ知ラザル者」だと批判し、こう述べるのである。

〔学校の余暇に〕彼の（ヲールゴール）ノ類ヒヲ用ヒテ児童ニ之ヲ習ハシメバ、楽器ノ曲調違ハザレバ、音節モ亦覚ヱ易ク、数年ヲ経ズシテ内国普ク其楽ヲ知ラザル者ナク、人心必ズ共和シテ、万民其楽ミヲ同クスベシ、是太平ノ楽ト謂フベシ

同じ曲を同じ調子でくりかえすオルゴールを数年間聞かせれば、子供たちの心も同じになって争いもなくなる……これが新庄のいう「太平ノ楽ミ」なのだ！　先にみた「一器一形」、布は無地のみという主張が、たんに〝質

実な生活〟のためだけではなく「正器」によって万民の心を一にし、〝共に和する〟狙いがあったのだということに思い至れば、「ヲールゴール」の登場は決して突飛ではないと納得できるのだが、それでも一瞬唖然とさせられる。

ところで、このように画一性・同一性を重視する新庄と、貧富の等級に応じた「冠笠」を強制しようとする磯部とでは、一見その発想は逆のようにみえる。しかし、人間は誠実に質素にそして勤勉に働くべきであるという強烈な倫理主義を二人は共有していたし、この点では神官の中川とも一致していたはずだ。個々人の好みや価値観、生活のスタイルに介入し、あるいは貧富という尺度でその人間を表示することが、いかに個人の自由や人権を侵害することになるかといった問題関心はなかったし、しかもそうした統制を「人民保護」の良法と信じる〝善意〟においても、彼らは共通していた。(27)

これにたいして、営業の自由を擁護し「人民保護」に消極的な左院には、反面で、救貧院や救育所への収容が「却テ細民ノ苦情ヲ醸シ候マデノ事」ではないかという現実認識があった(東京府・真柄太郎左衛門ら、十一月付への回答)。しかし、新庄や磯部はこうした「細民ノ苦情」の存在自体に気づくことすらなかったろう。米価や物価の統制、奢侈の禁止に喝采したかの「雲助共」も、こんな「太平楽」は御免こうむると逃げ出すほかあるまい。

それにしても、「私慾」にかられた「不義ノ財」「不義ノ業」を根絶し、「誠ヲ思フ」心を大切にしたいと願う新庄の平等主義的な理想が、なぜこれほどまでに統制的な社会像に帰着してしまうのだろうか。〝物価の公定─流通の管理─生産の共同化─奢侈と競争の抑制─「ヲールゴール」〟にいたる論理的脈絡のどこかを切断し、あるいは物質的な平等化と精神的な画一化とを区別し、前者のところで議論を止めればよかったのか。だが、それでは個別的な救済策のみを要求した雑多な建白者のほうが優れているということになりかねないし、なによりも不義と誠とを対置させる彼の理念が無視されてしまう。彼の発想の根幹にある倫理主義を放擲し、その論理的帰結である経済論だけを抜き採ることは許されないはずだ。

平等を求める社会改革論が画一・統制の管理社会論に帰結してしまうことは、トマス・モアの『ユートピア』にもすでにみえる。「財産の私有が認められ、金銭が絶大な権力をふるう所では、国家の正しい政治と繁栄とは望むべくもありません」という大原則のもと、「敬虔な雰囲気の中で真実な人間になるよう育てられた」この国の国民が、万一「ずるずると悪の誘惑に引ずり込まれ」て犯罪を犯せば、それは「全く度しがたい人間というほかなく、苛酷な刑に充分値する」として奴隷の位置に落とされるし、結婚前に「肉体上の過ち」を犯せば、「一生結婚することを禁じられる」……〝理想の国〟は一面でこうした「苛酷な」社会でもあった。(28) 民衆の素朴な〝太平の世〟への平等主義的願望が、それをひとつの「体制」として構築し維持させようとする理論家や政治家の手にかかると、まったく思いもよらぬ敵対物に転化してしまうことは現実にも起きている。最近ではカンボジアのポル・ポト政権がその典型であり、今日、崩壊の危機にある社会主義諸国にも同じ問題が潜在していた。こうした逆説はユートピアの背理として近年さまざまに論じられ始めているが、(29) 新庄の「太平楽」もまた、権力論に直接踏み込んでいないとはいえ、こうした不幸な暗転の萌芽的にして端的な一例なのであった。

(九)　自由と随神

新庄にたいする左院の態度はもちろん否定的なものだった。大勢の館吏を置き、全国の商人を改業させて「諸物品ヲ監正統一スル」ようなことは「皆行フベカラザルノ事」であり、各人が自由に分業してこそ生産物も「自ラ饒多」になる、「何ゾ公商館ヲ設ケ、束縛シテ是ヲ行フベケンヤ」、というわけだ。生産・流通の国家管理を拒否し、分業による多様な生産こそが経済発展の原動力だとの見解は、私的所有権や営業の自由を擁護することこそ政府の

ざるをえない。任務だと考える左院ならば当然であろう。ただ、こうした「自由ノ理」を次のように説明されると、一瞬とまどわ

各《おのおの》其業ヲ勤メ、其物ヲ製シ其物ヲ売買交易シ、各其業ヲ分テ世ヲ渡リ、絶テ他人ヲ強ユベカラズ。政府モ亦各人ノ自由ニ任セ、自主ノ権ヲ保有セシメ、常ニ是ヲ保護シ、相妨グルモノハ是ヲ懲シ……業者ハ税ヲ納メテ政府ノ費用ニ充ツ。是国語ニテ是ヲ云ヘバ即チ随《カンナガラ》神也、洋語ニテ云ヘバ即チ自由《フレイ》ノ理也

経済的自由主義こそが日本古来の「カンナガラ」の道だというのだ！　新庄がしきりに「誠ヲ思フ者、神ヲ敬フ之道也、故ニ敬神者随神而行」とか「敬神ハ随神之道ナリ」と強調していたから、〝売り言葉に買い言葉〟のきらいもないではない。しかし、「西洋経済訳書」を読めば「必ズ思ヒ半ヲ過ルベシ」と諭しているように、左院としても西洋経済学を勉強したうえでの結論である。しかも、これは内務課・諸業課の合同審議の結論であり、敬神家として自他ともにゆるす伊地知正治議長の決裁印もある（伊地知は返却処分の原案を取り消し、「他日ノ参考ニ供」することもあろうと言って「留置」とした）。したがって、個人の思いつきではない。

もっとも、「随神」とは「神の御心のままで人為を加えぬさま」（『広辞苑』）の謂である。そして、「随神ノ心ヲ体シ……強テ他ニ及ボスノ念ヲ絶シ、自己ノ業ニ汲々タラバ、必ズ報国之志ヲ表シ、父母ニ孝アル」べしという左院の言を聞くと、なんとなくアダム・スミスの言う「神の見えざる手」が思い浮かばなくもない。昭和のファシズム期に「カンナガラ」（惟神）とアダム・スミスを結びつけたら〝国体誹謗〟の罪に問われかねなかったろうが、明治のこの時期には、こうした解釈こそが、のちに宮中顧問官になる伊地知を長とする左院の公式見解だったのである。

日本の古代（についての彼らのイメージ）と西洋近代との奇妙な暗合という事例はほかにもある。七三年（明治六年）三月、天皇は率先して断髪し洋装と椅子の生活に転換した。攘夷派はこれに驚き、頭髪や服装をめぐる論争が起きたが、ここでも上着・ズボン式の服装や断髪はむしろ日本古来のものだという意見が有力で、結髪（チョンマゲ）を擁護する者は、三百年つづけばそれが「古」であってそれ以前にかえる必要はないという苦しい論理をとらざるをえなかった（小島為政「断髪苦情一家言」『横浜毎日新聞』74・2・16）。

より基本的な制度に関して言えば、第二章でとりあげた徴兵告諭が好例だろう。封建時代の武士を「抗顔坐食ノ徒」と非難したこの告諭は、国民皆兵制が「西洋諸国、数百年来研究実践」の帰結であると同時に「我国上古ノ制」であって、もとより「天然ノ理ニシテ、偶然作為ノ法ニ非ズ」と謳いあげた。「偶然作為」ではない、つまりは「随神」の法なのであり、ここでも日本古代と西洋近代とが日本近世を挟みうちにしていた。徴兵制がこうした二重の根拠づけを持っていたために、西洋化政策に反発する尊攘派・復古派の志士といえども、これに正面切って反対しにくかったのだ。版籍奉還や廃藩置県による中央集権国家への移行が古代郡県制への復古を建前とすることで比較的スムーズに実現し、四民平等が「一君万民」の観念によって受けいれられたのも同様である。

したがって、左院の「随神」は苦しまぎれのこじつけではなく、復古の名のもとに急速な西洋化が進められるという逆説的な形をとった明治維新の説明原理として不可欠の論理だったのである。こうした古代理解はやがて否定される。しかし、後年の天皇制イデオロギーとは異質の日本古代のイメージが明治政府の公式見解として示されたことがあったという「事実」は、明治維新の歴史的性格はもとより、民衆宗教や神代復古運動のような古代社会を理想とする社会批判の源泉を考えるうえでも見落とせないように思われる。(30)

(十) 保護と統制のアポリア

七四年(明治七年)の米価急騰は、「人民保護」を優先するか「商売ノ自由」を尊重するかを軸とした経済政策論争をよびおこした。民衆は、国語でいえば仁政、洋語でいえばモラル・エコノミーの理念を基にして、旧幕府時代とおなじように「奸商」をとりしまり人民保護の実をあげてほしいと要求しつづけた。だが、明治政府は自由放任の立場を堅持し、人民保護政策としては、せいぜい免税のような〝嫁いびり〟か、家禄分の正米納強制のような姑息策しか採用しなかった。政府の確固とした姿勢を支えていたのは、農民の「刻苦勉力」こそが私有の権源であり、その保護こそが国家の義務であるという近代的所有権論であった。いうまでもなく、「商売ノ自由」は結局のところ増税と三井・三菱のような政商を利するだけだった。しかし、一般に、近代成立期の経済的自由論が弱肉強食の奨励であり、政治的自由論が「人民保護」の放棄による階級的な両極分解の促進をもたらすことは自明だろう。[31]それが「随神」に一致するか否かはさておくとして、この時期の明治政府は、西洋経済学のお手本にかなりのところまで忠実であろうとしていたにすぎない。他方、参政権とともに経済的自由を要求した民権運動は、政商育成政策を批判する反面で、困民党のような「個人の権利に踏み込む社会圧政」にも否定的であった。

こうして、明治政府、自由民権運動、民衆運動そして士族復古派は、いわば三つ巴、四つ巴の関係におかれることになった。このような相互対立は、経済問題だけでなく徴兵制を軸とした政治的レベルでも生じていた(第二章)。明治政府も民権運動も「近代」をめざしていたし、民衆も封建復古を求めたわけではなかった。にもかかわらず、相互に対立せざるをえないところにこの時代の歴史的な特質があったのである。近代成立期の対抗関係は、「封建」と「近代」の単純な二元論ではとけないし、民衆運動を「下からの近代」「下からの資本主義」とみなして

「上からの近代化」と対置するわけにもいかないのだ。この点は「おわりに」でもう一度考えることにしよう。

本章の最後にふれておきたいのは、「ヲールゴール」すなわち「人民保護」のために公権力の介入を求める民衆的な平等主義が、ときに極端な社会統制論に行きついてしまうという問題についてである。

人民「愛護」の政策が「束縛」を呼び込んだ例は兎問題でも起きていた。七六年（明治九年）の再流行時にあらたに取引を始めようとした者は、こぞって東京府に「御附紙」を請求した。税金さえ納めればいいのであって「官之許可ヲ得ベキ筋」ではないと東京府が言うのに、あえて彼らの側から許可証を求めたのは、住民の密告を恐れたからだった。事実、「御附紙」を申請したある新潟県士族は、その直後に「競売隠畜致シ居ルニ付云々」と駒込の戸長から警視庁に通報された。[32]「奸商」を糾弾し不正を匡そうという住民の善意が、相互監視と密告のシステムをつくりあげてしまったのだ。

しかし、兎騒動のこうした結末や新庄の「ヲールゴール」、磯部の「冠笠」を冷笑する資格が現在の我々にあるだろうか。毎朝、社歌や「今月の目標」を全員で斉唱し、成績にしたがって席順を変え、笠ならぬ旗を立て、髪型や服装を「一器一形」に統一し、自主規制の「御附紙」や異分子狩りの手びきをする……現在の学校、会社、地域は、まさにこうした自発的な〝善意〟の統制下にある。昨今の「自粛」や〝過剰〟警備もそうした日常生活のなかでこそ可能になった。しかも、「不義ノ財」「不義ノ業」を拒絶し、誠実・質実に生活するという新庄の理念の方は顧みられないとすれば、これはもはや「太平楽之世」の醜悪なカリカチュアというほかあるまい。

自由と平等はそうたやすく予定調和してはくれないし、保護と統制の弁別もそれほど容易ではないのだ。火葬禁止を人民保護と強弁した左院の態度はいただけないが、救貧院は細民を「束縛」するものではないかという躊躇にはそれなりの真実があった。また、「公衆衛生」のための土葬禁止は「保護」と言い切れるか、等々、疑問はいくらでも出てくる。しかも、このような抑圧は前近代的なものにすぎないと断じて安心するわけにもいかない。アメリカの「コモン・スクールや孤児院、少年院の設立を支えた民主主義イデオロギーのばあいも、その根柢には『社会統制』への強い志向を潜ませていた[33]」からである。

自由放任を掲げて出発した近代国家は、民衆を真に放任したわけではなく、徴兵制や公教育、さらには違式詿違条例といったさまざまなルートを通じて国家のなかに民衆をとり込み「国民」に仕立てあげていった。「人民保護」を求める民衆の願望は、それらに抗いつつも、時に〝強い政府〟の介入による「保護」に期待をかけ、そうした近代国家の統制力を〝下から〟強化、増幅させることがあったのではなかろうか。近代法から社会法への転換、「福祉」国家の形成にも、そうした側面のあったことを見落としてはなるまい。

一八七四年（明治七年）の米価論争は、こうして、自由と平等、保護と統制のアポリアにふれる深刻な問題を内包しつつ展開されたのであり、「東海道辺の雲助」が夢見たような、自由と保護のバランスのとれた「共和政治」は、百年後の我々にとってもなお〝ユートピア〟のままなのである。

註

（1）米価については新聞記事及び「各月物価表」（国立公文書館蔵『公文録　大蔵省之部』各月）を参照した。

（2）『公文録　明治七年五月　内務省之部五』。

（3）各府県ごとに原則として一社が指定された。七三、四年（明治六、七年）では、三井組が北海道・宮城・新潟・千葉・東京・神奈川・静岡・岐阜・三重・京都・山口など、小野組が秋田・山形・福島・長野・島根・高知・福岡・大分・熊本など、島田組が山梨・鳥取・小田・名東の諸府県を勢力下におさめた。また愛知・大坂・兵庫は三井と小野が共同で扱った（加藤幸三郎「政商資本の形成」、楫西光速編『日本経済史大系』第五巻、東京大学出版会、一九六五年、一三六頁）。

（4）福島正夫『地租改正の研究』増訂版、有斐閣、一九七〇年、四六三頁。

（5）これは投書でなく記者が書いた記事の体裁なので、社主のブラックの筆になるものかもしれない。なお、左院あて建白に放任論は見当たらないが、熊谷県（現埼玉県）蚕種製造人一同の租税寮あて質問状は、輸出蚕種紙の品質確保のための検査取締規則制定の動きを批判して、物価の高低は「人力ノ及ブベカラザルトコロ」で、蚕紙製造や「蚕種輸出ノ数ヲ定ムルハ人民自主ノ権利ヲ障礙スル」ものだと述べている（『日新真事誌』74・3・5）。

（6）飯田巽「米穀経理紀事」（本庄栄治郎編『明治米価調節史料』清水堂出版、一九七〇年、九―一一頁）。『本庄栄治郎著作集6　明治米価調節史の研究』清水堂出版、一九七二年、三二五、三二六頁。

（7）国立公文書館蔵『太政類典』第二編、第三一巻。

（8）地租米納制は、実施コストを別にすれば、理論的には米価をはじめ諸物価を下落させて、国内インフレの収束と農民にたいする実質的な増税による財政再建に貢献する可能性があった、と評価されている（猪木武徳「地租米納論と財政整理」、梅村又次・中村隆英編『松方財政と殖産興業政策』国際連合大学、一九八三年、一一八頁）。

（9）たとえば、太陽暦に転換したのも、太陰暦では明治六年に閏月ができて十三か月分の給料を役人に支払うことになるので、経費節約のため、わずか二か月ほどの準備であわただしく強行したのだ、といわれている（渡邊敏夫『暦のすべて』雄山閣、一九八〇年、九七頁）。

（10）飯田巽、前掲書、七八頁。

（11）この年の十月、大蔵省が官金預り高に対応する抵当額を大幅に引き上げたために、小野組・島田組が倒産する事件が起きた。租税取扱人への不満は政府内にもあったほどだから、人々は大いに溜飲を下げた。「下民、小野組ノ斃レシヲ憂フルモノ甚少シ」と、三条太政大臣の情報員・藤井英晴も報告している（国立国会図書館憲政資料室蔵・三条家文書）。とはいえ、これは空米取引を処罰して米価を下げようとしたものではない。この年はやや不作だったこともあって十二月以後も東京の米価は七円台がつづいている。また、三井組はこの危機を乗り越えて政商としての地位を確立した。もっとも、この時期の為替方は世評とは逆に、米穀市場の狭隘性・地域性のゆえに価格変動の危険が大きく、貢租納入期限までに代金を回収することも困難だったといわれる（前掲、加藤幸三郎「政商資本の育成」一四四頁）。

（12）依田憙家『日本近代国家の成立と革命情勢』八木書店、一九七一年、四三九、四四四頁。

(13) 中村哲氏は、「明治維新の土地変革では、領主権の近代的土地所有権への転化はまったく認められず、この点ではフランス革命以上に徹底している」とし、その原因を、維新政府の急進性と「維新期の農民的土地所有権が西欧ブルジョア革命期のそれよりも、より発達し強固であったこと」に求めている(「領主制の解体と土地改革」、歴史学研究会・日本史研究会編『講座日本歴史7　近代1』東京大学出版会、一九八五年、一六五頁)。兵農分離によって領主階級が農業経営から完全に離脱し、たんなる貢租収奪者になったことが領主権の脆弱性の根源であり、それゆえに秩禄処分という形での廃棄が可能になった。こと土地改革に関するかぎり明治維新の「近代性」「革命性」は明らかである。なお、拙稿「『近代的土地所有権』概念の再検討」(『歴史学研究』五〇二号、一九八二年二月)を参照されたい。

(14) 東京都公文書館蔵『明治九年・兎取締書類』。また、京都府などの違式詿違条例は「飼兎鼠を売買する者」を処罰対象にしている。

(15) 国立公文書館蔵、警保寮編纂『警察第一次年報・明治七年』。

(16) 『明治天皇紀』第二巻、吉川弘文館、一九六九年、五六四頁。

(17) 日本社会事業大学救貧制度研究会編『日本の救貧制度』勁草書房、一九六〇年、五九頁。

(18) 渡辺賢二・有田芳生『天皇をどう教えるか』教育史料出版会、一九八八年、一三九頁。

(19) 柴田三千雄『近代世界と民衆運動』岩波書店、一九八三年、二一六―二一八頁。

(20) 市井三郎・布川清司『伝統的革新思想論』平凡社、一九六七年、一二七頁。

(21) 南和男『維新前夜の江戸庶民』教育社、一九八〇年、一四六、一五六頁。

(22) 岡山の新政反対一揆の背景には、徴兵や部落問題だけでなく、「田地ハ旧属士族ト百姓町人物平均ニナル」という風聞があった(「明治六年夏美作全国騒動概誌」、長光徳和編『備前備中美作百姓一揆史料』第五巻、国書刊行会、一九七八年、二一〇一頁)。彼らでさえ士族への土地配分には反対だったのだ。ひろたまさき氏も、新政反対一揆の要求は「封建的収奪をほとんど排除したところの〝従前社会〟の再現なのであって、たんなる『懐古』『回帰』では決してない」と指摘している(『文明開化と民衆意識』青木書店、一九八〇年、一七三頁)。

(23) 松尾章一・松尾貞子編『大阪事件関係史料集』上巻、日本経済評論社、一九八五年、六七九頁。

（24）色川大吉責任編集『三多摩自由民権史料集』大和書房、一九七九年、六六一頁。

（25）植木枝盛「民権自由論二編甲号」（松本三之介編『近代日本思想大系30　明治思想集Ⅰ』筑摩書房、一九七六年、一六五頁）。なお、困民党の要求がモラル・エコノミーの観念にもとづいていたこと、それが自由党の経済思想と相容れないものであったことについては、鶴巻孝雄「近代成立期の民衆運動・試論」（『歴史学研究』五三五号、一九八四年十一月）、同「近代成立期の民衆的要求と民衆運動」（『日本史研究』三〇七号、一九八八年三月）、安丸良夫「困民党の意識過程」（『思想』七二六号、一九八四年十二月）、稲田雅洋「近代社会成立期の民衆運動」（『歴史学研究』五七三号、一九八七年十月）などが明らかにしている。

（26）鶴巻孝雄「神代復古誓願運動の思想」（『歴史評論』四五二号、一九八七年十二月、三九頁）。

（27）左院にはこの他に、七一年（明治四）に廃止された通行手形の復活や、身分証明を兼ねた実印の作成（印鑑登録制度）による「人民保護ノ道」（東京府士族・牧野直徳、十月付）を求めた建白など、多様な提案が出されている。なかでも、東京府・雑業の池谷安五郎は、十五歳以上に鑑札を携帯させ、自宅に人を泊めた時も「親類、他人ノ別ナク」証文を交わす、などのようにすれば「悪人ノ横行」もなくなって「天下悉ク善良」になる、と徹底した人身管理を主張した（十二月付）。

（28）平井正穂訳『ユートピア』岩波文庫版、一九五七年、六一、一三〇、一三一頁。

（29）たとえば、「ただひとつの要素――システムをかたちづくるということが、ユートピアの栄光でもあり悲惨でもある……ユートピアは自由のかたわらに虚無をつくりだしてゆく社会形態である」「政治を管理に還元してしまう。そこにユートピアの都市が法律をもたない理由がある」（ジル・ラプージュ、巌谷國士他訳『ユートピアと文明』紀伊国屋書店、一九八八年、四七、三一八、三一九頁）。

（30）飛鳥井雅道氏も、八七年（明治二十）の皇后の女子服制に関する「思召書」が、衣と裳に分かれたツーピースを古来の服装だと強調した点にふれて、「明治二十年にいたっても、開化は復古によって合理づけられねばならなかった」とし、この「開化と復古の交錯」こそ明治前半期の歴史的な特徴であり、単なる「復古」ではなく「神武創業」を維新政府が標榜したことで、「建武中興では内包されかねない『武者の世』をはじめて全否定することができ、『維新』の論拠も成立した」のだと指摘している（『文明開化』岩波新書、一九八五年、一三、二六、二七頁）。

（31）岡田与好氏は、「営業の自由」を無前提に「国家からの自由」という基本的人権の一部ととらえる通説的理解を批判し、営業（独占）と労働（団結）の対抗関係のなかで、経済的自由主義が資本主義の発展とともにその内実を転換してきたこと、すなわち、市民革命―本源的蓄積期の「独占禁止・団結禁止型」、産業革命後の「独占放任・団結放任型」、現代の「独占禁止・団結保障型」、戦前期日本に特有の「独占保障・団結禁止型」という段階＝類型的把握の必要性を強調される（『経済的自由主義』東京大学出版会、一九八七年、二八―三四頁）。明治政府がまだ政商育成に本腰をいれていなかった七四年当時の経済政策は株仲間解散令（七二年）と物価放任による「独占禁止・団結禁止型」に属したといってよい（岡田『自由経済の思想』東京大学出版会、一九七九年、二五頁、参照）。この類型については異論も出されているが、どの「自由」にしろ、その時期の国家による〝強制された自由〟だったという岡田氏の指摘は重要である。

（32）註14と同じ。

（33）森田尚人「歴史の中の子ども・家庭・学校」（宮澤康人編『社会史のなかの子ども』新曜社、一九八八年、一六四頁）。なお、岡田与好氏も産業革命後の社会改革における「自由放任主義と国家干渉の同時並行的拡張」を強調している（前掲『経済的自由主義』一七八頁）。

第五章　言路洞開のジレンマ

❶『日新真事誌』

❷ 左院の建白書処理文書
（左は『建白書　自明治七年四月至同年十月』，
右は『建白書　明治七年甲戌　自三月至五月　二』国立公文書館所蔵）

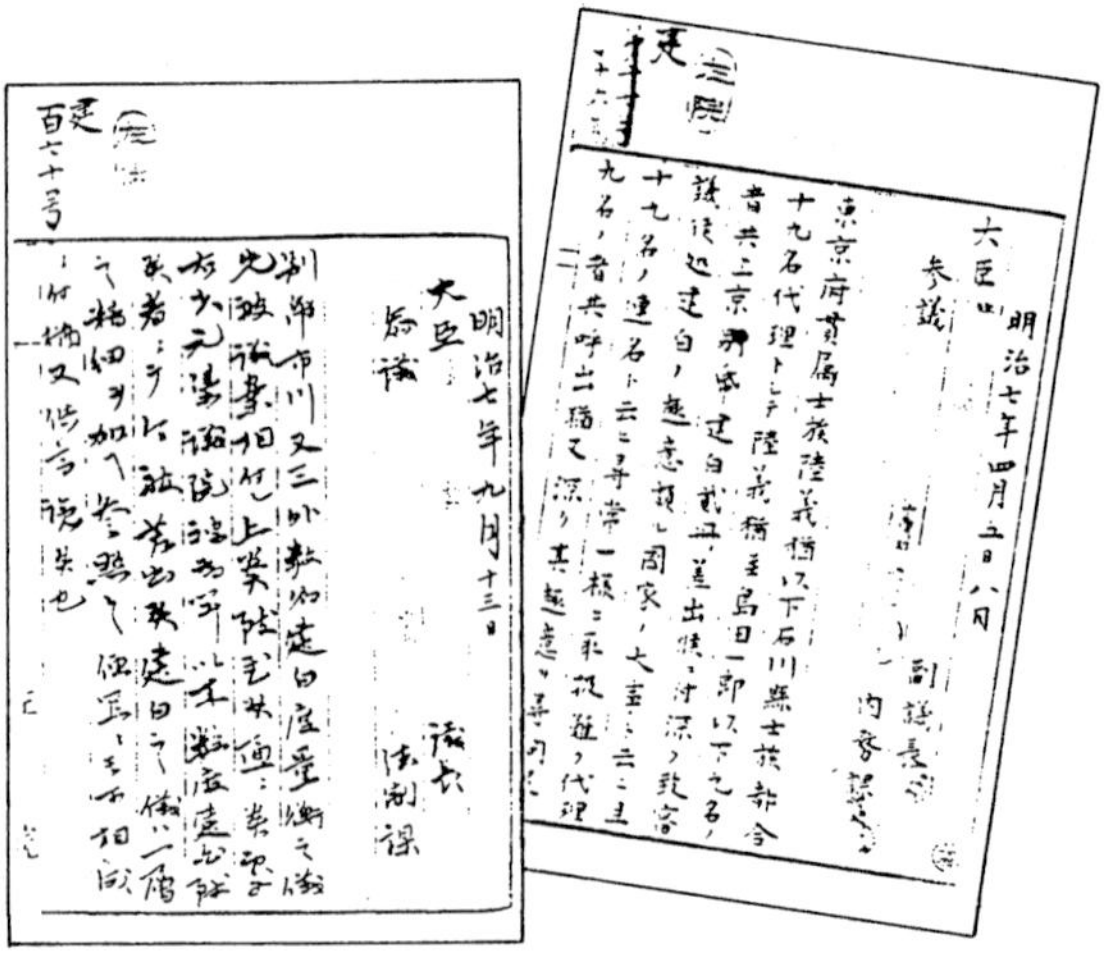

❷

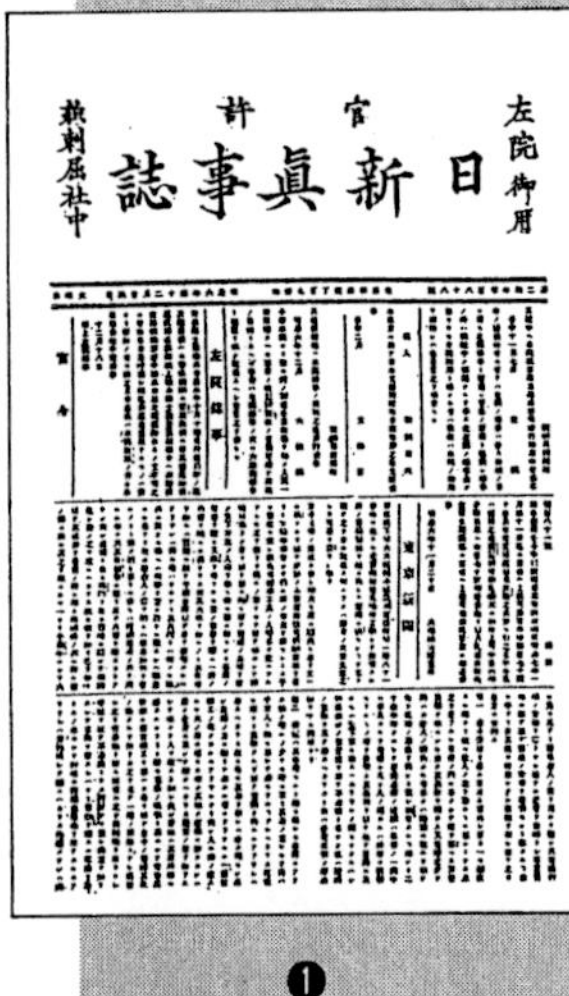

❶

(一)　鬱結発散

抑《そもそも》、人々忌憚《きたん》スル所ナク建白スルヲ差シ許サレ候ノ旨意、一ニハ言路ヲ洞開シ下情壅蔽《ようへい》ノ弊ナカラシメ、二ニハ人心ノ帰嚮ヲ洞察シ禍害ヲ未萌ニ防グコトヲ得、三ニハ人々衷心ノ鬱結ヲ筆端ニ吐露セシメ、其僻見ヲ破リ、妄動軽挙ノ実ナカラシムル等ニ在リ

京都府・山本克の建白（日付不詳）を手にした左院書記官・細川広世は激怒した。「国ヲ売ルノ逆謀ニシテ列聖ノ逆賊ナリ」と岩倉・大久保・大隈・木戸を名ざしで非難し、「陛下宜シク速カニ逆臣四人ノ首ヲ斬リ之ヲ巷街ニ肆《さら》」せ、というのだから当然だ。細川は建白書をつき返すとともに、建白書受付規則に罰則規定をもり込むように求めた（八月九日付）。しかし左院法制課は、前掲のように述べてこれに反対した。罵言・誣告のたぐいは法律で取り締まればよい、規則で非議妄言を罰したのでは「天下之口」を閉塞することになる、というわけだ。左院議長もいったんは細川に同意して正院の決裁まで得ながら、結局、法制課の見解にしたがってその取消を再上申した。

不満をもつ国民の「鬱結」を筆先から発散させて軽挙妄動にはしるのを防止し、あわせて人心の動向、輿論の大勢を観取して事前に対策を練る——たしかに、権力側からみた「言論の自由」の効用はこれに尽きる。政治基盤の脆弱な明治政府がつねに「言路洞開」を標榜したねらいもここにあった。次章でみるように、天皇の東京行きに身命を賭して抵抗した尊攘激派の吉岡弘毅らを「言路洞開之御趣意」を奉戴したお前たちの志は「神妙之至リ」だとほめあげて東京に連れだしたのは、そのよい例である。細川ですら別の建白（三月付）では、政府と人民のあいだにたって、政府に失態があれば批判し人民に誤解があれば説諭して「圧制束縛ノ弊害」を除くことが左院の任務だ

と述べている。

明治政府が建白の提出を国民に呼びかけたのは「王政復古の大号令」にはじまる。そして、六九年（明治二）、建白書受付機関として待詔局が設置され、公議所が審査にあたった。公議所は各藩などから選出された公議人が「公明正大ノ国典」を熟議するために設立されたもので、森有礼の廃刀論（正確には帯刀随意論）、加藤弘之の賤称廃止論や、神道派の火葬禁止建白もここで審議された。しかし、藩代表の意識がぬけない公議人の旧弊な姿勢に手をやいた政府は、これを単純な諮問機関の集議院に改組し、集議院が待詔局を合併して建白書の受付・審査を行うようにした。その集議院も廃藩置県によって有名無実化し、太政官の審議機関として新設された左院の管理下にはいり、七三年（明治六）六月には廃止された。また、明治初年から各地に設置されていた目安箱も〝密告箱〟化したことを理由にこの年撤去された。こうして、政府にたいする意見は建白書にまとめて左院に提出し、左院が一元的に処理する制度ができあがった。

では、建白書はどのように処理されたのか。建白書受付規則は数度の改定を経ているが、ここでは七四年（明治七）五月改定のものを基準に簡単にみておくことにしよう。

建白者は正副二通の建白書を馬場先門内の旧中山忠能邸跡にある左院分局建白所に差し出す。[1] 集議院は三と八の日しか受け付けなかったが、左院は休日（一、六の日）以外の毎日にあらためた。ちなみに、日曜日が休日になるのは官立学校が七四年三月、官庁が七六年（明治九）四月である。建白書は郵送・代理人による提出も可能で、九月からは郵送料も無料になった。[2]

左院では受付係が点検したのち正本を担当課に送り、副本を検索のため番号順に綴じておく。各課の議官は審議のうえ処理を決める。必要があれば建白者を呼びだして質問する。各課にまたがる内容のものは合議を行う。また、議長・副議長が議官の判断をくつがえすこともあった。処理の区分はおおむね次のとおり。

上申……国家の大事に関渉し事理明允なもの、官省の答議を受けるべきもの
留置……参考のため左院に備え置くもの、各省に廻付すべきもの、忠実愛国の真情をみるにたるもの
返却……はなはだ不適当なもの、惑誤に出るもの、不敬の言あるもの、政府を非議し個人を誣告するもの、訴訟に関係するもの

留置にはこのほかに租税や県政に関するものが含まれた。地方官会議に付託するためで、後述のように左院はこの会議を議会制度の端緒と位置づけて、意欲的にとりくんでいた。(3)

処理が確定すると建白者を呼びだしてその旨を通知する。とくに返却の場合はかならず議官が「暁喩」をくわえ、理由をよく「了解」させる。府県経由や郵送のものは、府県から通知する。また、建白の趣旨を「世上ニ流布」させるべきだと判定したものは、「左院録事」として左院の見解を添えて御用紙の(4)『日新真事誌』に掲載する。(5)なお、建白書は左院だけでなく各省や府県にも提出できた。大臣・参議に出す者もいたが、一般的には普通の国民が大臣に直接出すことは認められなかったようだ。(6)また、大蔵省などは原則として府県の添書のないものを受け付けなかったし、県庁にたいしては「黙受不省ノ弊」をなくせとの批判がある（愛媛県平民・陶不窳治郎、十一月二十六日付）。この点、左院は手続上の制限を設けず、「黙受」のままということもなかった。そのうえ、内部の処理規則にすぎない建白書受付規則まで『日新真事誌』に全文を掲載した。「事務之条款」だから「士民一般」に知らせるには及ばないと正院が注意したにもかかわらず、建白書の処理過程と基準を公表したのである。(7)

このような情報公開の姿勢、建白者の主張をよく聞き、審査結果をきちんと知らせるといった左院の対応は、当時の官庁のなかではきわだって異色だった。なかには、〝このところ忙しいから御教諭のために呼びだすのは勘弁してほしい、郵便で知らせてくれ〟とことわる者もいたが、建白者にたいする左院のこうした丁重なあつかいが、この年の建白書の急増を支えた隠れた要因のひとつだった。八七年（明治二十）刊行の戸田十畝『明治建白沿革史

全』も、この建白規則を「後日ノ参考」にと再録し、民権派の立場からたかく評価している。[8]

言路洞開の姿勢は手続き面にかぎらない。外債消却問題であれほど左院を手こずらせた橋爪幸昌が半年後に出した民撰議院論は、さらりと上申された。また、「臣窃カニ聞ク、陛下ハ非常ノ質トハ云フベカラズト雖モ、亦中人以上ノ質アリト」と書いた本多新（のち、北海道の民権運動指導者）の建白（十二月十八日付）や、天皇「階下」と誤記したものも、咎められずに上申された（朱筆で「陛」に直した箇所もある）。新聞の誤植すら大問題化した後年のような文字の物神化はなかった。他方、「内尊外卑ノ説」をわきまえぬ福沢諭吉は「皇国固有ノ大道ヲ誤ル」者だと非難した建白（筑摩県・現長野県、北原稲雄、四月十七日付）は、私人を「擯斥」しており「建白ノ体ニ悖戻」すると返却になった。

つまり、左院は参議や天皇への「非議」「不敬」には比較的寛容だが、在野の個人にたいする「誣告」はきびしく戒めているのだ。きわめて筋の通った態度だといえよう。[9]

言論の自由に関してはどうか。前年十月、左院の主導で制定された新聞紙発行条目は、「国体ヲ誹リ」、政事法律を「妄ニ批評」し、「淫風ヲ誘導」することなどを禁じた。このため、のちに自由党常議員・福島事件弁護人として活躍する大坂府士族・北田正董は、「人民ノ通義権理」を束縛するものであり、自由に人民の「抑鬱ノ情ヲ発散」させるべきだと批判した（五月付）。しかし左院は、これは「国家ノ公権」と「民人ノ私権」を保護するためで、あえて人民の権利を制限するつもりはない、政府に意見があれば本院に建白すればいいではないか、と反論した。この点での左院の姿勢は固く、建白の尊重が「言路」の独占につながりかねないところもあった。[10]

とはいえ、「醜体」きわまりない『東京新繁昌記』（服部誠一著）のような本が「自由ノ口実」で許されてはならない、とその絶版を求めた建白（長野県士族・小林常男、五月二十一日付）や、無責任な匿名投書の禁止提案（愛媛県農民・藤田建太郎、十一月付）にたいして、左院は、風俗に関するものまで政府で取捨したのでは「紛紜ヲ招ク」だけであり、論説の「邪正得失」は読者自身が判断すればいいことだ、ととりあわなかった[11]。

結局左院は、七四年の改定で建白書受付規則に不敬・誹譏の条項を追加したものの、おおむね現行の新聞紙発行条目以上の言論制限は不要とし、その運用にも極力慎重であろうとしていた。とくに、新聞論説の「正邪」の判断は読者にゆだねるべきだという発言を政府機関がしたことはほめられてよい[12]。

というよりも、左院は、天皇・政府をきびしく批判する建白書を積極的に上申していた。たとえば、「はじめに」で紹介した松井強哉の、〝陛下が小利を民と争い、虚美を欧州と争うようでは大権を「分与」する事態になるだろう〟という建白がそうだった。また、封建時代以上に人民は「束縛ニ苦シミ自由ヲ失」っている、と自由放任の現実をするどく批判した蠣崎多浪（八月付）は、さらにつづけて、このままでは国家の「瓦解土崩」は必至であり「中興之名賢」も転じて「天下ノ奸賊」になるだろう、と断言したが、これも時勢に適したものだと上申された。

さらに、鹿児島県士族・川畑伊右衛門の建白（十月付）も、かつて中臣鎌足が義兵をあげたように「上皇ヲ守護シ、忠義ヲ尽サン」と蹶起する者が出ないとはかぎらない、そうなれば「朝廷ノ御威光」も失せ、臍を噛んでもおよばないと警告したうえで、山本克と同じように、「君ヲ欺キ諸侯ヲ愚弄」する「奸佞不臣ノ人」と大隈・大久保・木戸を名ざしでののしった。だが左院は、「言辞激烈」とはいえ文意は「頗ル誠実」で忌諱をかえりみずに建白書を提出した「憂情」は「見ルニ足ル」ものだ、と称賛して上申した。また、石川県士族・藤寛正ら忠告社の連中（三月二十九日付）については、議官三人が彼らに面接して、「憂国ノ至情」により「忌憚ナク誠衷ヲ吐露」したことをたたえ、正院にむかっては、「尋常一様」のあつかいでは「陛下ノ御不徳」にもなりかねないと「何分ノ御下命」を求めた。

細川書記官を憤慨させた山本克の建白も、内容的には忠告社や川畑らと大差なかった。「首をさらせ」という露骨な表現や、もし自分の言が「狂妄」ならば殺してくれと迫った、その奇矯ぶりがうとまれたにすぎない。だから、彼がそれ以前に出した別の建白（四月付）――「外夷」のために「属国之礼」を強いられている現状は「名ハ陛下之親政」だが「実ハ共和ノ悪弊」だとの批判を、左院は、「議論頗ル激昂ニ過ギ、稍罵詈ニ類スル」とはいえ、「草莽ノ一危言」とみなしてこれを「包含」するのが朝廷の度量だ、と上申していたのだ。まさに「言路洞開」の模範であった。

(二) 開化政策批判

だからといって、左院が開明的な進歩派ないし民権派だったわけではない。これまでの引用からも察しがつくように、文明開化まっただなかのこの時期、政治の現状を人民抑圧の苛政とみなして罵詈に近い非難を投げつけたのは、圧倒的に保守派の論客であった。「王政ノ儀ハ洋俗ニ御変革ト雖ドモ、其実ハ人民ノ膏血ヲ絞ル御仕法ナリ」（市川信三郎、十月付）と彼らがいらだつ根底には、西洋化が共和政治の浸透につながるとの危機意識があった。それなのに、よりによって天皇家みずからが率先して洋服・椅子の生活、牛乳や肉の食事をはじめたのだから、彼らの憤懣はつのらざるをえない。しかも、政府は彼らを「遊手浮食」の地位に追いやった。こうした私憤と公憤のいり混じった強い反発が彼らの建白書にはみなぎっていた。それゆえ、開化路線のいっそうの推進を要求する民権派よりも、保守派のほうが格段に「有司専制」に批判的だったのである。山本克などは、却下されたあとも建白書を天皇に渡せとしつこく要求し、さらに、言論抑圧は「汚世濁世ノ悪政」のあらわれであり、その原因は「奸権専擅」か「暴君虐恣」にあるとして建白書受付規則の不敬条項を削除するよう求めている。

それだけに彼らの不満は、「筆端ニ吐露」すればおさまるようななまぬるいものではなかった。事実、前にもふれたように忠告社のなかには大久保利通を暗殺する島田一良らがいたし、山本克もまた、神風連の乱（熊本）に影響をあたえる守旧派儒者・中沼了三の門人で、七五年（明治八）の江華島事件の際には義勇兵志願を口実に大臣暗殺を企てたとして懲役刑に処せられるような激徒の一員であった。[13] 彼らにとって建白書は斬奸状にひとしかった。左院の側からすれば、この「鬱結」を発散させるために、ともかくも建白を上申して「何分ノ御下命」をひきだす必要があったのだ。

ただし、彼らの主張に左院議官の多くが共鳴していたのもまたたしかであった。守旧派の頼みの綱は島津久光だった。島津は七二年（明治五）、このままでは「共和政治之悪弊」に陥り、ついには「洋夷之属国」になるといって十四か条の建白書を提出したが容れられず、鹿児島にひきこもった。六年政変後、政府に復帰して左大臣になると、天皇の洋服着用・太陽暦の採用・華族の遊蕩放任・学校兵制の洋式化・邪宗蔓延・散髪脱刀の洋風奨励など、二十か条の「疑惑」が氷解していないので「明白御教諭」いただきたい、とあらためて建白（五月付）し、あわせて大久保・大隈の罷免を強硬に要求した。中山忠能ら華族十四名がすぐさま島津支持を表明し、在野からも、久光こそ「天下人心ノ倚頼スル所」（白川県・現熊本県士族、大矢野十郎、八月十七日付）、「柱石」（高知県士族・岡本一方、八月付）とたたえる建白がつづいた。

こうした島津支持の建白のほぼすべてを左院は、すこぶる「廊廟ノ枢機」にかかわる（大矢野十郎への評言）と上申したのである。また、郵送してきたものを返すのは「無情ノ至リ」だから、というおかしな理屈をつけて川畑の建白を（留置ではなく）上申するような操作までやっている。忠告社の連中と面談した高崎五六議官は、朝廷は汽車やガス灯のような外観によって固陋な民心の「耳目」を悦ばせ、知らず知らずのうちに開化に導こうとしているが、本末・緩急の順序を誤りいたずらに華美に流れていると述べて、彼らの現状認識に理解を示した。建白者の衷情・憂情に共鳴するからこそ、これらの建白は上申されたのであり、激しい政府批判の建白にかこつけて、みずからの政治的見解を表明していたとみてよかろう。実際、有力議官の高崎正風や海江田信義は「島津帷幄《いあく》の謀臣」

いわれ、海江田はチョンまげ姿で出勤するほどの頑固者だった。(14)

だが同時に指摘しなければならないのは、左院が具体的な政策面では島津派に決して同調しなかったことだ。士族への土地配分を主張した木下助之の租税頭への登用や士族兵制を要求した島津久光とは逆に、農民の「刻苦勉力」の成果を奪う「暴仕法」を拒否し、あくまで徴兵制を堅持した左院の姿勢を思いうかべればよい。島津の要求の根幹を左院は否定しているのである。(15)

左院の懸念は士族よりも民衆の動向にあった。佐賀事件後の現地の状況を視察した増田長雄議官（四月二十九日付）は、「征韓」を主張した「有志ノ士」はさして「患トスルニ足ラズ」としたうえで、こう述べている——人民が「政府ニ背馳シ」、政府が人民から「孤立」している現実ほど憂慮すべきことはない、この機に乗じて不平士族が「人民ヲ鼓舞」して政府に抵抗したら、どうするか、それなのに朝廷は「上下隔絶」の危機を「恬《てん》トシテ……意ニ介セザル」ようにみえる、と。(16)

つまり、左院が保守的であるとすれば、それは廃藩置県以後の近代的諸原理の導入政策を基本的に承認したうえで、その開化の急激さ・形式主義・華美にすぎることなどが、民衆の強い反発を呼びおこしている現実への危機感によるものだった。それだけに、「上下隔絶」の危険性を顧慮しようとしない大久保・大隈ら政府主流派への不満は強かったし、そのかぎりで、守旧派の開化批判に共感するところがあったのだ。とすれば、民心が「上意」を理解するための配慮と改革のペース・ダウンとを求める左院の姿勢を、単純に反動的、復古的ということはできまい。(17)この点で、伊地知正治らは「熱心な神道派であったが彼らの本質は行政官であり（政府の命令によっていかなる職務にもつかねばならない）、復古神道のイデオローグではなかった」という下山三郎氏の指摘(18)は、左院の性格を考えるうえでも示唆的である。彼らはあくまで行政の担い手として現在の政府を維持する立場で行動しているのである。

(三) 議会問題

島津派との相違は議会問題にもはっきり現れている。七四年（明治七年）一月十七日、前左院事務総裁・後藤象二郎みずからが持参した民撰議院設立建白書を受けとった左院は、翌日、全議官会議をひらき、「至当ノ道理ニテ……御採用可然《しかるべし》」と上申した。ただし、さしあたりは地方官会議からはじめて徐々に民撰議院に至るようにしたい、というのが左院の考えだった。この年の論争の色分けでいえば、明六社同人などの漸進論の陣営に属する。

左院は七二年（明治五）に「下議院ヲ設クルノ議」を太政官へ提出して以来、「民撰議院仮規則」「国会議院規則」などを作成しており、この年も府県から議事規則を取りよせて新しい規則案を作ろうとしていた。もちろん、それらの内容はきわめて不十分なものだったが、それでも、議会の租税・法令審議権はつねに認められていた。馬屋原彰議官の「国憲ヲ創立スルノ議」（一月付）も、「国憲」を「国体ヲ保護シ政体ヲ維持スルノ典則」と規定し、国土・皇統継嗣・即位・官省・定律国法・歳入歳費・人民・教法・会計・兵士徴募・教育・済貧の十二項目をあげたうえで、「西洋各国ノ憲法ニ明晰ナル者数名」が草案を作り、官員大会議の審議を経て全国に頒布するよう提案した。馬屋原はこれより前、「近代的立法機関について一応整った規定を備えている」「比較的進歩的な内容」をもった「最初の……公的な憲法草案」と評価される『左院編述・国会議院規則』（七三年）[19]の策定にもかかわっている。また、左院職制にも「国会議院等ニ対シテ本院ノ決議ヲ申明スルヲ得」とある。どのような形をとるかは別にして、「国会議院」の設置自体は左院の職務の前提になっていた。

しかしその一方で左院は、五箇条誓文のなかに「国体上万世不抜ノ皇基ヲ奉ズベシ」という規定がないのは「闕典」だとして国憲編纂の急務を上申し（二月）、尾崎三良・松岡時敏・横山由清の三議官を取調係に任命した。また、高崎五六議官が前年に提出した建白（日付不詳）は、君権と民権、「内外ノ弁」を明確にすることによって「我皇統一系ノ国体」が共和政治の国体と異なるゆえんを明示すべしと主張していた。ここでの「国憲」はもっぱら「国体」擁護のための宣言といったイメージで、議会をはじめとする政治制度の整備という発想にとぼしい。宗教の自由との関連で左院が述べた、〝まず国憲を確立し、つぎに国教を一定する〟もこれに近い。左院議長の伊地知正治も国憲を「帝室王章」と考えていた。[20]

このように議官個々人の意見はまちまちだが、あえて最大公約数的にまとめれば、〝最終的には議会の開設を必要もしくは不可避と認めるが、「皇基」「国体」を守るためにはまず国憲（憲法）が不可欠だ〟というのが左院の立場だったと思われる。

もっとも、議会や憲法の内容があいまいなのは左院にかぎらない。議会開設を求めた二十数点の左院あて建白をみても、「民撰」の手続きや実体が不明なもの、明治初年の待詔院・集議院に類するものが大部分だった。たとえば、樽井藤吉（五月二日提出）は「海内ノ英才ヲ抜擢」した「選挙院」の設置を求め、高知県士族・弘田貫二郎ら（七月五日付）も「速ニ民撰議院ヲ設立」して人民が「国家ト休戚ヲ共ニスルノ基礎ヲ定メ」よと述べているが、具体性はない。今の政治を「刻薄苛細ノ風アリ」と批判し、愚かな下民が「北条ノ治」を思わなければよいがと心配する司法省官員・西野義上が、皇族を元老議員とし「独立不羈ノ士」を選んで議院を開けと建白（五月付）したときには、左院も「方法職務曖昧トシテ知ラザル者ノ如シ」とあきれている。

これらはいずれも保守派の発言である。第二章でもふれたが、この年の民撰議院論はこうした保守派の支持に支えられていた。したがって、民撰議会の即時実施論だから開明派、漸進論だから保守派、という具合にこの年の論争を整理することはできない。なにしろ議会の概念自体がまだ不明瞭なのだ。しかし、どちらかと言えば、ここでもまた保守派のほうが急進的・具体的であった。

民撰論陣営で多少とも制度論の明確なものとしては、下院議員を「人民ノ入札」によって村町会議、府県会議より互選する（田中正道）、農民で百石以上、商人で十両以上の「年貢」を払う二十歳以上の男女、および官吏・教師等に「悉ク入札スルヲ許ス」（置賜県士族・宇加地新八、八月付）、大区毎に「人民惣代一名」を公選して左院に召集する（石川県士族・浅井成章、十月十八日付）、などがある。第二章に登場した田中・宇加地はもとより、浅井も保守派に属する人物である。とくに宇加地は、「天子暴虐」の際の議会の抵抗権を明示するほか、第三討論にいたる審議の手順、大臣弾劾権・裁判審査権・議員の不逮捕特権などを記し、「天子之権重大ナリト雖モ、国人之不可トスル所、決シテ之ヲ施行スベカラザルノ分限アリ」と明言している。友人の千坂高雅（米沢藩士、七一年英国留学、のち貴族院議員）から借りた英書によると彼自身が述べているように、どこまで内容を理解していたか疑問があり、また、行政権があくまで天子にあって議会には拒否権しかないなどの不十分さも見落とせない。しかし、二十五歳の在野の青年がこれだけ詳細な議会論を展開したことは高く評価するに値しよう。それにたいして、板垣らは議会の具体的構想についてふれておらず、のちに選挙人の資格を「士族及ビ豪家ノ農商」にかぎる、とした程度だった。

一方、非民撰論（漸進論）は、有名な加藤弘之のほか、当面左院と各省・府県の官員で構成し、しだいに「士民総代」をくわえて「西洋下議院」のようにせよという文部省官員・阪谷素（二月付）をはじめ、吉岡弘毅、米国留学生・加藤次郎などが主張した。

地方官のなかには、柴原和千葉県令（十一月二十六日付）のように議会開設は「国家瓦解ノ変ヲ醸成」すると反対した者もいた。彼の頭のなかでは徴兵制堅持と議会開設とは両立しなかったらしい。しかし、安場保和・中島信行ら十数名の県令は、地方官会議の運営方法を定めた「議院憲法」を改正して、再議決案件にたいする政府拒否権の無効、全法律の審議権、不逮捕特権などを規定するよう要求し（七月五日付）、さらに、憲法全備までは外交・

租税等の国政全般について、各省と府県の長官の公論で決定すべきだと主張した（八月二十八日付）。つまり、地方官会議の議会化である。

もともと、地方官会議は「全国人民ノ代議人ヲ召集シ、公議輿論ヲ以テ律法ヲ定メ、上下協和、民情暢達ノ路ヲ開」くものと宣言されていた（「議院憲法」公布の詔勅）。だが、行政官である知事・県令は「人民実当之代議人」「人民ノ代議士」ではないと広島県士族・西本正道や、大井憲太郎（『日新真事誌』74・7・13）が批判していた。明六社員の津田真道も、地方官は「天皇陛下ノ代議人ナリヤ、将タ人民ノ代議人ナリヤ」と疑問を呈している。[21] しかし、全国人民に「国家ノ重ヲ担任ス可キノ義務」を知らしめるために、人民の傍聴を認めるように要望したこと[22]なども含めて、地方官たちの行動は漸進論の立場からの具体的努力といってよかった。

(四) 政府内反主流派

左院もまた、地方官会議に熱い期待を寄せていた。この年二月、会議の主管者に決まると、議院憲法の作成、担当係官の選任を急ぎ、会議の資料として租税・民政関係の建白書を留置にしておくほか、〃地方官も昨年来、開院を「屈指」しながら待ち望んでいる〃と早期開催を正院に催促するなど、大変な力のいれようだった。[23]

というのも、左院は七二年（明治五）以来、地方官会議の管掌をめぐって大蔵省と競合していたのだ。ところが、七三年は大蔵省に敗れたあげく、組織の序列も下げられて国憲編纂のための機関となり、税法・民法・商法・訴訟法・治罪法・刑法の六課に再編されたものの、その作業も六年政変で中断した。このため、建白書を「熟読して批評をする」だけで「格別用なきゆゑ欠勤者多く」、出勤しても煙草をふかし「午後になれば退出の時期を待たず、各々随意に引取る」始末で、「局外より無用視せらるるは尤もの次第なり」と尾崎三良に評されるような状態におちいった。[24]

それでも、六年政変後、大久保利通が伊藤博文へ渡した意見書（七三年十一月付）では、「君民共治」、三権分立への漸次的移行をめざす制度改革の一環として、左院はふたたび「諸立法ノ事ヲ議スル」太政官中の機関と位置づけられた。[25]そして二月の職制・事務章程の改定で「議政官ニシテ、正院ノ輔佐」と規定され、制度・法律の審議はもとより、諸省・府県にたいする調査権なども認められた。増田長雄議官が佐賀地方の視察に出かけたのはその規定に基づいている。これにより「左院は従来の面目を改めて全く太政官諮詢の府」となり「廃物を変じて有用の官衙」になった、とは先の尾崎三良の言である。[26]

1874年左院あて建白書処理別内訳

（件）　（%）

月	A 上申	B 留置	C 返却	D 不明	E 欠番	F 計	（百分比）A	B	C	D	E
1	4	6	19		5	34	12	18	56		14
2	8	7	6		4	25	32	28	24		16
3	19	10	5		9	43	44	23	12		21
4	17	13	6		8	44	38	30	14		18
5	16	9	4		1	30	54	30	13		3
6	5	15	7	1	3	31	16	48	23	3	10
7	7	15	6			28	25	54	21		
8	8	16	11		1	36	22	44	31		3
9	17	19	13	1		50	34	38	26	2	
10	13	30	13		5	61	21	50	21		8
11	4	14	19	2	6	45	9	31	42	5	13
12	5	26	25	1	5	62	8	42	40	2	8
計	123	180	134	5	47	489	25	37	27	1	10

- 月別の数字は、その月に左院が受付けた建白書の処理をしめす。したがって、処理が翌月になっても受付月に掲げた。また建白書の日付と一致しない場合もある。
- 不明は処理文書がないか、処理区分の記載がないもの。
- 欠番は受付番号の建白書が左院の綴に残っていないもの。

左院が「言路洞開」のために大いにはりきった背景には、こうしたいきさつがあったのだ。そこへ、議会開設論が台頭し、左院をその中心にすえる案が在野からも出されたのだから意気のあがらぬはずがない。建白書の取扱いも、上表のように、一月には五割以上をしめた返却が二月以降は一～二割に激減し、上申は一割から三～五割に増加する。この様変わりを建白内容の変化だけから説明するのはむずかしかろう。

ところが、正院は家禄税や台湾出兵という重大政策を左院に諮問することなく実施してしまった。「禄税ハ何人ノ議ニ出ルヤ、左院不知《しらざる》ナリ」と家禄税批判の左院意見書は述べ、台湾出兵についても「太政官ノ一部タル左院スラ……之ヲ知ラズ」と宮島誠一郎議官ら（四月付）が憤激している。しかも正院は開化政策のペースをゆるめもせず、前章でみたように、左院が望んだ米価の抑制や義倉の設置も否決した。大久保らへの左院の対抗意識は露骨にならざるをえない。

川畑伊右衛門の建白を妙な理屈をつけて上申したのはその一端である。また、大久保が清国との和平にこぎつけたあと、あらめて台湾出兵に関与した要人の辞職を求めた建白（東京府平民・横瀬文彦、十一月十八日付）を「頗ル公平無私ノ論」とほめあげて上申した反面で、大久保が清国から五十万両という多額の償金を得たのは「皇国紀元以降ノ一大美事」だと称賛した建白（浜松県・現静岡県平民、竹村太郎、十二月付）にたいしては、「偉勲」でないとはいわないが紀元以降の事を論じながら、神功皇后の三韓「征伐」、弘安の役の蒙古撃退にふれないのは、「今ニ厚フシテ、往昔ニ薄キ」ものではなかろうか、と難くせをつけて「留置」にとどめたのだった。

こうしてみると、地方官会議を舞台に「民心安定」に苦慮する地方官と連合して、政府の実権をにぎる大久保・大隈やその拠点である大蔵省・内務省に対抗するというのが、この年の左院の基本戦略だったように思われる。もとより、左院の立場を全面的に明らかにするには、個々の議官の思想や政策決定過程における正院・各省とのやりとりを総合的に分析しなければならないが、建白書の処理を通してみるかぎり、要するに左院は政府内部の反主流派だったといってよい。また、遠山茂樹氏は、この時期の政府側の議会論は「民の声を聴くという封建治者道徳が、近代法の扮装をまとって現われたにすぎない」と指摘しているが[27]、左院の「言路洞開」、言論の自由尊重の姿勢もこれにあてはまる。しかし、政府内の反対派という彼らの政治的位置こそが、そうした「治者道徳」の観念を増幅させ、建白者を極力丁重にあつかいつつ、政府批判の建白を歓迎する一方で、政府の政策趣旨を「暁喩」するという、建白受付機関の模範として後年の自由民権派からさえ評価されるような左院の対応を可能にしたのである[28]。

㈤　左院の挫折

ところが、左院の意欲的な姿勢は一年と続かなかった。最大の誤算は九月に予定された地方官会議が台湾出兵で中止になったことだった。すでに会議の議長に大久保の腹心・伊藤博文が選任されてやや気勢をそがれてはいた。また、島津久光が要求した大久保・大隈の罷免が太政大臣によって拒否され、国憲取調総裁に島津をかつぐ案も一度は正院の許可を得ながら実現せず、国憲編纂作業もうやむやになった。しかし、それだけに地方官会議は左院にとって最後の切り札だったのだ。台湾出兵さえなければ、とくやしがったことだろう。

それでいて左院は、地方官会議の議院化に熱心だった地方官とのあいだにも溝をつくってしまった。まだ一回の開院もせぬうちに議院憲法を改定したのでは威信にかかわる、と面子にこだわり、人民の会議傍聴が「民撰議院御創立ノ楷梯」になることを認めながら、今回は「草創ノ儀」だから、と却下したのだった。[29]これでは地方官と組んでの巻き返しもむずかしい。

また、諸省との力関係をみても、教部省にたいしては火葬や大教院問題で一定のイニシアチブを発揮できたし、司法省の反対を押しきって建白を上申したこともあった。[30]しかし、利根川開墾をめぐる不正を訴えた建白（東京府平民・深谷憲章ら、十二月八日付）を内務省に廻付したときは、文中に「不穏」の言葉があるが「御院、如何之御処分、相成候哉」とすごまれて、あわてて返却処分にした。「太政官諮詢の府」たる左院も、大久保を長とする内務省には歯がたたなかった。

こうしたなかで、建白書の処理にはっきりした変化がでてくる（前掲表参照）。三〜五月は四割前後を占めた上申が、六〜十月には二割程度に下がり、留置が半数近くにまで増加する。そして十一、十二月には返却が四割をこえ、上申は一割以下になる。この変動の一因には、似たような建白の増加（とくに神祇官再興要求の続出）や、内容は採るにたらぬが「憂国の衷情により留置」とするものが増えたこと、日清開戦を前提にした提言や義勇兵出願を和平実現のあとに返却したこと、などの事情もある。だが、採るにたりないが「説諭返戻モ無用ノ手数」だから「其儘留置」にするといった投げやりな処理（市川信三郎）や、受け付けたまま放置して翌年四月の左院廃止後に正院庶務課によって決裁されるものなど、これまでになかった粗雑なあつかいが目立ってくる。明らかに左院はやる気をなくしてきたのだ。

そういう雰囲気を人民は敏感に感じとるものである。新聞にも左院批判が出はじめた。最近左院は「他日参考のため」と留置にすることが多いが、それが実地に施された例を聞かない、これでは「一時の遁辞」といわれてもしかたがあるまい、と杞憂堂主人なる者が「言路洞開」の欺瞞を衝いた（『郵便報知新聞』74・12・18）。府県などの「黙受不省」と結局は変わりないわけだ。「東海道辺の雲助」の話を記した鹿児島士族・青崎祐友も、七月以来何度も貧民救助法を建白したが「参考ノ為……留置」の通知だけで、その方法の「可否如何ノ御沙汰」がなく「煩悶ノ念」やみがたいと、抗議している（七五年二月二十七日付）。

また、「筑紫潟ノ漁夫」は、我が国の官員はとかく法律を尊重せず自儘な処置をしているが、「左院連中」は法律にくわしいから彼らを各省・府県に転出させたほうがいい、法律家が払底しているので「優遇」されるだろうし、なによりも「左院ノ論」に新陳交代をもたらすことができる、「十年モ二十年モ議官持切ト云フ風」では「一種ノ左院論」ができてよろしくない、と人事刷新を求めた。たしかに左院人事は停滞していた。上席の二、三等議官（十一名）は岩村通俊をのぞいて七一、七二年から在籍していたし、四、五等議官（二十八名）も古参が半数をしめ、新任の大半も書記生などからの昇任だった。この年に左院以外から四、五等議官に任命されたのは尾崎三良と村田保だけである。まさに「左院連中」＝左院一家であった。この投書をのせたのが御用紙の『日新真事誌』

（74・12・8）だったのだから、「一種ノ左院論」への不満の程が推察できよう。

これに追いうちをかけたのが、ほかならぬ報国心にあふれた建白者たちだった。議官たちの丁重な暁喩にもかかわらず、彼らはすなおに返却された建白書を受けとろうとしなかったのだ。海江田信義議官（二月付）は、返却された者のなかには、自分の意見が上に「貫徹」しないのにいきりたって「呶々争論スル」者がいる、はなはだ「不体裁」で「天皇陛下ノ威尊ヲ冒瀆」するものだ、いっそのこと、すべての建白を上申して御沙汰を受けるようにしたらどうか、と提案している。しかし、これは審査機関としての左院の職務を否定するものだし、建白書の量からいって実務的にも不可能だった。

いや、もし海江田のいうようにしたら天皇の「威尊」はかえってそこなわれたはずだ。例の忠告社の連中は「深ク嘉賞スル旨」の「朝議」を伝えられると、建白のどの部分が採用されたのか明示してほしいとくいさがった。左院側は、朝廷がお前たちの建白を嘉納したのだ、「然《しか》ル上ハ、何ゾ其余ヲ窺《うかが》フヲ得ンヤ」と説諭してやっとのことで追い返した。また、栃木県士族・大屋祐義は、「忝《かたじけな》クモ天裁ヲ仰グ」に至ったようだが、数か月たっても具体的な「御処置」が聞かれず「憂憤」にたえないと、今度は三条太政大臣に直接建白書（七五年二月二日付）を送りつけている。もはや人民は、「御沙汰」に恐懼し感激してひき下がるほど〝純朴〟ではなくなっていた。上申や留置ですらこの始末だから、「御沙汰」をつけて返却したらかえって天皇自身が直接非難の対象になるのがオチだろう。天皇親裁の難点はここにある。非難の声を一身に浴びる〝君側の奸〟にとりまかれてこそ天皇は安泰なのだ。チョンまげ姿を続ける海江田には、天皇制のこうした仕掛けがわかっていなかった。

また、こんな〝事件〟もあった。千葉県長柄郡の平民・林佐一が建白書（九月二十九日付）を出したのに呼び出しがない。そのうち、郷里の父が県庁から厳命があったと「狼狽シテ」上京してきた。なにごとかと県庁に出向くと左院からお尋ねがあるという。そこで東京へひき返して左院に出頭すると、お前の宿所が分からないので県庁に連絡したのだという。建白書に「宿箋」をつけたはずだと答えると、事務多端で「錯雑」した、本来、建白書の末尾に記載すべきだ、「汝ガ罪ナリ」と叱られた。しかし、建白についてはその後も「明教」がなく、一か月後に別の建白を出したときに催促すると、係官はまた〟お前が悪い〟と言いだし、ついには、〟留置の通知書を「漂風ノ為ニ錯雑」した、これ以上紛論すればかえってお前の罪になる〟と脅した。――こういきさつを記した林は、「報国ノ念慮」を忘るべからずと信じて書いた「天下ノ大事タル建白書」をないがしろにしたことと、寄留先を県庁へ届けなかった自分の手続きミスと、「罪ノ軽重」はいずれにあるか、落度を認めずに風のせいにしたり、再三「暴慢」な態度で建白者を責めるのはなにゆえか、もし自分がおなじようなことを言ったら「左院之ヲ如何センヤ」と抗議し、規則に書かれているような「懇切ノ御教諭」を強く要求した。

受付規則第十三条には、不敬・非議等の建白書を返す時はとくに「懇切ニ説諭」し、「懇諭数回ニ及ビ、尚公理ニ服セズ、我意ヲ以テ暴抗スル者」は司法省に通知して処罰し、「狂気乱心ノ者」は戸長に身柄を預けると規定していた。左院としては周到に手をうったつもりだったが、ごねる者がこれほど多く、また規則の公表がこんな形ではね返ってくるとは予期しなかったろう。

結局、左院は通知書の再下付を乞う書面を林佐一からさし出させたようだ。あくまで林の落度ということで押しきったのだろう。左院がどれほど言路洞開に努めたとしても、建白者からみればしょせん政府の一機関にすぎなかったし、いざとなれば左院自身も官僚的・強権的に動くしかなかったのだ。このほか、建白書提出後に身元調査をされた者が山本克をはじめとして何人もいる。(31) 建白書が危険人物調査の証拠にされたのでは「言路洞開」の看板が泣く。

要するに、「恐懼恐惶謹言」「誠恐誠惶頓首百拝」といった結語の表現にもかかわらず、人民の「鬱結」は建白書の提出によって発散されるどころか、かえって増幅されるようになってきたのである。

このため、左院議官の岩村通俊・高崎五六・宮島誠一郎らは十月、建白者は「上申」といえば主張が採用されたと誤解し、返却しても議官の説諭で「快然氷解シテ退ク」のは一、二割で、たいてい「争論」となり「呵責」せざるをえない、しかし建白を採用するか否かは本来「政府ノ特権」であり、現在のあつかいは「厚キニ失シ」ているのではないか、今後は結果をいっさい知らせないほうがいい、と主張した(32)。このときは左院議長の同意を得られなかったようだが、翌年、左院から建白書事務をひきついだ元老院はまさにこの方式を採用する。いまや「黙受」が原則となり、国民は自分の建白書がどう評価され処理されたかについて、まったく知らされなくなる。

こうして、後年の建白者からも称賛された左院の丁重な姿勢は、彼らの政治的な思惑と言路洞開の使命感から生みだされはしたものの、政治的地位の低下や、その啓蒙専制的対応に満足しない建白者の「争論」によって、わずか一年と続かずに終わったのだった。

(六) 言論抑圧への転換

政府が建白書を歓迎しなくなった理由がもう一つあった。本来、個人が「国家の御為筋《おためすじ》」を献呈するものだった建白が、政策変更を求める集団的運動の手段に転化しはじめたことである。忠告社の十九名、高崎睿雄らの二十五名の建白はその一例であり、神祇官再興では田中頼庸ら九名、日野霊瑞ら二十四名などが波状的に提出するという組織だった動きをみせた。前年の集議院・左院あて建白では、間宮魚用ら十三名の神祇官再興建白を除いて数人以上の連名はなかったのだから、画期的な変化といってよい。そこで、この年の受付規則改正で、建白は「一己ノ意見ヲ述ルモノ」だが、やむをえず連名で出すことも認める、ただし三人以上で出頭するのは許さない、との条文が加えられた。忠告社の建白を手にした左院が、尋常一様のあつかいでは「人心ノ向背ニモ関係」すると「苦心憂慮」したのは、その内容にもまして集団的建白という形式にあったのではなかろうか。

しかもこの時期は、左院に出した建白書でも新聞に自由に投書できた。つまり〝発表の自由〟が認められていたのだ。左院が「録事」として公表しようとしたらすでに他の新聞にのっていた、ということさえ起きた。この年、『日新真事誌』に投書として掲載された建白は大臣・卿省あてをふくめて六十点以上で、録事分の三倍に近い。また、左院が却下した山本克の建白ですら、人名を欠字にしただけで『新聞雑誌』(74・10・14、16)にのった。当時、平田派国学者・井上頼圀の下にいた樽井藤吉はこう述べている(八月七日付)——前参議数名の民撰議院建白に「雷同」する者は幾百人をこえ、諸県令が地方官会議の議院憲法の改正を建言すれば衆人が「目ヲ刮《こす》リ、耳ヲ傾ケ」、弾正台を復活せよとの建白を読めばこぞってこれを「至言」だと評する、近日はまた、山本なる者が四人の大臣・参議を糾弾し、彼らの「首ヲ斬リ街頭ニ梟」すことを求めた書を「皇帝陛下」に提出しようと左院に出かけたと聞く、「諸氏ノ論ズル所、皆、衆ノ左袒スル所ナリ」、と。(33)

つまり、建白書は政府にむかって「一己ノ意見」を述べると同時に、輿論を喚起する手段でもあったのだ。左院に建白するのは「世間ヘ名ヲ売ルニアタリ、ヨロシカラズ」との声さえあった程である。(34)幕末にも建白書や檄文が筆写されて尊皇攘夷派の志士を鼓舞したことはよく知られている。山本克の建白も樽井が建白した時点では未公表だから、筆写したものが出まわっていたのだろう。しかし、筆写と新聞では各駅停車と新幹線ほどの違いがある。外債消却を提唱した橋爪幸昌の建白が『日新真事誌』に掲載されてからの反響のすごさが、新聞の威力の程を有志者にみせつけた。橋爪はこの点でも先覚者であった。

一八七四年(明治七)は、まだまだ個人提出が大半を占めたとはいえ、建白書のそうした効能が気づかれはじめた年だった。そして、この年が「民権元年」と呼ばれるにふさわしいだけの内実をもつとすれば、それは、板垣らの建白書にもまして、橋爪や山本克のような無名の建白者たちのひたむきな情熱に支えられた、あくことなき「争

論」が創出したものだったのである。(35)

政府側の姿勢もこの年を境に大きく変わった。翌年の元老院設置以後、「立法に関するもの」（のちに「一般の公益に関するもの」）のみを建白書として受け付け、その採否を知らせないようにした。そして、新聞紙条例（六月）によって建白の新聞掲載を許可制とし、違反者には一か月〜一年の禁固または百〜五百円の罰金を課すことにした（八三年には図書にまで拡大）。新聞紙条例はまた「政府ヲ変壊シ国家ヲ顛覆スルノ論」の掲載を禁じ、同時に公布された讒謗律《ざんぼう》は「官吏ノ職務」への批判にも禁固・罰金刑を課した。このため、新聞記者・編輯者の処罰が続出し、〝我塾生が新聞紙条例を非難したので、みだりに政府の法律を論評したからと罰金一銭を命じ、それで老妻に夜食を買いに行かせた〟という成島柳北の「雑話」（『朝野新聞』75・8・15）すら、五日間の自宅禁固に処せられる始末だった。

こうして、細川書記官らの強圧論をかわして「言路洞開」を守ろうとした左院の精神は完全に否定された。もはや建白書は政府が積極的に奨励すべきものではなく、極力制限し抑圧すべき対象となった。国民の政治意識の成長が権力をおびやかし、民衆の鬱結を筆端に吐露させるだけの余裕を失わせたのだ。そしてこの転換は、「おわりに」であらためて述べるように、建白書政策だけでなく、文明開化の旗印のもとに〝国民の育成〟をめざしてきた明治政府が、その基本方針を転換したことの端的な表現でもあったのである。

註

（1）七三年の皇城火災で太政官も類焼し左院はここに移転した。七四年二月、左院は太政官内に戻ったが建白所は残った。

（2）三重県士族・立入奇一の建白（六月三十日付）が採用された。当時の郵便規則では、開封の官庁あて建白書・嘆願書・新聞原稿などは無料だったが、左院は規定からもれていた。改定の際、左院あて建白書にかぎり重量制限などの条件もなくした。左院法制課は、無料郵便制度はアメリカ以外に例がないと反対したが、「国ノ大事、人民之大利害」（規則の表現）との理由づけに押しきられた。

（3）なお、正院へ上申された建白書は大臣・参議の半数程度が目を通した。比較的熱心なのは勝安芳・大木喬任・寺島宗則らで、大隈重信・伊藤博文なども結構見ている。また、上申のなかには天皇への上覧が含まれる。「人心洶々、議論紛興」の今日、陛下が親しく人民の言にふれるべきだ、と福岡孝弟議官らが建議（四月付）して実現した。ただし、上覧と上申を区別するのは「天皇親裁・大臣不保任」の原則に反するとの意見もあった。もっとも、文書には天皇の署名欄がないので上申と上覧を判別するのはむずかしい。

また、建白書の受付番号には欠番がある（七四年は四八件、全体の一割）。橋爪幸昌のように建白の体をなさないとか、山本克のようなケースだろう。不敬・非議の返却規定は七四年の改定で加えられたもので、そうした建白が増えた現実を裏書きする。これらは通常の処理と違って副本も返すから、山本克の建白書も左院の文書綴には残っていない。

（4）『日新真事誌』は『ジャパン・ガゼット』創刊者のイギリス人J・R・ブラックが発行したもので、「左院御用」を表題に掲げてセールス・ポイントにしていた（一時、司法省や大教院の「御用」も兼ねる）。ただし、ここでの「御用」とは左院の公報を掲載する特権をもつという意味で、いわゆる御用新聞ではない。ブラックは、外債・民撰議会・報道の自由などについて独自の見解を「論説」としてうち出している。このため、正院は、治外法権に守られる「外国人共」が国内で日本語新聞を発行するのは「政治上ノ妨害」になるとの理由で、ブラックを左院に雇わせて新聞から手をひかせた（七四年十二月）。左院は政治的・財政的に無意味だと抵抗したが押しきられた（国立公文書館蔵『公文録　明治七年自六月至十二月　左院之部全』）。これ以後、『日新真事誌』は急速に精彩を失い一年後に廃刊になる。

（5）ただし上申したものが選ばれるというわけではなく、この年についてみれば、上申九件、留置十件、返却五件となっている。選択の基準はよくわからないが、「願意ニ付、管轄庁へ差出スベし」と却下した戦費献金願をのせているのは、左院ではこの種の願書を受けつけない旨を周知させたかったからだろう。

（6）筑摩県官員・北原稲雄が太政官正院に出した建白書（七三年十一月十日付）にたいして正院は、「本書郵便ヲ以テ差出候処、献言ハ全テ左院ヘ差出可キ筈ニ付、下ゲ戻シ候事」と返送している（『長野県史　近代史料篇』第一巻、長野県史刊行会、八五三頁）。また、左院に提出したものでも、あて名を「太政大臣殿」としていたものは「左院御中」に書き直させられた。

（7）『公文録　明治六年自十月至十二月　左院之部全』。

（8）とくに新聞掲載の規定を「至極宜シキヲ得タルモノ」としている（戸田十畝『明治建白沿革史全』東京書肆、一八八七年、一九、二六頁）。

（9）また、安政年間に出版された『新撰年表』が、造化三神の中心の天御中主神と「紀元前三千九百八十四年」の「埃塵ヲ以テ造レル亜当〔アダム〕」なるものとを同じ欄にならべているのはけしからん、といきまく青森県士族・兼松成言（十一月十三日付）にたいしても、これは皇漢洋の歴史を「一目通覧」するためのもので、神武天皇以前は年表外になっており、そのような「些末ノ事」に政府がとやかくいう必要はない、ととりあわなかった。さらに、前年から始まった天皇の写真の配布先を拡大せよとの建白（磐前県士族・猪狩常隆、九月十四日付）も、内務課は県庁だけで充分だとして返却しようとした（ただし、建言者の「至誠」を讃えた佐々木高行副議長の意向で「異日御参酌ノ為」と上申に変更された）。

（10）七三年（明治六）十月、左院（この時期は後藤象二郎が事務総裁）は、官員や地方の人民が正院や諸省に直接建白するのは「本院職制ニモ矛盾」し、あつかいも「区々ニ相成、不体裁」だといって、左院以外への提出を禁止するよう求めた。これにたいして正院は、「慢ニ正院并諸省へ差出」す者はいないし官員が職務上のことで上級官庁などに建白するのは「至当之筋」だ、と却下した（『公文録　明治六年自十月至十二月　左院之部全』）。

（11）また、「有司ノ随意ヲ抑制」するための憲法制定を求めた木戸孝允の建白が新聞に掲載されたことを非難した高知県士族・西野友保（のちの立志社社長代行、土佐州会議長）の建白（二月四日付）を受けて、左院の担当者は、在職の官吏が自己の所見を新聞に掲載するのを禁じる布告案を作成したが、結局はこれも否決された。

（12）ただし、佐賀事件の記事掲載禁止を批判したブラックの建白（二月二十日付）については、西洋諸国への配慮から左院も対応に苦慮し、禁止の理由づけも二転三転した。一時は記事解禁に傾いたが、結局、禁止は「人民保護上ノ方便」で、外国人が「云々スルノ理」なしということできりぬけた。ブラックはこの後、地方官会議の傍聴・報道の許可を求め、左院もいったんは認めながら最後は却下した（国立公文書館蔵『元老院ヨリ引継　建白書仮綴』）。

（13）藤田新「中沼瀧之助・中沼了三・中沼清蔵・山本克関係文書」（『海城中学・高校　研究集録』第十集、一九八五年）参照。

（14）尾崎三良『尾崎三良自叙略伝』中公文庫版、上巻、一九八〇年、一七五、一七八頁。ただし、海江田とつきあってみたら、かならずしも「頑迷不霊と云ふ人にもあらず」とも述べている。

（15）また、七一年（明治四）の反政府陰謀容疑で逮捕され丸山作楽らの大赦を求めた建白（筑摩県士族・小沢有隣、八月二十四日付）を、法制課は、「守成ノ時」には賞罰ともに「法ノ在ル所」に従わねばならない、「維新更始」の時のような「一張一弛ノ術」で「人心ヲ鼓舞」するわけにはいかないと返却した。もはや〝革命〟は終わり〝法治主義〟の時代になったというわけだ。在野の草莽の志士たちと政府機関に職を得た議官らとのあいだにはすでに大きな溝ができていた。ただし、国内宥和を念頭におく内務課は佐賀事件参加者への寛大な処分を求める建白を好意的に処理した。

（16）宮島誠一郎・海江田信義・尾崎三良ら六名の議官は、台湾出兵の「不理不策」を批判し、地方官会議を開いて何事も「輿論ノ帰スル所」に従って国内の安定に努力すべきだ、と出兵の中止を求めた（四月付）。これも「内治優先」論のひとつだろう。また、この建白書が提出された四月二十五日には、対抗するかのように馬屋原彰議官も建白を出して、理由のない出兵中止は「天下ノ笑」を招く、外国が反対するなら「軍備悉ク本邦ノ物ヲ以テシテ、断然コノ成敗ヲ決セ」よと主張したが、同調者はいなかった。

（17）また、東北地方への天皇の巡行を提言した青森県出仕・大久保鉄作の建白（十二月二日付）を上申するなかで、東奥辺陬の人民は湯浴みすることもなく「尋常ノ応接、言語」も通じず、東京の人民に比して「文化文政年間ノ人品」に相当すると記している。左院が基本的には「文明」の側にたっていたことを示すものといえよう。

（18）下山三郎「近代天皇制論」（家永三郎教授東京教育大学退官記念論集刊行委員会篇『近代日本の国家と思想』三省堂、一九七九年、三三頁。カッコ内も原文）。なお、丹羽邦男氏は、左院を「政府内部において唯一の士族的意見を保持」する機関で「領主階級の立場を代表」していたと規定している（『明治維新の土地変革』お茶の水書房、一九六二年、二〇一、二〇二頁）が、賛成できない。

（19）稲田正次『明治憲法成立史』上巻、有斐閣、一九六〇年、一二八頁。

（20）このため、伊地知正治は明治六年政変の前、フランス流の法制度を導入しようとした後藤象二郎と対立して〝登院拒否〟をやった（宮島誠一郎「国憲編纂起源」『明治文化全集　憲政編』日本評論社、一九二八年、三五三頁）。佐々木高行も七四年七月の副議長就任の際に民撰議院・共和制反対の建白を提出した（東京大学史料編纂所編『保古飛呂比』第六巻、東京大学出版会、一二八頁）。また、西岡逾明議官は、租税は「政府ノ財産」であり「君民共治」は誤りだと述べて、阪谷素の建白（二月付）を非難した。阪谷は、西洋文明国の政体こそ公平な制度であり、家禄や国債のような議論紛々の問題も議会があれば「一家親子ノ如ク」協同して解決できる、そのためには左院を拡充していけばいいと述べていた。いかにも明六社員らしいものだが、西岡にはそれすら「国体」をそこなうものとみなされたのだ。ただし、西岡は七二年（明治五）、イギリス議会制度調査のために派遣された左院調査団の一員（ほかに小室信夫・高崎正風・鈴木貫一・安川繁成）だから、議会の実体を知らなかったわけではない（田中彰『「脱亜」の明治維新』日本放送出版協会、一九八四年、八三頁）。

(21) 津田真道「政論」『明六雑誌』第十二号（『明治文学全集3　明治啓蒙思想集』筑摩書房、一九六七年、一二四頁）。

(22) 中島信行らの建白（七月五日付）は、「政府ノ秘事」以外は「衆庶ノ縦覧」を許可せよと主張し、神田孝平・兵庫県令も、「御国法之関係」について「心付候次第、聊カ忌憚無ク」申し出よ、と県民に告示したうえ、人民の同行が認められれば「上下協和、民情暢達之捷路」になると左院議長に上申した（『東京日々新聞』74・6・14）。事前に県民の要望を聞く動きは各地にあり、地方官の意気込みのほどがわかる。これにたいして、第一章でふれた小田県のように自主的な民会の開催を要求する動きも強まってくる。

(23) 『公文録　明治七年自六月至十二月　左院之部全』。

(24) 前掲『尾崎三良自叙略伝』上巻、一六〇頁。

(25) 日本史籍協会編『大久保利通文書』五、東京大学出版会、一九一頁。この後、政体取調参議の伊藤博文を中心に左院のありかたをめぐる検討が行われた。国立国会図書館憲政資料室蔵・伊藤博文関係文書のなかに、伊地知の上申書（七四年一月二十二日付）と無記名の意見書（左院用箋を使用）があり、左院が「虚器」にならないために、予算調整権などさまざまな権限をもたせようとしている。

(26) 前掲『尾崎三良自叙略伝』上巻、一六二頁。もっとも、この時は尾崎自身が議官に任命されており、前年との対比は多少割り引いて読む必要がある。なお、この時は、正院から財務・法制の二課が移り、議官の人数も前年十二月の二十四名から三十二名に増加して事務官を含め百二十名の大所帯になった。そして、内務・外務・財務・兵務・法制・諸業の六課に再編成されたことで、たとえば「天保銭改鋳之議」という建白を治罪法課が担当し、全課で合議するといった奇妙な形もなくなり、国政全般に対応できる立派な組織になった。

(27) 遠山茂樹『自由民権と現代』筑摩書房、一九八五年、二四頁。

(28) 左院の創設(七一年九月)から廃止(七五年四月)までの全般的な経緯については、松尾正人「明治初期太政官制度と左院」(『中央史学』4号、一九八一年三月)参照。

(29) 『公文録　明治七年七月　諸県之部全』。

(30) たとえば、無届で本籍地を離脱した者を「逃亡罪」で罰する規定があるが、天災などで流民化した者にも適用するのは酷ではないか、という白川県(現熊本県)権令・安岡良亮の建白(四月八日付)。

(31) 山本克についての調査報告が国立公文書館蔵『公文別録　探偵書』に、また、台湾出兵反対などを建白(四月八日付)した青森県士族・長尾義連についての警視庁の報告書が長尾の建白書と一緒に綴られている。今のところ確認できるのはこの二つだが、氷山の一角とみてよかろう。なお、やや様相を異にするが、前年、建白の返事を貰うまではと厳冬の筑波山にこもって役人を手こずらせた東京府士族・徳田寛豊の様子が新治県(現茨城県)から内務省に報告されている(『公文録　明治七年一月　内務省之部一』)。

(32) 国立公文書館蔵『内務課発議録』。

(33) 樽井は前年からこの年の一月にかけて、水夫や俳優・浄瑠璃などのいわゆる風俗改良の建白ばかり出していた。それが一転して、五月に「選挙院ヲ設クル之議」を提出できたのも、板垣らの建白が公表されたお蔭だろう。なお、山本克の建白は七五年四月、『評論新聞』第二号に実名入りで再録された。

(34) 伊藤退蔵らの松方正義あて建白(七四年三月付、大蔵省蔵・松方文書)。また、建白が認められて官吏に登用されることも明治初年には多かった。政府にとって建白書は人材発掘の手段でもあったのだ。それゆえ、左院あて建白で、自分を「小笠原開拓副使」にしてくれれば存分に活躍する、と売り込む者もいた。建白者のすべてが憂国者ではないし、「憂国者」の本音が就職にあったとしても不思議ではない。しかし、この時期になると、その可能性はほとんどなくなり、「利世」を論じてはいるが「其実、蓋シ一己ノ私利ヲ営ズルニ過ギザルノミ」、と左院に断じられるようになる。

なお、建白書の郵送料無料化を実現させた立入奇一（六月二十五日付）は、建白書を出すには旅費や時間がかかるのだから採用の場合には「御賞典」がほしいと要求した。これにたいして左院は、「苟クモ憂国之志アリテ建言スル、何ゾ其賞ヲ論ズルノ理アランヤ」と憤慨したが、「建言せぬ者に馬鹿者なりと笑はれ」ながら建白する者の労に政府がなんらかの形で報いてくれてもいいではないか、との声があがっている（東京・関本寅の投書、『郵便報知新聞』74・7・8）。

（35）なお、大井憲太郎も新聞の威力をよく認識していたひとりだった。彼は、地方官会議の開催で民撰議院論を政府が採用しないことが分かると左院への建白書提出をとりやめ、広く人民に示したほうが役に立つだろうと新聞に直接公表した。民撰議院論争での加藤弘之批判で一躍脚光を浴びた大井は、もともと投書魔といってよかった。数多い投書の一つで彼は、まだ民選議院はないが投書によって「重大ナル事件」の可否得失を議論すれば、「議院ニ於テ投言スルノ権」を持つに等しい、と述べ（『日新真事誌』73・9・12）、また、投書に新聞社の所見を併載すれば「即チ民間擬立ノ民選議院ナリ」と言っている（同73・11・4）。啓蒙的な姿勢が根底にあるとはいえ、新聞紙上での討論を在野の人々による自主的な議会にみたてようとする大井の発想は、新聞投書の政治的機能をよくとらえている。そして、採択の見込みのない建白をやめて投書による輿論喚起を意識的に選択した行為は、「言路洞開」を標榜する建白制度の欺瞞をみすかした大井の見識を示すものとしても注目に値する。

第六章　天下国家から各箇各別へ

――吉岡弘毅の精神史――

❶ 左より吉岡弘毅（1880年），同晩年，妻・とり
❷ 1871年（明治４）の辞表
（『諸官進退状　壬申七月』国立公文書館所蔵）

❶

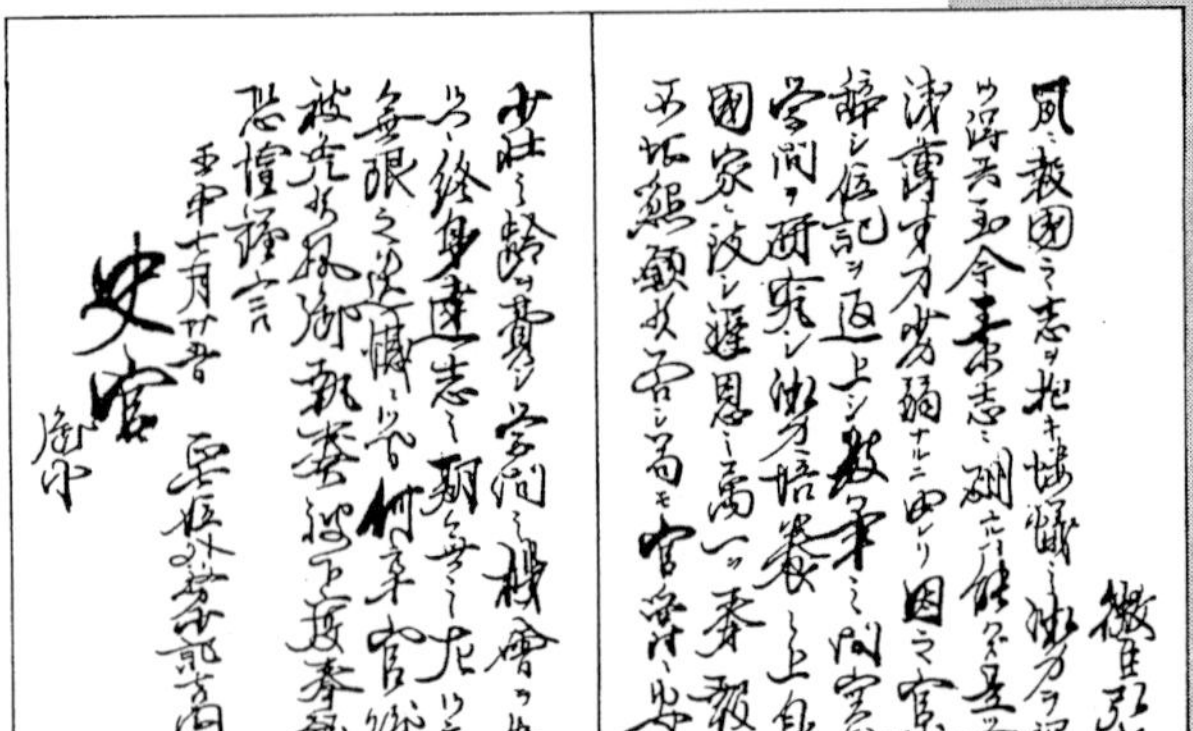

❷

(一)　朝鮮認識

豊臣氏興ルニ及ビ、卒然彼〔李氏朝鮮〕王ニ告テ曰ク。余《わ》レ威徳ヲ以テ海内ヲ平定シ、今将《まさ》ニ明《みん》ヲ攻メコレヲ掌握セントス、王宜シク兵ヲ率イテ先駆ヲナスベシト。李氏コレニ従ハズ。是ニ於テ兵ヲ発シテコレヲ攻メ、八道ヲ蹂躙シ王子ヲ擒獲シ、流血満地、横暴至ラザルコトナク、鮮人《(ママ)》ヲシテ今ニ至ル〔まで〕、コレヲ語テ戦慄セシメリ

一八七四年（明治七）二月二十日、一万数千字におよぶ長大な建白書が左院に提出された。筆者は東京府浅草に寄留する北条県（現岡山県美作地方）平民、吉岡弘毅、二十七歳。正規の教科課程によらない「変則私学学生」である。

周知のように、前年のいわゆる明治六年政変によって板垣退助らが参議を辞職した直接の原因は、日本政府との国交を拒否する朝鮮政府への強硬策（西郷隆盛の特使派遣）が、岩倉具視・大久保利通らの策謀によって中止されたことにあった。板垣らの民撰議院設立建白は朝鮮問題にまったく触れなかったが、署名者の一人の江藤新平は、二月一日、封建復古・朝鮮出兵を叫ぶ佐賀県士族の首領にかつぎあげられて武力蜂起した。こうした動きをうけて、幕末以来ことあるごとに主張された「征韓」論がこの時期に大きな高揚をみせていた。たとえば、石川県士族の忠告社グループは、政変直前の七三年（明治六）十月、朝廷が「朝鮮ノ謾言暴状ヲ怒リ」問罪の軍を派遣することに決定したとひそかに聞く、ぜひ我々が先鋒隊となって「身命ヲ朝庭《(廷)》ニ奉ジ、骸骨ヲ彼ノ土ニ曝シ」、国威を輝かせたい、との従軍願を県に提出した。また、国辱をうけながら「征討」の英断が下せないのでは「皇国之興廃ニ関係

シ」万国から侮慢されると憂慮する静岡県士族・伴野盛発（三月二日付）も、佐賀事件は報国の志をもつ「人民ノ義務」から生まれたもので弾圧されるいわれはない、と抗議した。

のちに民権学習結社植木学校を創立し、「泣読《ないてよむ》盧騒《ルソー》民約論」の詩で有名になる白川県（現熊本県）士族・宮崎八郎も、池松豊記らと連名の建白（二月九日付）で「朝鮮ノ無礼」を非難し、文明開化といっても「宇内ノ形勢」は「弱肉強食、互ニ呑噬ヲ逞」しくしているにすぎない、わが国も「先ヅ近隣弱小未開ノ諸国ニ対シ、我権利ヲ張リ、我威武ヲ振ヒ」、国力を蓄えていけば、やがて「欧米各邦ト匹敵スルノ権利」を確保できるだろう、と主張した。このほか、「糊口ニ苦ミ、方向ニ惑」う士族や「頑愚ノ農商」の「積鬱ノ鋭気」を「朝鮮ニ洩」らせば、国内の「紛擾」も緩和されるだろう、と内乱の危険を外にそらす方策としての出兵を求める者もいた（開拓使出仕・西村貞陽、一月二十日付）。

もちろん、これとは逆に、朝鮮に事を託して「内乱ヲ抑制」しようとするのは「民ヲ欺」くもので、ますます民の「信ヲ失フ」だろう、との指摘もある（千葉県士族・倉次諒、三月二十八日付）。また、アメリカ留学中の加藤次郎（四月七日付）は、天皇の巡幸によってなんとか士民を説諭し内政に専念せよ、と建言してきた。磐前県（現福島県）士族・佐藤政武（四月二十二日付）のように、「朝鮮憎ムベシ」とはいえ「未ダ嘗テ我国ノ衰弱ニ関セズ」、「討ツベキ」名分がない、という意見もあった。

しかし、全体としては「征韓」の声が圧倒的に優勢だった。第二章でもふれたが、台湾出兵の後ですら、わが国使を拒否した「驕暴侮慢ナル」朝鮮と、「属轄」国の「琉球国民ヲ横殺」した台湾と、いずれの罪が大か（高知県士族・弘田貫二郎、七月五日付）と、「征韓」に固執する者がたくさんいた。また、出兵の理由がないと述べた佐藤政武も、結局は、名分を作るために自分が使節となり朝鮮政府を「詰譴」して殺されるようにしたいという、西郷隆盛流の提言をしたものだった。しかもこれが新聞に出るや、佐藤の「勇胆忠亮」さは「亜米利加ノ華盛頓《ワシントン》」

に匹敵すると讃えられる始末だった（『新聞雑誌』74・5・28）。

こうした「征韓」論の突出のなかで、吉岡は副島らの朝鮮論に疑義を呈し、朝鮮はわが国を軽侮しているのではなく「疑懼」しているのであり、その責任はむしろ日本にあるとして、三点を指摘したのである。

第一は、先にみた文禄・慶長の役である。この年は、台湾出兵や日清開戦の危機のなかで、秀吉ですら失敗したのに今の日本が中国と戦っても勝ち目はないとする〝非戦論〟が数多く建白された。だが、秀吉の侵略の「流血満地、横暴至ラザルコト」なき実態に着目し、この歴史的体験が三百年後の朝鮮人にまで「戦慄」を呼びおこしていることを明確に指摘したのは、吉岡ただひとりであった。いや、当時だけではない。今日でさえ、韓国・朝鮮民衆の反日意識の根底に「壬辰倭乱」があることを認識している日本人は、なお少数であろう。冒頭に紹介した一節に私が目をみはった理由がここにある。

吉岡のあげる第二点は、秀吉軍の敗退後、両国の緩衝帯として介在した対馬藩が、毎年「莫大ノ米穀」を朝鮮から与えられながら、財政窮迫のためしばしば「辞柄ヲ設ケ」、一年で「数年ノ分ヲ貪」っていたことだった。李朝政府がこの不当な要求を拒まなかったのは、対馬藩の「恐喝」のせいであり、もし日本政府と国交を結べば、その勢力は宗氏（対馬藩主）の比ではないから、その要求も「唯供給ヲ貪ルガ如キ」にはとどまらないだろうと心配している、と吉岡は言う。事実、対馬藩は「歳賜米ト唱へ、年々米五拾石、大豆五拾石」を受けとり、財政「切迫ノ折ハ彼ヨリ金穀ヲ借受ケ、右ヲ以テ生活ヲ補ヒ候儀、古今儘有之《ままこれあり》」と、外務省あての公式の報告書[1]にも記されている。対馬藩と朝鮮とは決してほんとうの「友好関係」にあったわけではないのだ。しかも廃藩置県後、対馬藩から対朝鮮交渉権を接収する際に明治政府は貿易の未払金として二万四千両余を肩代わりさせられた。だが、当時この借財が「恐喝」によるものだと明言したのは、吉岡以外にみあたらない。

第三は、維新後に日本政府が渡そうとした書契のなかの「皇」「勅」などの文字である。この点はよく知られている。「皇、勅」は天子が属国にむかって使う文字だという朝鮮側の主張を認めたうえで吉岡は、彼らが執拗なまでにこの字句にこだわる理由をこう説明する——日本はまず皇勅の「虚名ヲ以テ、我ヲ属国ノ体ニ陥レ」、つぎにその「虚名」を口実にして実際に「属国」化しようとの「姦計」をめぐらしている、それゆえ文書を受けとれば「必ズ大害アラン」と疑懼しているのだ、と。

こうして吉岡は、朝鮮の国交拒否が一般にいわれるような書契の文字面だけをあげつらう形式主義、つまり〝頑迷固陋〟のゆえではなく、また日本を侮慢しているからでもなく、秀吉以来の日朝関係をふまえた歴史的・現実的根拠にもとづいていることを力説するのである。(2)

(二) 朝鮮体験

それにしても、吉岡はどうしてこのような具体的で卓越した朝鮮理解に到達しえたのだろうか。実は、一八七〇年十二月（明治三年十一月）から一年半以上も釜山の草梁館に滞在し、朝鮮政府との交渉にあたった外交官こそ、ほかならぬこの吉岡弘毅だったのである。

彼以前にも外務省から佐田白茅・森山茂らが派遣されてはいた。しかし、彼らは対馬藩吏の名目で視察したにすぎない。釜山滞在も二十四日間だった。佐田らは帰国後、軍隊出動をふくむ有名な「征韓」建白を提出し、政府内部にも同調者を得た。しかし論議の結果、まだ充分に「誠信」をつくしたとはいえないから、森山ら実務官僚のほかに「篤と人物精撰いたし」、「大差」などといった対馬藩の役職名を借りるのではなく、外務省の外交官を公式に派遣して交渉にあたらせようということになった。(3) そして、この年（七〇年）の五月十二日（四月十二日——旧暦、以下同様）、外務省に奏任官として任用され、八月八日（七月十二日）外務権少丞となったばかりの吉岡が起用されたわけである。

十月十二日（九月十八日）、「御用有之《これあり》、朝鮮国エ被差遣《さしつかわされ》候事」[4]との辞令をうけた吉岡は、皇勅などの文字を削った外務卿名義の文書をたずさえ、森山・広津弘信らをひきつれて十月二十八日（十月四日）東京を出発、対馬経由で釜山にむかった。ところが、朝鮮政府を刺激しないようにと和船を使ったこともあって、荒天で三週間近く対馬に足留めとなり、ようやく釜山に近づいたところで再びシケにぶつかって蔚山に漂着、二日後、出発というところで座礁し、あわや「鯨濤ノ中へ覆没スルノ勢」いで「満船混動」、かろうじて吉岡ら上官四、五名は引船に移って「危阨ヲ免レ」たが、「風勢益《ますます》猛烈、怒濤拍天、本船ハ今ヤ破砕スルカト一同苦慮イタシ」、さらには「寒気凛烈、海辺氷凍、寒暖計〔華氏〕二十九度」の寒さに襲われ……と、さんざんな目にあった。こうして、十二月二十四日（十一月三日）夜、対馬を出てから十日間におよぶ難行苦行の末に、やっとのことで草梁館にたどりついた。[5]

しかし、吉岡の苦労はこれにとどまらなかった。外務省官員の派遣によって永年の特権を脅かされた対馬藩があれこれと抵抗したのである。まず、経験豊かな彼らの協力なしに折衝が不可能なことをみこして、藩主の宗重正が交渉権の返上を申し出た。対馬でも吉岡の資格に難くせをつけ、「固辞ノ策」が尽きるまで通訳などの選定をしぶった。そんなことがなければ、冬の荒天期にぶつかる前に朝鮮に渡れただろう。佐田白茅のときは対馬からの出航の際に発砲事件があり、船頭が負傷した。[6]吉岡も似たような目にあったかもしれない。

また、草梁館（倭館）は日本との外交・貿易のために朝鮮政府が提供した施設だが、対馬藩が管理していたから、ことあるごとに館吏たちは「此上ハ外務省ノ通信ハ止メラレ」旧態に戻した方がよい、と広言した。「談話中、表裏」ある者や「私奸」をめぐらす者もいた。このため業をにやした吉岡は、「自他見聞ノ次第ハ、一点ノ包蔵ナク申出ベキ事」、「心附候次第ハ、決シテ面従腹非《誹》私ナク、共ニ忠告スルヲ要ス」との誓約書を彼らからとりたてるようなことまでせざるをえなかった。[7]

朝鮮政府も、当然のことながら外務省官員との交渉を拒否した。吉岡が「温語ヲ以テ……心ヲ和ゲントスレバ」「口ニ蜜アリ、腹ニ剣アリ」と警戒し、「勢ヲ張テ……迫レバ」これぞ「貪暴ノ徴候」とみなす（七四年の建白書）といったありさまで、とりつくしまもなかった。

そこで吉岡らは、対馬藩から交渉権を接収したうえで、宗重正を外務大丞に任命して朝鮮政府の説得にあたらせるほかないと判断し、七一年四月（明治四年二月）、広津弘信を一時帰国させた。だが、外務省内の意見がまとまらず、ようやく決定をみたところで廃藩置県や欧米巡遊使節団の派遣にともなう混乱にまきこまれて遷延し、要人のあいだを奔走していた広津は、「精神疲労、殆ンド昏眊仕リ、全ク方嚮ヲ失シ……茫然タルノミ」と嘆くばかりだった（なお、広津弘信は文学者・広津柳浪の父である）(8)。

結局、広津や後から帰国した森山の努力で、「宗重正外務大丞」名義の文書を送付することに決定したのは七二年一月であった。森山らが急いで「火輪船」（蒸気船）を使ったために朝鮮政府は態度を硬化させたが、「爾来数十回」、吉岡らは応接官の「虚病」の口実をかいくぐりながらの折衝を重ね、七二年四月二十七日（明治五年三月二十日）ようやく役人に文書の写を預けることに成功した。しかし、交渉もここまで。朝鮮側責任者とは私人の名目で草梁館を訪問したときに一度顔をあわせたきりで、正式の話し合いはついにできなかった。七月二十一日（六月十六日）、吉岡らはむなしく帰国の途についた(9)。

こうして、当初六か月の予定だった釜山滞在は一年七か月におよんだ。この間、約十万坪の広い敷地をもつとはいえ、草梁館の周辺三百歩より外に出ることは許されなかった。うっかり出たら住民から礫を投げつけられたと佐田も報告している。また、事務処理の停滞にくわえ、天候に左右される和船を使わざるをえないために、東京との文書の往復に二か月、ときには半年近くかかることもあった。このような閉塞し孤立した草梁館のなかで、吉岡は面従腹背の対馬藩吏にいらだちながらも、彼らを督促して交渉にあたらせるよりほかに手のうちようがなかった。

当時の吉岡は二十三、四歳である。森山や広津は部下とはいえ年上であり、朝鮮の事情にもくわしかったから、実質的には彼らの意向が優先しただろう。〝国家の大任〟を負い意気に燃えてやってきたあげくがこの始末だった。吉岡にとって朝鮮での役人生活にいい思い出はひとつもなかったのではなかろうか。そんななかであのような朝鮮認識を獲得したのだから感嘆するほかない。

もっとも、着任直後の吉岡は、あくまで持重して「懇々説諭」すれば朝鮮政府の疑いも「氷解」するだろうと楽観していた。ところが、「交際ニ難事アレバ虚病ヲ唱ル」彼らの「得意ノ術策」にふりまわされて、「総テ欺計詐謀ヲ呈シ、徒《いたずら》ニ年月ヲ累《かさ》ネ、退屈為致《いたさせ》候ヲ最上ノ長策」と心得ているといきどおり、窓口役の男を人質として拘留したこともあった。帰国まぎわにも、対馬藩吏が強引に倭館を出て東莱府と直談判しようとした事件を容認して、外務省をあわてさせた。

とはいえ、釜山到着の三か月後には、彼らの「心情ヲ偵探」したところ、「壬辰ノ役ニ懲リ」た経験と国力が劣る現状ゆえに日本への「恐怖ノ念」が消えていないのだ、とはやくも壬辰倭乱に着目した。そして、帰国直前の報告では、朝鮮政府の態度は従来からの対馬藩吏を「睥睨《へいげい》籠絡スルノ長策」を応用したもので、自分だけをことさらに愚弄したわけではない、草梁館からの引き揚げで当分のあいだ「絶交ニ俟《ひと》シキ姿」になっても、後日かならず「解悟氷釈」する時期がくるだろう、と冷静に見通した。また、対馬の藩士や商人は朝鮮人にたいして従来のような「粗暴苛虐ノ振舞」をしてはならないと告示し、漂着した日本人水夫が沿岸住民に食糧などを「貪求」するのを禁じて、薪や食糧の代金を払うようにしたいと外務省に上申したこともある。(10)

こうした体験の積みかさねのうえにこそ吉岡は、交渉決裂で面子をつぶされた格好となったにもかかわらず、朝鮮側が「我国書ヲ裂キ……矯慢無礼ノ答書」を突きつけたなどという「浮説ノ如キ無礼」はなかったと明言し、さらに「征韓」論者に確信をもってこう問うことができたのだ――「隣交ヲ新ニスルヲ諾セザル」だけで、これを

「征伐」する道理があるというなら、かつての鎖国時代に西洋人がわが国を侵攻しても、彼らが正く我々がまちがっていることになるのか、「己ガ所不欲《ほっせざるところ》、コレヲ人ニ施スコト勿《なか》レ」、と。たしかに、攘夷に狂奔したつい数年前の自分たちの姿を思えば、朝鮮政府を非難できるわけがないし、日本もまた相手の要求をのらりくらりとかわす〝ブラカシ〟戦術を常用した。それなのに、朝鮮の「兵弱ナルヲ侮リ、妄リニ非理ヲ行フ」ことができようか。吉岡の建白は、そう述べて日本人の身勝手さ、独善性を誠意をこめて批判するのだった。

㈢ 辞職

ところが、帰国直後の九月一日（七月二十九日）、吉岡は「依願免本官。但、位記返上」[11]となる。

彼の辞職は形式的には「依願」だが、交渉決裂の責任をとらされたものだろうか。それとも「征韓」派といわれた副島外務卿と対立したのだろうか。この間の事情は建白書にも書かれていない。ただ、七六年（明治九）、外務省が対朝鮮関係文書の編纂にあたり、散逸文書について森山に問いあわせた書類のなかに、興味深い記述がある。この文書は七二年一月（四年十二月）、「御在韓モ追々永引キ、百事御心配多キ儀ト遙察」しているがようやく政府の方針が確定した、ついては処理をあやまらぬよう「注意専要」に願いたい、「取扱心得等ノ如キハ別冊ノ通リ」、と通達したときの「別冊」である。森山は返事のなかで、たしかに副島外務卿と寺島大輔の印を捺した文書があった。なぜ覚えているかというと、七月に帰国したあと、「小生等吉岡ト引揚方ニ付、副島氏ヨリ尋問」され、「委任ノ趣ニ反」すると文句を言われたので、この「検印ノ書ヲ持出シ、論弁セシ事」があったからだ、と答えている。[12]

副島の不満がどんなものだったかは定かでないが、官吏だけでなく商人まで草梁館から引き揚げさせようとしたことが問題にされたのかもしれない。吉岡らの帰国後、副島は草梁館を日本の「国権」のおよぶ土地として確保しておくべきだ、とあらためて上申しているからだ。[13] だが、一連の外交文書をみるかぎり、商人の去就をふくめて吉岡らの対処は本省との合意によるものであり、後任の花房義質も吉岡らの建策どおり草梁館の整理を済ませて帰国している。吉岡とともに証拠書類まで持ち出して抗弁した森山が、外務大録ついで外務少記にスピード昇進し、これ以後の対朝鮮交渉の中心になることを考えれば、ここでの対立が決定的意味をもったとは思えない。

また、朝鮮との関係は当時誰が担当しても容易に打開できなかったことはあきらかだったし、七四年の建白でも吉岡がみずからの交渉ぶりを恥じている気配はないから、引責の線もあたるまい。そのうえ、前年に「征韓」企図の罪で逮捕された丸山作楽・元外務大丞らが、この年、除族・終身禁獄に処せられており、この時期に武力行使か否かといった基本的な政策対立のおこる余地もなかった。[14]

それでは吉岡の側になにか不満があったのか。朝鮮出張以前の吉岡の序列は、沢宣嘉・外務卿以下第十三位、奏任官の最下位にあり、おなじ権少丞には花房義質がいた。大少丞は卿と大少輔の指揮の下で、政策を協議し事務を処理する中間管理職である。省内の事務分担では吉岡は文書関係を除く渉外・人事・財務などに関与していた。七一年九月には大坂府開港場での貿易をめぐる英国公使の抗議に対処するため、関西に出張している。[15] ところが、釜山滞在中の七一年十月（四年八月）、官制改革で権少丞が廃止され、本省の花房は外務大記（六等官、少丞相当）に昇進したのに吉岡は外務少記にとどまり、彼が帰国したときには花房はすでに大丞にまで進んでいた。朝鮮で苦労した吉岡にとって不本意な思いは禁じえなかったろう。とはいえ、こんなことで辞職するだろうか。

あれこれ考えあぐねながら国立公文書館の史料をあさっていると、なんと吉岡自筆の辞表が出てきた。少し長いが全文を掲げておこう。[16]

微臣弘毅

夙《つと》ニ報国之志ヲ抱キ、螻蟻《ろうぎ》之微力ヲ竭《つく》シ候得共、至今《いまにいたり》、素志ニ酬ユルコト能ハズ。是学問浅薄、才力劣弱ナルニ由レリ。因之《これにより》、官職ヲ辞シ位記ヲ返上シ、数年之間実用之学問ヲ研究シ、微力ヘ培養之上、身ヲ国家ニ致シ、渥恩之万一ヲ奉報《むくいたてまつり》度、懇願ニ堪ヘズ候。若シ苟《いやしく》モ官爵ニ安ジ、少壮之齢ヲ費シ、学問之機会ヲ失ヒ候ハヾ、終身達志之期無之《これなく》、左候《さそうろう》テハ無限之遺憾ニ候間、何卒《なにとぞ》官職ヲ被免《めんぜられ》候様、御執奏被下度奉《くだされたくねがいたてまつり》願候

恐惶謹言

正七位外務少記　吉岡弘毅

壬申七月廿五日

史官御中

報国の志をいだきながら「学問浅薄、才力劣弱」のゆえに素志を実現できなかったという言葉に、交渉の不調や出世の遅れにたいする口惜しさを読みとることもできなくはない。だが、いま官爵に安んじて実用の学問の機会を失えば一生を棒にふることになり、「無限之遺憾ニ候」と述べる彼の語調には、けちな役人根性などへの勘ぐりを撥ねつけるだけの真摯さがある。学問のためというのが口実でなかったことは、「変則私学学生」という一年半後の建白書の肩書が証明している。

また、辞表の欄外には、「願之通、免官、位階返上」、「久敷《ひさしく》朝鮮国ニ在留候ニ付、慰労ノ為、金百円下賜候事」と書きこまれており、引責辞職でなかったことの傍証となる。官職のみならず正七位の位記までみずから返上したところに、彼の決意のほどをみてとることもできる。(17)

それにしても、二十五歳になってから奏任官の地位を捨ててまで学問をしなければと吉岡を思いつめさせた理由はなんだったのだろうか。釜山到着直後の吉岡は、「本省ノ官員増減黜陟等ノ儀ハ如何候哉」、新しい官員録を送ってほしい、と人並に人事への強い関心を示した。それがのちには、もっぱら新聞等を洩らさず送ってほしいと要望

するようになり、本省も弁務使（公使）に準じたあつかいを認めた。[18] 日本から切り離された草梁館での孤独な生活のなかで、なにか悟るところがあったのだろう。だが、彼の内面をさぐる手がかりを外交文書に求めるわけにはいかない。吉岡追跡はまた暗礁にのりあげた。

㈣　各箇各別の思想

それでも、吉岡がめざした「学問」の一端は七四年（明治七）の建白から推測することができる。このなかで彼は、先に紹介した朝鮮論を含めて六つのテーマを論じていた。

その第一は、「人民ニ教法ノ自由ヲ許スコトヲ論ズ」と題するもので、維新以来、政治・法律・兵制などすべて西欧に範をとりながら、ろくに調べもしないで「耶蘇教ヲノミ擯斥スルハ何ゾヤ」と、キリスト教の公認を求めた。自分もキリスト教の教典を読み、教師に疑問点を問いただし、また「窮理ノ説」（哲学）も参考にして、「始メテ其説ノ至善至美、諸教ノ上ニ卓越シ、智愚ノ別ナク万民ヲ教化シ風俗ヲ改良スル」力のあることを知った、と述べている。辞職後、彼が積極的にキリスト教に接近したことはまちがいない。

この年、ギリシャ正教のニコライが御茶ノ水の教堂建設に着手し、日曜日ごとに築地の居留地でおこなわれる外国人宣教師の説教には百人以上の人々が集まるなど、[19] 東京でも本格的な布教が始まっていた。東京での最初のクリスマスもこの年に開かれたといわれる。しかし、社会の一般的風潮はなお〝邪教〟あつかいだったし、第三章でみたように、仏教側の宗教自由論も、〝キリスト教と対抗できるのは仏教だけだ〟というのがキャッチフレーズになっていた。七四年の左院あて建白でキリスト教公認を正面から要求したのは、これまた吉岡ただ一人であった。

もとより、彼はキリスト教の国教化を求めたわけではない。「政府ノ分」として、この宗教を信じろ、あれは信じるなと命令できるわけがない、とはっきり言っている。ただし、「文明ノ国」ではどこでも「独一ノ真神ニ服事」しており、日本人もおなじ神様を信じれば「互ニ兄弟姉妹ノ思」いを抱くようになり、「文明各国ノ歓心」を得て「和親ヲ厚」くすることができる、と強調する。また、キリスト教容認が天皇制の否定、共和政体につながるとの非難にたいしては、欧州にも君主国があり、もし陛下を軽侮する者がいれば、それは「教旨ニ反」した「耶蘇ノ罪人ナリ」と断言している。キリスト教の普及こそがヨーロッパ諸国と対等な友好関係を築くうえで効果的であり、天皇制とも矛盾しないというのは、いかにも穏健かつ守勢にまわった態度である。

だが、彼はさらに語を継いで、こうも述べるのだ――しかしながら、不幸にして政府が「愛民ノ美政ヲ止メ、暴政ヲ施ス」ならば、信徒たちは「懇ニ政府ヲ諫メ、尚聴カレザレバ、奮発抗抵シテ民権ヲ保護スル」であろう、「是レ政府ノ罪ニシテ、人民ノ罪ニアラズ」、と。そして、将来わが国の人智が開ければ、たとえキリスト教徒にならなくとも人民は「決シテ奴隷ノ如ク暴政ニ服スルコトナカルベシ」、と。

国民の抵抗権を明確に主張したこの年の建白としては、吉岡のほかに置賜県（現山形県）士族・宇加地新八（八月付）がめだつ程度である。宇加地は、天子が「暴逆ヲ謀リ国民ヲ害シ」「衆議ヲ拒ミ、兵力ヲ以テ」国民に迫るようなことがあれば、「議院モ亦、普ク天下百姓ニ告ゲ」、民を救うことができる、しかしこれは「大逆ト云フヲ得ズ、何トナレバ天子自ラ人ヲ絶スレバ也」と言いきっている。どちらも多分に翻訳調の書生論の気味があるけれども、吉岡の場合、キリスト教徒を民権の先駆的な担い手と位置づけ、人智が開ければ人民は決して奴隷の地位に甘んじない、と明言した点に特色があった。

したがって彼は、人民には天賦の「自主自由ノ権利」があり、とくに言論・出版・行動の自由は「最緊要ナルモノ」で、天子といえども奪うことのできない「確然不抜」の権利だと主張する。そして、新聞紙発行条目の国体誹謗・政法非難の禁止規定を、旧幕府時代に身分の下の者が「御上ノ事ヲ誹謗スルハ不届ナリト呵責セシニ類似」するものだと批判した（「人民ニ思言書ノ自由ヲ許スベキヲ論ズ」の条）。

さらに、人間は本来「勤労ニ服シ、自ラ需用物ヲ備へ、生命ヲ保」つべきであり、自己の労力で生活せずに他人の労力に寄食する者、「コレヲ名ヅケテ厄介ト云」うとすれば、「今ノ華士族ハ平民ノ厄介」ではないか、しかも、「厄介ハ卑屈シテ主人ハ尊大」というのが普通なのに「今ハコレニ反セリ」と、居候の華士族が主人の人民よりもいばっている現状を痛烈に批判した。「毎日温柔ナル布団上ニ安臥シ、傲然トシテ平民力作ノ膏血ヲ食」う彼らへの非難がこの時期に急速に高まったことは第二章でみたが、吉岡の論調は、そのなかでももっとも厳しい部類に属した（「予メ家禄廃止ノ期限ヲ示シ華士族ヲシテ今ヨリ予備ヲ為サシムルコトヲ議ス」の条）。こうした民権擁護、華士族批判の論調と、位記を返上しての辞職とのあいだには、たしかな思想的脈絡がある。

だからといって、吉岡が反体制的・反国家的な人物だったわけではない。大多数の民権家とおなじく彼もまた熱烈な尊皇家であった。七三年（明治六年）五月四日夜、皇居が炎上すると、翌朝、ただちに彼は三十円の献金を北条県の東京出張所に申し出た。のちに御岳教初代管長になる鴻雪爪・権大教正ですら六月になってから三十円の献金をした程度なのに、定職もない吉岡のこの行動は、彼の心情をよく示している。

この献金願のなかで吉岡は、「君民ノ相愛シ、相助ル」のが「治安ノ基本」であり、人民が天災で苦しんだときには朝廷から救恤の金穀を賜ったのだから、「人民タル者」も「皇城ノ遭災ヲ見テ……豈袖手傍観スベケンヤ」と力説する。ことに自分はかつて「庸愚ノ資ヲ以テ……外務ノ末列ニ加」わったことがあり「聖恩ヲ蒙ルコト」浅からぬと強調し、「全国有志ノ輩」が自分につづくことを願うと結んだ。第一章でふれた皇城再建献金の口火を切るものであり、日付も「二千五百卅三年五月五日朝」と皇紀表示だった。[20] 建白書（この日付は「明治七年二月」）でも、政治は「君民ノ公共物ニシテ政府ノ私有ニアラズ」と書いており、人民と君主との敵対は直接には想定されていない。[21]

また、板垣らの民撰議院論にたいしても、現在は人民の「開化之度」が低く「天下ノ大議院ニ列シテ、大ニ憲法ヲ制定スル」だけの力量はない、と加藤弘之の漸進論に賛成し、まず府県議会を開くよう求めた（「西郷副島諸人ヲ再用シ、且府県ニ民撰小議院ヲ建ツルコトヲ論ズ」の条）。先にみた朝鮮論はこの項のなかで副島らへの批判として述べられたものである。

このように、吉岡は急進的、反政府的な改革論者ではなかった。むしろ、開化の度合いからすれば政府よりも人民のほうがはるかに遅れていると考えていた。目今の「天下ノ患」は人民の勢力が過大なことではなく「大弱」なところにある、「柔弱無力ノ人民」ゆえに政府の不正を匡す力がなく「万国ノ軽侮ヲ禦グノ勢」もない、というのだ。こうした現状認識は、当時の知識人の多くに共通するが、議会をつくれば人民に「天下ヲ分任スル」義務を知らしめることができると期待した板垣たちにたいして、吉岡は、いまの人民は「政府ノ奴隷タル陋心ヲ洗ヒ難ク」、旧来の世界に安住して「自尊自重」するだけで「天下ヲ分任スルノ気力」に乏しいと悲観的であった。それでいて、政府の「新令ヲ疑ヒ、雲合蜂起シテ政庁ヲ毀チ、人家ニ放火」する新政反対一揆をおこしもするが、その原因の多くも人民が政策の趣旨や「当世ノ務」をわきまえず、「頑愚蒙昧、自ラ貧弱ニ安ジ」ていることにある、とみなしていた。そこで、政府・地方官は人民の啓発にもっと意を注ぐべきだ、と彼は要望することになる（「人民ヲシテ速ニ政府ノ旨ヲ悟リ、当世ノ務ヲ弁ゼシムルコトヲ論ズ」の条）。また、新政反対一揆の主因のひとつだった徴兵制についても、民衆の徴兵忌避・脱走の頻発は、軍律の苛酷さと将校の強圧的態度に原因があるとするだけだった（「兵卒ヲ愛撫シ、報国ノ志ヲ抱カシムルコトヲ論ズ」の条）。

しかし、第二章でふれたように、これまで年貢さえ納めれば自分の生活に専念できた人々にとって、三年間の徴兵は懲役にひとしい理不尽なものだった。そのことに吉岡は気づいていない。また、「木石金銀ノ偶像」に霊があるとする仏教を信じているのは「愚夫愚婦ノ徒ノミ」であり、しかも、それはただ「私慾ヲ達センコトヲ祈ルノミ」で、「善ヲ楽ミ悪ヲ恐ル」という倫理的な規範性がまったくない、と断定する。こうした仏教批判は神道の側からも出されたが、民衆の無病息災・極楽往生の願いを「私慾」としか見ないのはあまりに一方的であろう。廃仏毀釈、火葬や祈禱・口寄せの禁止といった宗教政策、米価の高騰を放任する経済政策など、長年の慣習、価値観を根底からおびやかす文明開化政策への民衆の「疑懼」には相応の根拠があったはずだ。現に、明六社の西周は、「匹夫匹婦」が木石虫獣を信じても、それは彼らが「真トスル所ヲ信ズル」のだから、他人が宗教としての「本末正変」を理由に「信ヲ奪フ」ことはできない、と述べている。(22) だが、吉岡の思考はそこまでおよばなかった。

もっとも、彼の出身地である北条県では、前年、徴兵令や賤称廃止令に反対する農民が被差別民十八人を殺害し、被差別民や戸長の居宅、小学校などを打ちこわして斬罪十五人を含め二万六千人が処罰されるという大規模な騒動（血税一揆）が起きていた。官舎や学校だけでなく被差別民まで襲った故郷の民衆の姿に、彼は大きな衝撃を受けたことだろう。吉岡は民権家のように簡単に「人民」を信頼するわけにいかなかったのだ。それだけに、「頑愚蒙昧ニシテ陋習ニ粘着スル」人民を開化させるためにはキリスト教の普及が緊要だという、あせりにも似た確信を深めたのではなかろうか。「天下ノ民」が耶蘇教に帰すれば、「善ヲ楽ミ悪ヲ恐ルルコト、今日ニ倍蓰シ」、おのずと犯罪も減少する、そのうえ、人民の「愛国ノ念」「協力同心ノ風」も高まり、「国ノ安寧富強トナルコト、実ニ疑ヲ容レザルナリ」、と。

結局のところ、吉岡の建白書は、欧米諸国を手本とする文明開化路線を基本的に支持し、国家の安定・独立・富強を目標としながら、そのためには民権の伸長と民衆の啓発が急務だと主張するものであった。政府への建白という文書の性格を考慮すると、これだけで彼の思想を判断するのは軽率だが、こうした発想の大筋は当時の啓蒙思想家や民権家にも見出せるものだった。たとえば、現代の感覚では「愚夫愚婦」といった表現はとんでもないことだが、急進的民権家とされる大井憲太郎なども多用している。みずからの理想とする国家・社会像にむかって進歩発展するためには、民衆の自発的・意欲的な参加が不可欠だと気づいた者ほど、自分の期待どおりに動いてくれない民衆を「頑愚」とののしりがちなのだ。まさに啓蒙期インテリに特有の発想といってよい。

それでも、吉岡の華士族批判の厳しさ、抵抗権の明言、キリスト教の公認要求、民権の担い手を士族や学者ではなくキリスト教徒に求めたところなどには、時代の思想水準をこえる鋭敏さがあった。また、ともすれば観念的でひとりよがりな建白が多いなかにあって、議論の論理性、明快性、具体性などの点でもすぐれていた。外務省辞職後のキリスト教への接近と「実用之学問」研究とは、吉岡をさしあたり、典型的な、しかしかなり急進的な啓蒙主義知識人へと導いたようであった。

だが、個々の論点をこえた思想的な視座に関する次の発言は、ことのほか注目に値する。

夫レ、事物ノ真理ヲ明ニセント欲スレバ、必ズ衆人ノ異議異見ヲ集メテ互ニ相参照シ、彼是相補テ、始メテ其理ヲ認ルコト明確完全ナルヲ得ルモノニシテ、若シ一人議ヲ発シテ衆人皆コレニ雷同スレバ、真理不明シテ必ズ措置ノ失ヲ生ズベシ

一人の「異議異見」もなく最初から満場一致になった議案は不採択にするという発想こそ西欧民主主義思想の真髄だといわれる。それは、人々が同じであることではなく、違うこと、差異を尊重することが大切なのだ、という個人主義の理念につながる。吉岡はこの長大な建白を結ぶにあたり、「西哲」の言として、「人民ノ相似同セズシテ、各箇各別ナル品行及ビ議論アルハ、互ニ相資益シテ邦国開化ノ上進スル所以ニシテ、深ク悦ブベキコトナリ」と再度強調し、「各箇各別」の思想的意義を力説している。

おなじ趣旨を阪谷素や福沢諭吉など、当代一流の知識人も述べている。ただ、阪谷が『明六雑誌』で「他人ノ説

少シク異ナレバ輒《すなわ》チ怒リ、平心商量スル者ナシ」と現状を批判したのは七四年十月、福沢が『文明論之概略』で、西欧の進歩は多様性を尊重したことに起因し「自由の気風は唯多事争論の間に存するものと知るべし」と指摘したのは七五年四月（出版許可）であり、吉岡の発言はこうしたものにわずかながら先んじてさえいた。(23)

さらに、これは「西哲」のたんなる請売りでもなかった。たとえば、板垣・副島らの「征韓」論や民撰議院論に反対しながらも、彼らを復職させるために、「朕深ク汝等ニ依頼ス、宜シク……朕ヲ輔クベシ」と天皇がみずから「礼ヲ以テ」彼らに要請すべきだと提言し、そのうえで吉岡は、「臣ガ此諸人ヲ引用シタマワンコトヲ願フ」のは、「人材ヲ惜ム」からで「其持論ヲ取ルニハアラズ」と、念を押すのである。

いや、ほかならぬ彼の朝鮮論こそ、「各箇各別」の視座を貫いた見本というべきだった。各国が「独立自主ノ権ヲ固有」し、他国によって「自主ノ権」を犯されることを「屈辱ヲ受ル」というのだと主張しながら、朝鮮にもまた「独立自主ノ権」があることに思い至らぬ宮崎八郎らのような〝志士たち〟と対比するとき、朝鮮の「疑懼」の正当性を認めた吉岡の朝鮮論の傑出ぶりはひときわ明瞭になる。

もとより、啓蒙思想の高みにたつ吉岡には、文明開化政策にとまどい、新政反対一揆につき進まざるをえなかった「頑愚蒙昧」な民衆の心の奥にある「疑懼」が見えなかった。その意味では彼もまた、普通の西洋派知識人とおなじく、価値の多様性を尊重する西欧的進歩に反対する者を「頑愚」とみなす一元的な価値観にとらわれた、と言えなくもない。しかし、そのような「文明」の優位から朝鮮・中国の「未開」を蔑視するのが当時の民権家をふくめた〝西洋派〟の一般的な傾向だったとすれば、キリスト教立国をも望むような西洋的価値への傾倒をみせながら、なおかつ吉岡がこうした独自の朝鮮観を堅持しえたことに驚かざるをえない。

「朝鮮」はかつての彼にとって、どうしても意思を疎通させねばならぬ、のっぴきならない相手として存在した。しかも、草梁館というかぎられた空間にしろ、朝鮮の〝現場〟で彼は十九か月間生活した。その体験が、一見守旧的で頑愚にみえる朝鮮政府の主張の根底に歴史具体的な体験があることを観取する力と、日本人の「粗暴苛虐」を批判しうる自己客観化の視座とを吉岡に与えたのだろう。まことに、朝鮮体験こそが彼の稀有な思想の根幹を支えていたのである。

㈤　尊攘派志士

それにしても、吉岡はどのような出自をもち、この後どのような生き方をしたのだろうか。彼を追いかけはじめてしばらくの間、すでに述べた時期以外の彼の足どりは杳として知れなかった。王政復古から八一年（明治十四）までの政府高官五百名を網羅した『百官履歴』や各種の人名辞典にも彼の名前は見出せなかった。『百官履歴』は森山茂すらでてこないほど不完全なものだが、瞥見のかぎり、ここにのせられた平民出身官僚は渋沢栄一ら数人にすぎない。しかも、七〇年（明治三）頃に吉岡より上の位階をもつのは従六位・大蔵少丞の渋沢だけだ。吉岡の地位の高さが気になる。『朝鮮交際始末』に「吉岡弘毅、津山藩管下平民」[24]とあるので、退職後に平民になったわけではない。にもかかわらず吉岡は完全に無名の人となったかにみえた。建白書も人民説諭の必要性や府県議会を論じた部分が着目されたのか、「地方会議迄留置」とされて、大臣・参議の目に触れることなく左院の文書綴にとじこまれてしまった。

それでも、国立公文書館に日参して外務省出仕以前の足跡をさぐるうちに、六九年（明治二）弾正台少巡察となり、九月十八日（八月十三日）大巡察に昇進、十一月（十二月）に従七位の位階をうけたことがわかった。そして、ある日、ついに少巡察への登用を記した弾正台文書[25]のなかに、「作州久米南条郡福度村処士《ママ》　吉岡徹蔵」の一行を発見した。八月一日（六月二十四日）付だった。『西南記伝』が「通称は轍蔵、備中の人」[26]と記していたのに助けられた。

こうして私は、ようやく岡山県御津郡建部町福渡にある吉岡の生家にたどりつき、さらに、彼の次男愛による伝記や家族・友人の追憶記をまとめた『父を語る』（一九四〇年、私家版）と、遠縁にあたる鈴木伝助の評伝「戦える清教徒」（『キリスト教新聞』一九七二年一月二十九日～五月六日、十四回連載）を見せていただくことができた。以下、これらを手がかりに彼の歩みを追っていくことにしよう。

*

吉岡弘毅は一八四七年七月八日（弘化四年五月二十六日）、福渡村の医師・有隣ととわの三男として生まれた。福渡村は美作地方の南端で岡山と津山のほぼ中間に位置する。江戸時代は幕領ないし森俊春、脇坂安董などの支配下にあった。となりの津山藩から宇田川玄随、箕作阮甫など傑出した洋学者が輩出したせいか、この地方では村医ですら蘭学を学ぶ者が多かった。有隣は隣村の庄屋をつとめる河原家の出身で、医師・吉岡玄跡の養子になったのだが、彼もまた、シーボルトの弟子の石阪桑亀についたのち、みずから長崎へ出かけて修業している。弘毅の異母兄の寛斎も江戸で大槻周斎から蘭学を学び、産科学で名を挙げたという[27]。

しかし、弘毅は家業に反発するかのように古学派の中谷亮輔の私塾に学び、ついで倉敷に滞在していた高名な儒者・森田節斎（一八一一―六八）の門をくぐる。節斎は頼山陽の高弟だったが、諸藩の招きをことわって一生を在野ですごし、「上中川親王親書」「小楠公髻塚碑文」などの名文で尊皇倒幕の士気を鼓舞した。吉田松陰も節斎に同行して二か月間、近畿地方を巡遊している。一八六三年（文久三）の天誅組の蜂起には乾十郎はじめ多くの門下生が加担し、また、第二奇兵隊を脱走して倉敷の浅尾藩陣屋を襲撃した立石孫一郎（大橋敬之助）も節斎の門人だった。節斎は乾十郎や吉田松陰の軽挙をつねに戒めたといわれるし、彼自身は、「不独刀剣為殉国之具、文筆亦殉国之具」と、あくまで〝文筆による殉国〟という学者の立場を守ったが、「気節之士」の育成を自己の使命ともしていた――「欲以筆鋒誅姦賊於既死、豈敢惜一死乎」。[28]

倉敷で開いた簡塾には各地から二百八十名あまりの塾生が集まったが、柴原和、阪谷素をはじめ、明治政府の奏任官以上になった者が七十名を越えるという。[29] また、岩倉具視に学を講じ、バックル「イギリス文明史」を翻訳し、岳南自由党総理として民権運動に参加した土居光華も節斎の門人である。

吉岡もこうした人々とともに熱烈な尊皇家になった。そして、六五年（慶応元）、節斎が郷里の大和五条に戻ったときには、十八歳の彼も随行し、代講するまでになったという。もっとも、妻君を一時離縁した老師のために炊事までやらされて閉口したこともあったようだ。[30]

その後、節斎との縁であろうが、急進的尊攘派公家の壬生基修に仕え、戊辰戦争では北越・会津の戦闘に参加した。長岡城攻防戦では、河合継之助の攻撃にひるむ部下を「それでも日本武士か」と叱咤したところ、にわかに敵陣に突進しはじめた――後年、このエピソードを披露して「如何なる臆病者も一度覚醒すれば恐ろしい勇気を出すやうになるものだ」と語っている。[31]

京都に戻った吉岡は尊攘派志士の尖鋭分子として活躍する。戊辰戦争がほぼ終結し、行き場をうしなった青年たちは、予期に反して外国との和親に汲々としている政府へのふんまんを強めていた。六九年三月（明治二年二月）、天皇の東京再行が発表され、ついで太政官の東京移転も布告されると、京都を中心に政府（主流派）への反発が一挙に高まった。そのさなかの四月十二日（三月一日）、吉岡も古松簡二・高橋竹之助・福田秀一・依岡城雄・里見総之助・伊藤源助の六名とともに「再幸抑留」の建白書を三条・岩倉両大臣に提出した。そして十四日には、柳川藩の古賀十郎と二人でふたたび三条に面会を強要して座り込み、「彼是押合」するうちに薄暮となって、議定の池田慶徳（鳥取藩主）の私宅に預けられる、といった騒ぎをひきおこす。[32] 切腹覚悟で提出したというこの時の建白は未見だが、三条家文書のなかには、攘夷決行・草莽の親兵への登用・東幸中止を要求した三和司馬太ら八名の建白（明治二年三月付）や、東幸中止・邪教禁止・洋風排除・紙幣廃止の「聖察神断」を求めた建白（差出人・日付とも不明）などが残っている。吉岡らもおなじような主張をしたのだろう。

翌十五日、「廟議御手当、枢機之仔細」を拝承しないうちは「幾重ニモ納得仕兼《つかまつりかね》候」と身構える吉岡・古賀にたいして、政府は「確然御決定」済みの廟議を変更する余地はないが、「其方共、勤王之為、身命ヲ抛《なげう》チ候心得ヲ以テ、言路洞開之御趣意奉戴仕リ、御為筋之儀」をあくまで上申しようとするのは「神妙之至リ」だと誉めあげ、「御用之筋」があるので東京へ同行するようにとの沙汰を下した。[33]

だが、東京に着いても彼らは翻意しなかった。折から東京に移動してきた志士による外国人襲撃事件が多発し、外交問題化していたから、三条もあつかいに苦慮したようだ。〝吉岡、古賀の件では同志の「議論も沸騰」しており、「当人も自然切迫之心情より麁《そ》暴之挙動を犯し」、「外国人抔を斬殺等之挙」に出かねない〟と心配して、「極密」に津山・柳川の両藩主から説諭させるよう、ふたたび池田慶徳に命じた。しかし慶徳は、吉岡は津山藩士でないから説諭させるわけにいかないし、東幸に随従するよう「重キ御沙汰」を発して道中の探索まで命じた以上、政府としてのなんらかの措置が必要ではないか、と答えた。[34]

結局、七月に創設された弾正台に二人を登用することで一応の決着がつけられたが、彼らに好意的だった池田慶徳はその処理にあたり「不束《ふつつか》之儀」があったとして謹慎処分を受けてしまう。[35] 領主グループの中心にいた慶徳の処分を強硬に主張したのは後藤象二郎であり、版籍奉還直前のこの大騒動は、政府内部の新旧両派の勢力争いと結びついていたようだ。[36]

(六) 志士からの離脱

弾正台は府藩県や各省の非違を糾すことを職務とした。そのほか、切腹処分の立会いをしたり（家老を殺害した吹上藩士の処刑の場に吉岡の名が見える）[37]、天皇の伊勢神宮参詣の際などの行列の前後を固めるといった役割もあった。弾正台の辞令をもらった時の吉岡の歌が残っている。二十二歳（数え年）だった。

諸人の曲事《まがごと》糾す司なれば　先づや糾さん己が心を

「主上御若齢、天下多事」にもかかわらず、「百官庶僚」のあいだは「賄賂私謁ノ路開ケ、奢侈游惰ノ風行ハレ……或ハ酒色ニ沈淫」していると聞く、何たることか、[38]と東京に着いた三条太政大臣がわざわざ告諭しなければならないほど、政府内部の規律は乱れていたから、吉岡たちは大いにハッスルしたことだろう。

だが、弾正台はまた吉岡や古賀のような尊攘派の拠点でもあった。行政の主導権は〝開化派〟が握り、守旧派に決定権のない監察業務をやらせて「鬱屈を発散」させようという大久保らの戦略だったのだろう。しかし彼らは、天長節の儀式の欠席者を調べあげて加藤弘之大学大丞らを謹慎処分にしたり、天皇の集議院臨席の際に「自儘ニ起坐イタシ、不敬ニ渉」った者の譴責を要求したりと、やかましかった。さすがの佐々木高行でさえ、「弾正台ニハ過激ノ輩多数ニテ、何分大ニ権力ヲ張リ、甚ダ困却ナリ……聊カノ事ニテモ糾弾致ストテ無遠慮ニ各省ノ者ヲ呼出シ……」とぼやいている。[39]「生死を賭して職務の断行に当り、仮借するところなき」ゆえに、当時の官員たちは吉岡の名に「ちり〳〵して居つたといふ[40]」から、吉岡はこうした動きの急先鋒だったようだ。吉岡愛も、父はあまりに猛烈なキリスト教非難の言を吐くので上司から注意されたと書いている。[41]後年の建白書にみられたキリスト教擁護の姿勢とは逆に、彼は典型的な〝邪教〟排撃論者だったのだ。

ところが、吉岡と古賀とはこれ以後、まったく別の道を歩むことになる。吉岡はすでにみたように弾正台から外務省に移り、朝鮮に渡る。一方、古賀は九州巡察の途中、熊本の阿蘇神社で「皇統一系万国ニ卓絶スル国也〔と言うのは〕……実ニ愚昧」などと書かれた『天道覚明論』なる本を入手し、これを横井小楠の書だとして横井の暗殺を正当化しようとしたり、大村益次郎暗殺犯の処刑を中止させた粟田口止刑事件に関与するなど、〝激派〟の立場を堅持した。そして、七〇年五月（明治三年四月）、他の大巡察八名などとともに免官になる。粟田口止刑事件以後、弾正台は「諸省の僚吏と相善からず、動《やや》もすれば抗争せん」[42]とする態度がいっそうひどくなり、ついに人員削減を名目に尊攘派の切り捨てを三条らが決断したのである。吉岡が外務省に転出して十一日目のことだった。

その後の古賀は、第二維新を主張して初岡敬治、愛宕通旭らと挙兵を企図し、七二年一月（明治四年十二月）、「浅からぬ罪を受しは真心の　深からざりし報ひなるらん」との辞世を残して斬罪に処せられた[43]。また、丸山作楽、小河一敏、外山光輔ら当時の反政府諸グループが一網打尽となった一連の「陰謀事件」には、外務卿・沢宣嘉や立石正介ら美作の農民七名も連座した。吉岡とともに天皇の東京行きに反対した古松簡二、高橋竹之助もそれぞれ終身禁獄、禁固十年の処罰をうけ、伊藤源助は大村益次郎暗殺犯の一人としてすでに梟首になっていた。日本にいたら吉岡もまた古賀らと同じ運命をたどったのだろうか。

晩年の吉岡は、弾正台時代に知りあった雲井龍雄（七一年二月梟首刑）について、悲憤慷慨の士だが時勢を知らぬ小人物だったと語っている。彼の明治政府転覆論を「そんな馬鹿な事」と吉岡が批判して遂に喧嘩別れになったという[44]。しかし、横井小楠暗殺犯の助命に古賀と奔走したり、七〇年三月には帰藩する初岡敬治の送別会に古賀と出席し、あるいは丸山作楽と沢宣嘉との連携を図る会合に森山茂と顔を出すなど、在野の尊攘派とのつながりを示す動きも多い[45]。後年の雲井評をそのまま信じるわけにはいかない。

とはいえ、丸山グループとの会合の三日後、わざわざ丸山の塾を再訪して樺太問題についての意見を問い合わせているところをみると、[46] 彼らと日常的な交流があったわけではなさそうだ。また、古賀らがいっせいに免官になる直前に吉岡だけが外務省に〝一本づり〟されたのは、弾正少弼で大久保利通と親しい吉井友実の推挙によるのではないか、と晩年の吉岡は回想している。北陸戦争の指令部側近だった二人は弾正台以前から面識があったと思われるが、この人事は〝過激派代表〟の古賀と吉岡とを切りはなし、吉岡を朝鮮の地に隔離するための策略だったのだろうか。そういう見方もあったようだ。

だが、先にふれたように、外務官僚の派遣について政府はかなり慎重な検討をくわえていた。外務省の上申書には、上級の官吏を派遣して万一「見込ニ差違」いが出たらかえって「御用ノ妨」げになるから「見込ノ人」がいなければ事務官の森山、広津だけのほうがよい、という付箋がついている。大久保の岩倉あて書簡も、当面「征韓」論とは反対の「因循論」でいくほかなく、「政府相互ノ交際」をしても害はなかろうが、だれを送るかは「厚ク御勘考、御熟議」あるべきだと述べていた。[47] したがって、強硬な「征韓」論をねじふせて交渉の道を選択した大久保らに、朝鮮政府と物議をかもすことがわかりきっている人物を派遣する余裕があったとは考えにくい。この点で、煙山専太郎『征韓論実相』[48] の次の記述が興味深い。

吉岡は森田節斎の門人にして生平〔平生の意〕陽明学を奉ずる者、往年遷都の議あるや、鳳輦を抑へて其東下を諫止せんとせし有名なる頑固党なり。又征韓論にくみせず。外務省が殊に此行に彼を加へしは、よりて以て森山等少壮者の急進論を制せんが為なりしと云ふ

一八四二年（天保十三）生まれの森山のほうが五歳年上だから「少壮」というのはおかしいが、吉岡は「征韓論

にくみせず」と明記されている。そういえば、この年の八月二十二日（旧暦七月二十六日）、竹に挟んだ建白書を集議院の門前に差し立てて諫死した横山安武（森有礼の兄）は、「何事モ名目虚飾ノミニテ、実効」がなく、「万民狐疑ヲ抱キ、方向ニ迷フ」と政府を批判し、とくに「朝鮮ヲ小国ト見侮リ、妄リニ無名ノ師ヲ興シ、万一蹉跌アラバ天下ノ億兆、何ト云ン」と「征韓」論につよく反対した。[49] 横山のこうした内政認識を吉岡も共有していたはずだから、「頑固党」と反「征韓」とはかならずしも矛盾しないのだ。煙山もふれているように吉岡は陽明学の造詣が深かったし、横山もまた「無名」の行為をきらう陽明学徒であった。[50]

また、森田節斎は倒幕の手段としての「攘夷」をかかげたといわれている——「当時攘夷家の隊長と見られて居た節斎」は中風に効く「ガルバル」という名の舶来の電気治療器を愛用しており、「攘夷々々と叫んで居るのは……無理難題を幕府に持ちかけ、東夷即江戸政府を倒す方便とせし」もので、「先生等のいはるゝ所の攘夷は即ち倒幕。而して王政復古即ち開国となるのであります。是が口には云へぬ理想です」。[51] 節斎の弟子の多くが新政府の官僚になれたのは、「攘夷」を真にうけずに倒幕のためのスローガンと認識できるだけの政治性を身につけていたからだろう。吉岡の対外観もこの影響をうけていたはずだ。

とすれば、尊攘派とのつきあいがあったにしても、古賀たちと吉岡とのあいだには基本的な歴史認識のズレがあり、「雲井は時勢を知らない」という述懐も額面どおりに受けとってよさそうだ。むしろ、沢・丸山ら「征韓」派が主流の外務省に吉岡を送り込み、交渉継続の方針を正院で決定して朝鮮に派遣するという一連の動きは、大久保らの周到な作戦だったのであり、それゆえに吉岡は懸命に話し合いの糸口を探りつづけたのだ、と考えられる。

しかし、この推測があたっていたとしても、草梁館で旧友たちの逮捕・処刑を数か月遅れの新聞や手紙で知らされる吉岡の心中が穏やかであったはずはない。七一年七月（明治四年六月）には、久留米・柳川などで七百余人の陰謀があったと聞くが「何等ノ論議ヨリ斯迄ノ連累ニ及ビ候ヤ、驚竦無限ニ存ジ候」といぶかり、なにとぞ一部始終を「微細」に知らせてほしい、と本省に懇請している。(52) 朝鮮時代につくられた次の歌から、かつての同志の首をはねた政府首脳にたいする無言の抗議が帰国直後の辞職・位記返上という行為に込められていた、と想像するのは深読みにすぎるだろうか。

異国《ことくに》の島根にのぼる月影を　我が故郷の友とこそ思へ

(七) キリスト者として

だが、彼の人生にとって朝鮮行きはそれにもまして大きな転機となった。無聊に苦しむ吉岡に森山茂が漢訳聖書を貸したのである。「征韓」派として知られ、のちに貴族院議員、伊勢神宮宮司になる森山と聖書とのとりあわせは奇妙だが、それはともかく、『父を語る』には一九二九年（昭和四）の聞きとりをもとに、こう記されている。(53)

之を読むうちに、弾正台奉職当時に懐ける耶蘇教に対する反感は次第に和らぎ……聖書の中に記されたる言が果して真理であるならば何を偖措《さてお》ひても、これを世に普及する必要があり……世を詐る邪教であるならば、之を撲滅する必要ありと感じ、これが研究のためには官を辞しても、徹底的に身を委ねたいと思ふて居つた矢先、帰朝を命ぜられたので……何人とも相談せずして……一切を擲つて一介の書生となることになつた

七四年（明治七）の建白でも、自分の力でキリスト教が有害か有益かを究めよう、たとえ「凶禍ヲ受ケ誹謗ヲ蒙ル」ともかまわぬとひそかに決意した、と述べている（辞職との関連には触れていない）。その後、吉岡はニコラ

イとの論争をくりかえしながら次第にキリスト教に近づくが、吉岡の「理性」は旧教の教義に飽きたらなかったという。そこで幕末に大隈重信・副島種臣らを育て、明治政府の顧問格にあったフルベッキについて研究を深め、七五年（明治八）、長老派のD・タムスンから洗礼を受けた。また、前年に結婚した福岡藩士・松岡又蔵の長女とりや自分の両親も改宗させた。

とはいえ、キリスト教研究それ自体が辞職の直接の目的だったのだろうか。さきほどの煙山専太郎は、「吉岡は帰京後、幾《いくばく》もなくして突如、辞表を提出しぬ。これ彼が此外行に於て自己の頭脳の古陋、到底外交家の任にあらざるを覚りたるによりしと云ふ。而して彼は何思ひけむ、俄に耶蘇教に入りて……」と述べている。(54) 実は、森山も欧米留学の希望をもっていた。しかし、吉岡に先を越されて辞表を受理してもらえず、これ以後の対朝鮮政策立案の中心になっていくのだが、ふたりとも「旧慣尊重」の朝鮮政府の姿に自分たちの「頭脳の古陋」を感じたのかもしれない。ふんまんやるかたない森山は、吉岡の辞職に「狼狽いたし候へども、全体同人儀は極々迂闊《うかつ》生にて決て頼むに足らざるもの」、と悪態をついている。(55) 私情の混ざった評言ではあるが、二つの行李に大学（旧昌平坂学問所）から借り出した本などをいっぱい詰めこんで朝鮮に出かけ、後年、自宅が全焼した時には〝子供より愛していた本が焼けてしまった〟と男泣きに泣いた吉岡は、もともとかけひきだらけの外交や役人仕事に向いていなかったように思われる。

また、鈴木伝助は、「新日本の国礎を堅くし、将来の発達を来たすのには世界の大勢に通じなければならない。泰西の学問を研究して国家に貢献しやうと思って役人を辞めた」との吉岡の直話を紹介したうえで、下野した当時は政治を断念したのではなく、西洋の新知識を吸収して「新日本指導の資格」を培ったあとで「有効に国家に尽瘁せん」としたのではないか、と推察している。(56) たしかに、辞表にいう「実用之学問」と「泰西の学問を研究して国家に貢献しやう」という彼の決意、そして七四年の建白とは見事に照応する。聖書研究のために辞職したというのは、回想にありがちな一面化であろう。

この点は、「愛国ノ誠意ニ至テハ、予亦諸君ト同ジクコレヲ具ヘタリ」と切り出した新聞投書「風俗ヲ改良スルコトヲ論ズ」(『東京日々新聞』75・7・22)でも確認できる。ここでは、前年の建白からさらに一歩踏みこんで、「宇内何ノ国ニテモ、国家ノ主人ハ人民ニシテ、政府ハ人民ニ雇ハレ、給料ヲ取ツテ保護ノ務ヲ行フ」ものであり、したがって「常ニ良法ヲ設ケ、善政ヲ施シテ、人民ノ望ミ」にかなうようにするのが「政府ノ義務」である、と言いきっている。彼の「泰西ノ学問」研究は、「何ノ国」つまり天皇のいる日本でも人民こそが国家の「主人」だと明快に結論するまでに至ったのだ。この年の入信によっても彼の政治姿勢に変化はなかった。さらに、七七年(明治十)の西南戦争のときには、西郷軍をすみやかに平定するには投降者を処罰しないと約束することだ、との建白書(未見)を岩倉具視に提出し、名案だと喜んだ岩倉は彼を昼食に招いたという。吉岡の「国家に貢献しやう」との意欲はなお衰えていない。

だが、彼は民権運動に参加しなかった。吉岡の主たる関心は一貫して〝人民のありよう〟に向けられた。七四年の建白では、教法がなければ「民俗正シカラズ」、政理がなければ「民権」が固まらない、それゆえ、「西洋諸国ノ深識卓見アル理学者」や「政理家」は教法と政理をともに重視するのだ、と述べていた。しかし、七五年の新聞投書は、法制を重箱、人民をぼた餅にたとえて、重箱が立派でも「内ノ牡丹餅ガ腐ツテ」いたのではどうにもならない、「国家ノ主人タリ基礎タル」人民が腐敗して「敬天愛人ノ誠意ナク、只眼前ノ小利ヲ貪テ、全国ノ公益ヲ顧」みないようでは困るのだ、と強調している。こうした問題意識から吉岡は、政府にたいする要求運動(政治革命)よりも、人民自身の自覚と自律(精神革命)を本質的な課題とみなすようになり、ついには、みずからがキリスト教徒となる道を選んだのだろう。新聞一頁分を埋めつくして、「天ノ真神ヲ愛敬」し、自己の「職分ヲ怠ラズ、誠実ニ人ヲ愛シテ、百事公益ニ基ヅク志念」を喚起させる力があるのは天下に「只基督教アルノミ」と結論づけたこの投書は、政理と教法の統一を希求した吉岡の熱烈なるキリスト者宣言であった。[57]

一般に、明治初期のクリスチャン（とくに士族）の多くは、儒教の否定ではなく、儒教を超えた倫理的な世界をキリスト教に発見し、共鳴したと言われる。これまでに紹介した吉岡の建白や投書はまさにその格好の見本だろう。「修身」こそが「治国平天下」の基盤なのだ。[58] 井深梶之助も、「知行一致の修養に精通し、且経国済民を顧念」していた吉岡にとっては、「陽明学が神の摂理の下に、入信の一階梯と成つた」と指摘している。[59] 吉岡は晩年、植村正久に頼まれて東京神学社（明治学院）で王陽明「伝習録」を講義しており、また、中国の青島に次男を訪ねたときには、曲阜（孔子の出身地）に行けたことを非常に喜んだという。彼にとってキリスト教と儒教とは決してあい容れないものではなかった。ことに、規範を自己の外に求める朱子学と違って、陽明学は人々の心の内にある「良知」の発現を追求する。[60] それだけに個々人の自覚、倫理的自律が重視される。政府への批判よりも「風俗改良」に吉岡が力点をおくのは、民衆が「国家ノ主人」だからこそなのであり、その覚醒にかぎりない期待を寄せるがゆえに、現状へのいらだちも激しくならざるをえなかったのだ。

誠なれ只誠なれ誠なれ　誠は人の命なりけり
義と愛の神を信ずる人は皆　終に仁義の人となるなり

こうして敢然とクリスチャンの道を選んだ吉岡は、七八年（明治十一）九月、本郷日本基督一致教会（信徒十八名）の創立に参加して長老に選ばれ、ついで基督教青年会（後のＹＭＣＡ）の創設に関与し、内国伝道委員のメンバーとなり、また、基督教演説会では「演説術」「駁福沢氏耶蘇教論」を論じるなど、活発な活動をはじめる。田村直臣は、銀座三丁目に「耶蘇教書肆十字屋」の大看板を出した本屋の二階が青年の溜り場になっていて、「吉岡弘毅君の如きは、度々来られて、カルヴヰニズムとアルメニズムとの論戦を開かれた」と回顧している。[61] 一致教会

（現在の日本キリスト教会）と組合教会（日本キリスト教団）の合同をめぐる協議委員に選ばれたこともある。

そして、八四年（明治十七）、大阪北教会の初代牧師となった吉岡はまた、同年十一月のタムソン、フルベッキの高知伝道にも同行し、みずからも演説した。〝政治上の自由も言論の自由も大いに尊重すべきだが、それだけでは国民を救済することはできない。人は罪の束縛から脱して心の自由を得なければ、完全なる人ではない。わが国民がこの心霊の自由を得れば、国家も政治もおのずから改善され、神の国を地上に建設することができる〟というのがその主旨だった。(62)

ついで、八八年（明治二十一）七月に高知教会、九二年（明治二十五）に京都室町教会の牧師となり、九八年（明治三十一）からはふたたび大阪北教会に招かれ、一九〇九年（明治四十二）、後進に道を譲ると言って辞職、伊賀上野でしばらく布教をしたのち、東京に戻った。晩年は神奈川県葉山で悠々自適の生活を送り、一九三二年（昭和七）九月十二日、数え年八十六歳でこの世を去った。

彼の大阪赴任は自発的な選択のようだが、「儒者官吏上りの江戸ッ子肌の先生と当時の関西の気風とでは、性に合はぬ点が多かったらしい」、東京にいれば「その教界に尽す処……更に隆々たるものがあつたらう」、「此関西行こそ先生一生の十字架ではあらなんだか」という見方がある。また、植村正久は、フルベッキらの高知伝道に関して「大阪・京都辺ヨリ大分不平アリト聞ク、驚愕々々。吉岡ノ行キタルコトモ不平ヲ言フモノアルヤニ聞ケリ。ア、」と日記で嘆いている。(63) 信徒のなかに反政府勢力の拠点である立志社との協力関係を嫌う者がいたか、あるいは、関西は同志社を中心に組合教会派が優勢だったから、一致教会派の、しかも大阪にきたばかりの吉岡の同行に不満が出たのだろう。

高知一致教会はこのフルベッキらの伝道を機に、片岡健吉ら立志社員によって設立されたものの、初代牧師の転任後、しばらく牧師不在になっていた。議論好きの連中が手ぐすねひいて待ちかまえているような土地柄が敬遠されたらしい。そこで一致教会の大会は、高知伝道の経験があるうえ、漢学の素養を持ち、札付の尊攘派から転じた論客である吉岡に赴任を要請した（彼の説教ぶりについては、鈴木伝助が、「何々したいものであるとの結末の語はいけない……斯くしなければならないと聴衆に迫るところがなければならぬ」と注意されたことや、晩年でもなお「右の手を振り上げて書籍を打叩きつゝ高声に、全力を注いで語られし凜然たる」姿を語っている）[64]。吉岡の転任で、「長く無牧に苦」しんだ高知は「茲に始めて全く愁眉を開き、大に振作雀躍」した（『基督教新聞』88・3・14）が、大阪では「信徒の失望は又筆舌に尽し難いものがあつた」だけでなく、「凡ゆる困難迫害を覚悟して」送り出したのだった[65]。しかし、朝鮮行きにくらべれば高知の「困難」などものの数ではない、と吉岡は思ったにちがいない。

(八)　強盗国批判

結局、吉岡がふたたび天下国家を論ずることはなかった。片岡健吉の日記にも彼の名前は散見されるが、もっぱら教会の活動に関するもので「政理」を議論した形跡すらない。だが、それは近代日本の歩みに吉岡が無関心、無批判になったことを意味しない。先の新聞投書以外にクリスチャン時代の吉岡の発言で私が入手しているのは、八二年（明治十五）の『六合雑誌』（八月三日号）にのった「駁福沢氏耶蘇教論」だけである。これは、〝キリスト教徒は愛国心をもたない〟などと「全国ノ僧侶ヲ挑発シテ、大ニ耶蘇教ヲ攻撃」させようとした福沢諭吉への反論だが、さらに、福沢が「漢学者ヲ蔑視シ耶蘇教徒ヲ嫌悪スル根源ハ、専ラ氏ノ掠奪主義ニ在ルコトヲ看破」し、〝今は競争世界だから遠慮せず土地でもなんでも奪えばよい〟と叫ぶ国権主義をこう批判している。

是レ堂々タル我日本帝国ヲシテ強盗国ニ変ゼシメント謀ル者ナリ。是ノ如キ不義不正ナル外交政略ハ、決シテ我帝国ノ実利ヲ増加スル者ニアラズ。啻《ただに》実利ヲ増加セザルノミナラズ、徒《いたず》ラニ怨ヲ四隣ニ結ビ憎ヲ万国ニ受ケ、不可救《すくうべからざる》ノ災禍ヲ将来ニ遺サンコト必セリ

ここでもまた、「不義不正」に対立する「誠」こそが判定の基準だった。「日本帝国」と言って〝大日本帝国〟と称していないのも見落とせない。彼はつづけて、西洋諸国が東洋を「凌圧」している今日、中国・朝鮮等の「唇歯ノ国々トハ、別シテ親睦ヲ厚フシ、緩急相救フヲ良策」とすべきで、「無名ノ師ヲ起ス」のは言語道断だとも述べている。三年後の有名な「脱亜論」を見通した論説だが、福沢の反キリスト教キャンペーンの根底に「掠奪主義」を看取した吉岡の眼力はさすがである。(66)

しかも、「緩急相救フ」を名目に日本の勢力を朝鮮に扶植することにも吉岡は消極的だった。七九年（明治十二）十月、吉岡は「彼国ノ事情ヲ略知スル」からと海外伝道委員会に招かれたことがあるが、その時の結論は、現在の日朝間には「困難」があり「伝道師ヲ派出スル事、甚ダ難シ」というものだった。(67)民権家も含めて当時の日本の西洋派知識人の大部分は、〝文明〟の高みから〝未開〟の中国・朝鮮を侮蔑し、彼らを〝教導〟することが日本の使命であるかのように思い込んでおり、そのような干渉は侵略ではなく〝援助〟〝連帯〟だとみなしていた。大井憲太郎の大阪事件に関する主張はその典型である。(68)ところが、吉岡は違った。「各箇各別」の視座は「漢学」の精神に支えられてなお健在であり、その朝鮮論は少しも揺らぐことがなかった。帰国後十年を経ても彼の朝鮮体験は風化していなかった。

後年、組合教会系の人々が総督府の財政援助を受けて朝鮮伝道に積極的に乗り出したときも、日本基督教会の指導者、植村正久は総督府の勧誘に応じなかった。「教会の伝道活動に当たって国家権力と根本的に妥協握手すべき

ではない。これが彼の持論だった」と言われる。(69)植村はまた、伊藤博文を暗殺した安重根の弁護士を訪ね、獄中で書かれた彼の自伝を読んでいる。安重根の「精神の立派であったこと、信仰の篤かつたことなどがよく分かる」と述べ、桜田門の変の志士を祀る者は「安重根に対して同情を拒絶すべき権利」をもっていない、と断言している。(70)吉岡と植村は寝ころんで話のできるほど親密な交際を終生つづけたし、鈴木伝助によれば、二人の「間柄は特種のもので互いに敬愛」し、植村の母も吉岡を信頼していたという。晩年には植村の富士見町教会で吉岡が聖書講義をしたこともあり、自分に神学上の議論を吹っかけてくるのは吉岡さんだけだと植村は語っている。(71)とすれば、「緩急相救」の名目で国家権力と手をむすぶことをきっぱりと拒否し、安重根の行為を「各箇各別」の立場から容認する植村の朝鮮観に吉岡の影響をみてとったとしても、あながち見当はずれではあるまい。

とはいえ、彼の警告どおりにアジアの「強盗国」となり天皇制ファシズムにつきすすんでいった日本の現実を、晩年の吉岡がどう見ていたかを直接明らかにしうる史料はない。ただ、次男愛の妻千代子が編纂した『父を語る』は、一九四〇年（昭和十五）三月の刊行でありながら、〝時勢〟を感じさせるところのまったくない不思議な本だった。二年前に国家総動員法が施行され、国民精神総動員の名の下にキリスト教各派の合同＝挙国一致の動きも強まっていた（日本基督教団の設立は翌年）。しかし、この本は全編が神への信仰と故人の追憶におおわれており、ひたすら、「す丶め〳〵たゆまずす丶めあけくれに　す丶みてやむな神に似るまで」という吉岡最晩年の歌の精神で貫かれているのだ。

百二十首をこえる彼の歌（大部分は時期不明）のいくつかはすでに紹介したが、そのほかに次のようなものがある。

もろともに天津御親《あまつみおや》に仕へなば　御国争ふことやなからむ

乱れ行く世を救ふべき道はいかに　真《まこと》の神を信ずるにあり

彼はどこまでも尊皇家である。「君と民相親みて移らぬは　天津御神の御旨なるらん」とも歌っている。それだけに、「神を畏れ王を尊む御教《みおしえ》を　異端邪説といふものは誰《た》ぞ」との思いも深かった。だが、彼にとって、天皇はあくまでも世俗的な「君」「王」であって、「真の神」「天津御親」と並びうる存在ではなかった。「乱れ行く世」を救い、世界の平和をもたらす力は「真の神」ならぬ天皇にはなかったのだ。「八紘一宇」との妥協は考えられなかった。

神を売り仏を売りて口を糊し　人を欺くもの、多さよ

と、神や仏を天皇制に売り渡した宗教界への批判を、吉岡は隠そうとしていない。

『父を語る』に収められた追憶文も吉岡の志をしっかりとうけとめていた。鈴木伝助はすでにたびたび引用してきた「霊の父を語る」のなかで、「仮令《たとえ》王侯貴人の前に立つとも、恐るゝところなく権威をもつて神の言葉を伝ふるの大見識を有しなければならない」とくりかえし激励されたこと、一九二九年（昭和四）に愛媛県信徒自由擁護連盟委員長として、キリスト教弾圧条例を制定した県に抵抗した際に、吉岡から激励のプレゼントが送られたエピソードを書いている。(72)また、吉岡の長女定子の夫で和歌山・田辺教会牧師だった伊藤貫一は、大逆事件後、新宮教会の沖野岩三郎らとともに警察の監視を受けた経験をもつが、その子の伊藤道夫は、追憶文「祖父母を語る」の日付を「一九三九……七《（ママ）》」と西暦で記して、精一杯の抵抗を示した。(73)

いかに私家版とはいえ、このような本が国家総動員体制下に作られたのは、驚くべきことだ（印刷は横浜刑務所印刷部）。身近な人々のこうした姿勢からも、ひたすらキリスト教に沈潜した吉岡の時局認識を推測することがで

きる。(74)

㈨　無名の人

それでは、啓蒙思想の高みから「頑愚蒙昧」とつきはなした彼の民衆観はどうなったろうか。後年の「警世歌」のなかにも、

利己主義の人の心ぞあわれなる　荒野にひとりさまよふがごと
愚者はみな刹那の福を求むれど　賢者は永久《とわ》の福を求むる

というのがある。旧来の生活慣習が破壊される不安から被差別民を襲撃したり、日々の暮しにかまけ、海外侵略のおこぼれに期待してファシズムを容認するような民衆を「蒙昧」「愚者」と批判することと、いわゆる愚民観とは別である。「国家ノ主人」としての主体性を求めるがゆえの厳しさだということも先に指摘した。しかし、かつての吉岡は、そうした民衆のありようにいらだち、自己と一線を画そうとするのに急であった。一八七五年(明治八)の新聞投書でも、キリスト教への質問にはいくらでも答えるが「妄リニ邪説ダノ妄誕ダノト罵言ヲ発セラル、ナラバ……往復討論スルヲ好マズ」と、高飛車だった。

だが、「天津神を我等の父と知りしより　なべての人を同胞と見る」と詠み、大阪・高知・京都で草創期の苦労をひきうけ、苦心を重ねながら教勢を拡大していくなかで、神道・仏教を「只私欲ノミ」と断じた性急さ、独善性は影をひそめていった。「神を売り仏を売り……」という歌がそれをよく示している。また孫の伊藤道夫は、自分が説得しきれなかった退役少佐の祖先崇拝とキリスト教の関係にからまる悩みを、吉岡がゆっくりと懇切にときほ

ぐしていったときの驚きを語っている。ことに、説教の会場に妻と娘しかいなくとも定刻まで席にとどまり、その努力がやがて実を結んだ、という伊賀上野でのエピソードは印象的だ。ここには、同胞＝兄弟としての一体感を根底にすえて、辛抱づよく待ちつづける姿勢がある。吉岡にとっての民衆は、いまや、自分の理想を押しつけ「教導」するほかない憐れな存在ではなく、自発的に心をひらき自分を受け容れてくれるまで待つべき対等な相手となった。ちょうど、かつての「朝鮮」がそうであったように。

妻のとりも、牧師夫人として優れた役割を果たした。高知から大阪に移ったときは、信徒たちが彼女の「温柔良善、よく良人を助けて信徒を愛遇」した「美徳と偉績とを称賛し」、「袖を分つを惜」んだと報じられた（『基督教新聞』88・10・31）。『大阪北教会十年記』にも、教会の人々を「偏愛セシコト」なく、「故ニ其感化ヲ受タル者頗ル衆ク、美蹟猶ホ談柄ニ存セリ」と記録されている。

その妻や子供にむかって吉岡はどなることがなかった。何十年も一緒に暮してきたが一度も乱暴な言葉で叱られたことがない、ととりは孫に語っているし、三女福子も「御父さんはおこらないものだと子供心にもいつも安心」していたと言う。次男の愛は、クリスチャンのなかには外面はよくても「一族の救済」すらできない者がいるが、「凡ての善い行為は先づ家庭より」はじめるべきで、「此点に於て父は好い模範を示したと思ふ」と自慢している。[75] しかも、吉岡夫妻は子供たちの同居の勧めを最後までことわり、体の自由が利くあいだはお手伝いさんを頼むことさえ聞きいれなかった。妻や子供たちの人格と生活を尊重し、人間としての自立と自律を大切にしようとする彼の姿勢は、まさに「各箇各別」の精神の体現と言えよう。[76]

また、植村正久は吉岡について、本郷教会などの設立・発展に「多くの貢献をした人であるが、一個の素人伝道者として身を起こした人である。明治の初年における彼の履歴を熟知する人たちは、この偉大なるレイメンの、かくなったのを異とし、且つその信仰あるものはこれがために神に感謝したであろう」と述べている（『福音新報』

24・3・6)[77]。吉岡は一八八四年（明治十七）から一九〇九年（明治四十二）まで牧師だったから、植村が列挙した片岡健吉や江原素六と違って、厳密にはレイマン（平信徒）といえない。しかし、横浜・熊本などの「バンド」のメンバーでも神学校の卒業生でもなく、また、平信徒としての活動が牧師の期間よりも長く、みずから牧師を辞して一信徒に戻るなど、聖職者としての名誉すら求めようとしなかった彼の生き方が、植村をして「偉大なるレイマン」と評させたのだろう。

レイマンの語源となったラテン語には「民衆」の意味があるという。素人もしくは「偉大なる」民衆のひとりとして、

天を敬すれば人をも敬し蔑《なみ》すれば　人をも蔑す人のこころか
徹底に物を考へ徹底に　業をなすべし何につけても

と説きつづける、そのような位置にキリスト者吉岡弘毅は到達したのであった。

*

こうして私は、ひとつの建白書をきっかけにして、幕末維新期には急進的な尊攘派として活躍し、ついで、自己の体験から卓越した朝鮮認識を獲得するとともに、西欧流の個人主義と民主主義思想を身につけ、三十歳頃からの五十年間をキリスト者としての矜持を失うことなく生ききった、ひとりの人間に出会うことができた。このような吉岡弘毅の歩み、とりわけ、外務官僚の地位を捨て「一介ノ書生」「レイマン」＝無名の人としての人生を選択し、ひたすらに「義」と「誠」を追い求めながら、「天下国家」から静かに離脱して「各箇各別」を生きた彼の軌跡は、近代日本の精神史に新鮮な刺激を与えるにたる思想的豊かさを秘めているのではなかろうか。

註

（1）外務省編『日本外交文書』第三巻、一三三頁。

（2）秀吉の出兵を侵略とみなした者がいなかったわけではない。たとえば『新聞雑誌』（74・3・24）に投書した海南漁子なる者は、秀吉は「専ラ攻略ヲ務メ、朝鮮ヲ蹂躙スルニ至」ったと述べている。だが、これは「蹂躙」の反省ではなく、秀吉にならって鋭気を養い、他日朝鮮の「隙ヲ窺フ」べし、という「征韓」論であった。

（3）『日本外交文書』第三巻、一四八、一五八頁。

（4）『太政官日誌』明治三年九月十八日の条。

（5）『日本外交文書』第三巻、一七一、一七二頁。なお、この年は十月が閏月である。

（6）荒野泰典『近世日本と東アジア』東京大学出版会、一九八八年、二六七、二六八頁。

（7）国立公文書館蔵『朝鮮尋交略　全』。外務省外交史料館蔵『朝鮮事務書　巻之十三　明治五年自七月至八月』。『日本外交文書』第五巻、三〇八頁。

（8）『日本外交文書』第四巻、三二八頁。高田知波「広津柳浪の父」（『白梅学園短期大学紀要』一七号、一九八一年三月）。

（9）一八七四年の建白書。なお、この間の全般的ないきさつについては、田保橋潔『近代日鮮関係の研究』一九四〇年（宗高書房版、一九七二年）、荒野泰典前掲書などを参照。

（10）以上、『日本外交文書』第三巻、一三七頁。第四巻、二六八、二六九頁。第五巻、三〇七―三一〇、三三〇、三三一頁。

（11）『太政官日誌』明治五年七月二十九日の条。ただし、「外務少記吉岡明毅」とあるのは誤植。

（12）外務省外交史料館蔵『朝鮮交際始末』明治四年十二月の条。結局この「別冊」は見つからなかったようで、『日本外交文書』第四巻にも本文しか収録されていない。

（13）宮内庁編『明治天皇紀』第二巻、吉川弘文館、一九六九年、七四一、七四二頁。また、「外務官員一ト先ヅ引払ヒ候テハ、又々気力抜ケ候事ニ相成リ、彼ノ情態モ苟安姑息ヲ生ジ易ケレバ、是非一名ハ残リ居候様申遣シ度候」との意見もあった。これにたいして寺島宗則外務大輔は「気力抜テモ妨ゲ無シ」と言い切っている（『日本外交文書』第五巻、三一六頁）。外務省内にさまざまな意見のあったことがここからもうかがえるが、寺島は、吉岡の「総テ欺計詐謀云々」は容易ならざる言葉で具体的な事実がわからないから「確答ナシ難シ」と批判したことがある（同、三一〇頁）。

（14）また、七一年三月（明治四年二月）の報告書で吉岡は、朝鮮だけが通商上「我ヨリ利ヲ専ラニスル事」のできる国であり、ロシアと対抗するには「一日一月モ速ニ韓人ヲ綏服セシメ、其手ヲ用ヒテ皇国ノ屛障タラシメ」ねばならないと述べている。少なくともこの時点では、彼が政府の外交政策の枠内にいたことはたしかである（『日本外交文書』第四巻、二六九、二七〇頁）。

（15）外務省百年史編纂委員会編『外務省の百年』上、原書房、一九六九年、五九—六五頁。国立公文書館蔵『公文録　庚午七八月　外務省之部全』。

（16）国立公文書館蔵『諸官進退状　壬申七月』。

（17）もっとも、在職二年以上の勅奏任官の退職者には直垂地一巻と俸給一か月分（吉岡は百円）が支給された。『辞令録』にも「直垂地一巻、金百円」との付記がある。慰労金がこの退職金にあたるとすれば特別な意味はなくなるが、外国から帰任した者に慰労金をだす例は他にもあり、別途の慰労金とみてよかろう。また、在職四年未満での退職は位記を返上する規定だった。しかし、吉岡の辞表にはみずからの意志で返すという気迫があり、それが『叙任録』に「但位記返上願出之事」と記させたのだろう（国立公文書館蔵『辞令録　明治五年全』、『叙任録　自壬申六月至十二月』）。

（18）『日本外交文書』第三巻、一七三頁。第四巻、三〇八頁。前掲『朝鮮事務書　巻之十一　明治五年自正月至四月』。

（19）『公文録　明治七年七月　東京府并華族之部全』。

（20）全文は次のとおり（『公文録　明治六年五月　諸県之部全』）。

昨夜皇城非常ノ火災ニ罹リ巍々タル宮殿忽烏有ニ帰シ宸坐ヲ被為転候段、恐悚之至奉存候。就テハ新ニ太政官庁并ニ皇居御造営可被為在之処、方今万機創業之際、府庫未充実ヨリ教育ヲ盛ニシテ全国ノ開化ヲ進メ、海陸軍ヲ張ツテ寇賊ノ軽侮ヲ消セラレ度遠大ノ御偉策モ、十分御施行ニ難至、兼々被悩聖意候折柄、新ニ御造営之儀、益御用度ノ不足ヲ醸シ可申哉ト奉恐察候。謹惟、君民ノ相愛シ相助ルハ治安ノ基本、一日不可欠者ナリ。因之維新以来大ニ徳政ヲ施シテ全国ヲ愛護被為遊、且遭災人民ノ如キハ多数ノ金穀ヲ御給賜相成事、毎々有之。然ルニ今ヤ皇城ノ遭災ヲ見テ人民タル者、豈袖手傍観スベケンヤ。且臣庸愚ノ資ヲ以テ嘗テ外務ノ末列ニ加ハリ、聖恩ヲ蒙ルコト不浅小、因テ御造営入費ノ万分一ニモ差加度、乍微少金丗円奉献呈候。是誠ニ至微至少ニ候得共、庶幾クハ全国有志ノ輩、観感シテ貧富其分ニ応ジ献金候ハヾ、衆少成多、盛大ノ御造営、神速御成功可相成哉ト愚存仕候間、必御採納被成下候様、奉懇願候。恐惶謹言

二千五百丗三年五月五日朝

北条県管下　吉岡弘毅百拝

(21) また、朝鮮滞在中も、日本人の傲慢さは厳しく戒めたが、国号に大をつけ(大日本)、「天皇」と称することは「清国ヲハジメ各国ニ至ル迄、異論ナキ我固有ノ称号」だと対馬藩の役人に強調している(『日本外交文書』第五巻、三〇九頁)。この点では、朝鮮を「軽視」するのは「往古ヨリ」の「因襲」にとらわれたもので、日本のことを「自尊シテ、大日本ト称スルガ如シ」、と「征韓」論者をたしなめた尾崎三良左院議官の発言が注目される(栃木県士族・大屋祐義、八月十七日付)。

(22) 西周「教門論」(『明治文学全集3　明治啓蒙思想集』筑摩書房、一九六七年、八二頁)。

(23) 阪谷素「尊異論」(『明六雑誌』第十九号、五頁)。福沢諭吉『文明論之概略』岩波文庫版、三四頁。

(24) 前掲『朝鮮交際始末』明治三年九月十八日の条。

(25) 国立公文書館蔵『職務進退之部　己巳六月ヨリ庚午六月マデ』。以上の履歴については他に、『公文録　庚午自正月至三月　弾正台之部全』、朝倉治彦編『明治初期官員録・職員録』(柏書房)を参照。なお、吉岡の官員録初出は明治二年八月で、すでに「弘毅」となっている。また、大巡察の免官は七〇年五月十二日(明治三年四月十二日)だから同日付で外務省に移ったことになる。

(26) 黒龍会編『西南記伝』上巻、原書房版、一六六頁。

(27) 郷土史家・御船恭平氏のご教示による。なお、石阪桑亀の子・堅壮は岡山の国会開設運動にかかわり(明治十二年両備作三国親睦会幹事長)、有隣も民権家・立石岐らとともに地方産業の発展を図る共之社の結成に加わった(好並隆司「明治六年美作一揆とその影響」、好並編『明治初年解放令反対一揆の研究』明石書店、一九八七年、一二三頁)。

(28) 森田節斎「上中川親王親書」(『節斎遺稿』奈良県宇智郡教育会、一九一〇年、二―五頁)。

(29) 武岡豊太『森田節斎先生の生涯』私家版、一九二六年、一〇三頁。

(30) 樽井藤吉の兄も五条時代の門人で、藤吉自身も自家への出張講義にきた節斎の話を熱心に聞いたという(田中惣五郎

『東洋社会党考』新泉社版、一九七〇年、七五頁）。

（31）鈴木伝助「霊の父を語る」（吉岡愛編著『父を語る』一九四〇年、七七頁）。

（32）東京大学史料編纂所蔵『大日本維新史料稿本』明治二年三月一日の条。

（33）国立公文書館蔵『官中日記　第五　史官』明治二年三月四日。全文は次のとおり（『父を語る』九―一一頁の「原文」による）。

古賀十郎
吉岡鉄蔵

其方共勤王深志切迫之情ヲ以建言之趣、池田中納言ヨリ御聞取ニ相成候処、御再幸ニ付テハ段々之痛案有之由、右ハ決テ御案申上候ニ不及旨、兎角申聞候ト雖モ、痛案之事件、苗議御手当枢機之子細、拝承不仕候テハ、幾重ニモ納得仕兼候由ニ相聞候処、此儀ニ於テハ、苗議確然御決定ニ相成候儀ニ候得共、此場ニ於テ御泄被仰聞候訳ニモ至不申候間、此旨厚ク意得可致候、然ルニ付テハ其方共、勤王之為身命ヲ抛候心得ヲ以、言路洞開之御趣意奉戴仕、御為筋之儀、何処迄モ御案申上候段、神妙之至ニ被思食、斯迄存込候儀ニ付、御用之筋有之、両人共東下被仰候間、此旨相心得可申事

三月　　行政官

（34）国立国会図書館憲政資料室蔵・岩倉家文書「岩倉家書類　明治二年　東京御再幸之件」。

（35）『大日本維新史料稿本』明治二年四月二八日の条。また、池田の処分にあたっては、刑法官判事・中島直人までが「其処置ヲ過ル」として位記返上・辞職に追込まれた（同、明治二年五月九日の条）。とんだ巻き添えだが、当時の政治状況のなかでの〝吉岡・古賀事件〟の波紋の大きさは今日の想像をこえていたようだ。

なお、古賀は弾正台登用前の行動を次のように記している（国立公文書館蔵『公文録　庚午　山口藩隊卒騒擾始末四』）。

巳年三月、御東幸被仰出候ニ付、御抑留申上度見込ノ趣、建白仕候処、職務（西京軍務官書記）被免、御東幸御用被仰付、同月下旬東京ヘ到着イタシ候処、御東下ノ儀ハ深キ御趣意モ有之候ニ付、更ニ苦慮致ス間敷旨被仰渡候間、猶国家永遠ノ御基礎被為居候様致シ度趣、建白イタシ候処、右ハ時体不通ニ付御採用無之、私身分ハ藩庁ヘ御引渡相成、藩地ヘ差下シ候様被仰渡候ニ付、同五月上旬、藩卒警衛ニテ出立イタシ候処、御詮議ノ筋有之候趣ニテ途中ヨリ被召返、待詔局ヘ

御差留相成、同七月下旬迄同所ニ罷在、同月下旬弾正台少巡察拝命仕候

(36) この時期の全般的政治状況と吉岡を含む志士たちの行動については、下山三郎『近代天皇制研究序説』(岩波書店、一九七六年)、宮地正人「廃藩置県の政治過程」(坂野潤治・宮地正人編『日本近代史における転換期の研究』山川出版社、一九八五年)、および高木俊輔『それからの志士』(有斐閣、一九八五年)などを参照。なお、『大日本維新史料稿本』、註8の高田知波論文、註45の『土井豊築日記』、註57の史料の利用については、東京大学史料編纂所・宮地正人氏の御教示、御好意に負っている。記して感謝申しあげる。

(37) 『大日本維新史料稿本』明治二年九月十七日の条。

(38) 『明治天皇紀』第二巻、一〇六頁。

(39) 『大日本維新史料稿本』明治二年九月十日、九月二十四日、九月二十八日の条。

(40) 前掲「霊の父を語る」七八頁。また、吉岡クラスの役人は通常二十～二十五坪の長屋住居と定められていたのに、彼は六百三十八坪の官邸借用願を出している。意気盛んというほかない(『大日本維新史料稿本』明治二年五月の条、『公文録己巳自五月至九月　弾正台之部』)。

(41) 「父は……夙に藤田東湖に私淑して居つたので……外来の耶蘇教に対しても反感を有し、殊に大橋呐庵の著せる『闢邪小言』を読んで、耶蘇教が我が国体に害毒を流すものと妄想するに至り、同僚にも猛烈に耶蘇教反対の意見を述べ、余りに猛烈であるので、弾正台の長官……より注意を受けた位であつた」(吉岡愛「父を語る」『父を語る』一〇、一一頁)。

(42) 『明治天皇紀』第二巻、三〇三頁。

(43) 『大日本維新史料稿本』明治四年三月の条。なお、京都弾正台に属した古賀は七〇年一月(明治二年十二月)、いわゆる鶴田騒動で弾正台に訴えた美作の農民から事情を聞いている(須藤喜六『浜田藩その後』私家版、一九五八年、八九頁)。吉岡は東京にいたので、故郷の農民の訴えを直接受けることはなかったと思われる。

(44) 松村介石「吉岡弘毅先生忽焉として逝く」(『父を語る』八九頁)。

(45) 『大日本維新史料稿本』明治二年七月九日、明治三年十月十日の条。前掲「廃藩置県の政治過程」五三頁。『土井豊築日記』(島原市善法寺蔵)明治二年五月二十五日の条。

(46) 前掲『土井豊築日記』同年五月二十八日の条。
(47) 日本史籍協会編『大久保利通文書』第三巻、東京大学出版会、五五六頁。
(48) 煙山専太郎『征韓論実相』早稲田大学出版局、一九〇七年、一五七頁。
(49) 『太政官日誌』明治三年八月十日の条。
(50) ただし、吉岡愛は、弘毅が王陽明の『伝習録』を読んだのは朝鮮滞在中で、「後日陽明学派の一人として、世に認めらるるやうになつたのも、父の朝鮮滞在中の賜であつた」と書いている(前掲「父を語る」一六、一七頁)。
(51) 前掲『森田節斎先生の生涯』九二―九四頁。
(52) 『日本外交文書』第四巻、三二一頁。
(53) 前掲「父を語る」一七頁。
(54) 前掲『征韓論実相』一七四頁。
(55) 森山茂の五代友厚宛書簡(明治五年七月二十九日付、国立国会図書館憲政資料室・五代友厚関係文書)。なお、吉岡は晩年、宇治山田に森山を訪ね、漢訳聖書のことなどを語りあった。森山は「前途を嘱望されていたあなたが、先輩友人の熱心な忠告にもかかわらず、いっさいを捨てて宗教界にとびこまれた理由がよくわかりました」と述べ、また、自分の子供の善導を吉岡に依頼したという(鈴木伝助「戦える清教徒⑩」『キリスト教新聞』一九七二年四月八日)。
(56) 前掲「霊の父を語る」七八―八一頁。
(57) この記事で彼はふたたび世間の注目を集めた。三条太政大臣に届けられた「東京耶蘇教事情」という報告書は、「長ク朝鮮ニ使節タリシ」吉岡は「世人ノ能ク知ル人」だが、「近来此教ニ浸溺シ」、新聞紙上にこのような説を吐露するとは「善スベキ歟、悪ムベキ乎」ととまどっている(国立国会図書館憲政資料室・三条家文書)。一方、「未だ狐軍奮闘の境遇に立つてゐた」キリスト教徒の側には、吉岡のような「有力なる人士が、我々信徒の数に加はつたといふ事は……恰も百千の味方を得た様な喜悦」をもたらした、と井深梶之助は追憶している(「吉岡弘毅翁を悼むの辞」『父を語る』六九、七〇頁)。この時期でも吉岡はなお〝有名人〟だったのだ。
(58) 七四年の建白書でも、黒猫の皮にミンクの尾を付けて売った少年が、のちに「深ク教理ヲ研究」してその非を悟り、だました人を探し出して謝罪したというアメリカの事例をひいて、「我固有ノ諸教ニカクノ如キ感化ノ大勢力アリヤ」と感激している。

(59) 前掲「吉岡弘毅翁を悼むの辞」七一、七二頁。

(60) 地上で「先生」と呼ぶのは吉岡だけだと語り、彼から陽明学の手ほどきを受けた松村介石の『人物論』(警醒社、一八九五年)は、「一意専心、民の為に図り、毫も己の私利私慾を省みざ」るのが「儒道の真髄」だとして、孔子、横井小楠、大塩平八郎、勝海舟、フレデリック・ロベルソン(十九世紀の予言者)をとりあげ、「基督教の真髄」もまた「無我無偏」にある、我々も「無心大虚」になって「国家の為め民衆の為め、尽す」べしとキリスト教徒の青年に呼びかけている。松村はさらに、教育勅語にふれて、錬磨修養の「美徳を書」にして「礼拝」させれば「美徳実行の人」になれるとの説は、孔子・陽明らの「知行合一」の教えに反し、むしろ「精神上、勅語の罪人にあらずや」と批判する。キリスト者が内村鑑三の不敬事件を「孔子」に託して反論することができるのだ。また、横井小楠論の一節は、儒学を学んだ者がどのような脈絡で〝西洋近代〟を受容したのかを探る手がかりになる――海外の文明国では輿論や言論の自由を尊重し、公共のための政治を行うべしという「言説、事跡」があることを知っても、小楠は「敢て新奇なる感想を起さ」なかった、「何となれば是れ即ち、堯舜禹湯、文武周公、孔子の唱道したるものなればなり」(一四、七七、九九、一〇五、一〇六頁)。警醒社はキリスト教関係の出版社である。

(61) 刊行委員会編『井深梶之助とその時代』第一巻、明治学院、一九六九年、四〇七、四四九頁。奈良常五郎『日本YMCA史』日本YMCA同盟、一九五九年、四頁。『六合雑誌』81・12・27、82・5・17。田村直臣『信仰五十年史』警醒社、一九二四年、六三頁。また、一九二五年(大正十四)十月、原胤昭がキリスト教界の古老を招いて「七十路会」をつくったときには、吉岡も参加している(太田愛人『開化の築地・民権の銀座』築地書館、一九八九年、一一六頁)。

(62) 前掲「父を語る」二四、二五頁。

(63) 築山左門「故吉岡弘毅氏」(『父を語る』九三頁)。『植村全集』第八巻、植村全集刊行会、一九三四年、一七三頁。この時期の植村の日記には吉岡の名がよく出てくる。

(64) 前掲「霊の父を語る」八六頁。

（65）『大阪北教会三〇年史』一六頁。また、大阪北教会は吉岡が赴任してまもなく、アメリカのミッションから送られていた補助金（毎月十五円）を辞退した。当時の教会にとって財政的独立は大きな課題だったが、彼はいちはやくそれを実現した。これ以後、「独立自給」は大阪北教会の伝統になっているという（『大阪北教会十年記』、『日本基督教会大阪北教会九十年史』一四六頁）。

なお、吉岡が高知に赴任した年のクリスマスの様子が『土陽新聞』（88・12・26）に報じられている――「門前に縁環門を造り、中央に紫大根を以て巧みに光出於世の四文字を現したる扁額を掲げ、玄関にも紫白黄の三色菓子を以て新生の二字を造りたる額を掲げ、会堂外には白十字を染出したる紅球灯を富士形に……来会者は信徒未信徒合せて三百人に及び頗る盛会」。夜の自由懇親会には六百名が集まった（同　88・12・27）。また一九〇三年（明治三十六）、高知教会で行われた片岡健吉の葬儀で吉岡は、片岡が総裁を務めたこともある日本基督教会伝道局の総代として埋葬の祈禱を行った（川田瑞穂『片岡健吉先生伝』湖北社版、一九七八年、八九五頁）。

（66）吉岡は続けてこう述べている。

氏〔福沢〕ノ嘲罵セシ漢学者ガ、隣国相親ムハ国ノ利ナリ、無名ノ師ハ起スベカラズト主張スルハ、遠ク氏ノ論ニ優レル名説ト云フベシ。然ルニ氏ハ却テ之ヲ嘲罵スルノミナラズ、其側バ杖ヲ耶蘇教ニ及ボシ、耶蘇教徒ハ無暗ニ同教ノ西洋贔負ヲ倣シ、彼ト交戦ノ時ニハ鉾ヲ倒ニスルナラント云ハル、ハ、暴論モ亦極マレリト云フベシ。〔耶蘇教徒は〕……公義ニ違ハザル戦争ハ之レヲ是認スル者ナリ。耶蘇教徒ハ自国ニ驕暴ヲ加ル者アルヲ見レバ、其同教国ナルト否トヲ問ハズ、力ヲ奮ツテ之ニ抗敵〔するを辞さぬ〕。……欧米耶蘇教諸国ノ現状ヲ見テ悟ルベキナリ。……悉ク愛国心ヲ失ヒ同教ノ敵国ニ左袒スルナラント予料スル氏ノ説ハ誤レリト云フベシ。

なお、福沢の主張は、三田演説会での「耶蘇教駁撃ノ論」で「演説集誌第二号」掲載のものだという。吉岡の引用から推測すれば、「時事小言」（一八八一年）第六編のなかの「外教の蔓延を防ぐ事」と類似の論旨のように思われる（『福沢諭吉全集』第五巻、岩波書店、一九五九年）。

（67）前掲『井深梶之助とその時代』第一巻、四三四頁。

（68）拙稿「大阪事件の論理と大井憲太郎の思想構造」（大阪事件研究会編『大阪事件の研究』柏書房、一九八二年）参照。

(69) 海老沢有道・大内三郎『日本キリスト教史』日本基督教団出版局、一九七〇年、四三一頁。

(60) 前掲『植村全集』第五巻、四九八頁。

(71) 前掲「霊の父を語る」八三、八四頁。植村はまた、大逆事件で処刑された大石誠之助の遺族慰安会（葬儀は禁止された）を自分の教会で行っている（森長英三郎『禄亭大石誠之助』岩波書店、一九七七年、三二八頁）。なお、吉岡から陽明学を学んだ内村鑑三も、聖書研究会に吉岡が参加すると『今日はあそこに吉岡弘毅先生が来聴しておられる』と会衆一同に紹介するのを忘れなかった」という（前掲「戦える清教徒⑨」『キリスト教新聞』一九七二年四月一日）。

(72) 前掲「霊の父を語る」八二、八七頁。

(73) 『日本基督教団和歌山教会百年史』三三頁、伊藤道夫「祖父母を語る」（『父を語る』一〇二頁）。

(74) 『父を語る』は吉岡愛が父の評伝と追憶文をまとめた段階で急死したため、愛の妻千代子がその原稿に愛の自伝・日記・紀行文と追憶文とを合わせて刊行したものである。なお、「海ゆかば」でも有名な作曲家・信時潔は吉岡の三男で、大阪北教会の信徒だった信時義政の養子になった。『父を語る』には寄稿していない。

(75) 堤福子「父の思ひ出」（『父を語る』九五頁）。吉岡愛「我が少年時代」（同書、一一〇頁）。

(76) また、自宅が類焼する少し前に火災保険に入ったのだが、期間が短いからと保険金の受け取りを遠慮し、みかねた友人が手続きをするとその金を寄付してしまったという。彼の人柄を示すエピソードのひとつである（前掲「父を語る」三七頁）。

(77) 前掲『植村全集』第三巻　五四六、五四七頁。

＊　本章の執筆にあたっては、宮地正人氏をはじめ、吉岡弘毅の生家を継がれた吉岡隆二氏とその御子息の弘毅氏、郷土史家・御船恭平氏、跡見学園女子大・鵜沼裕子氏、鈴木伝助の御子息の鈴木創造、鈴木重信の両氏、日本基督教会大阪北教会牧師・駒井利則氏、日本基督教団大阪教会・市川テル氏、知人の加藤三千恵氏のお世話になった。記して感謝申しあげる。

おわりに——国民・臣民・人民

(一)　国民から臣民へ

近代国家には、画然と線引きされた国境と、そのなかに安住して国家的な課題を自発的に担う国民が必要である。明治維新によって成立した政府、遅くとも一八七一年（明治四）の廃藩置県以後の政府は、まぎれもなくそうした近代国家の実現をめざす権力であった。「王政復古の大号令」の言路洞開宣言はその端緒であり、六九年（明治二）、大宝令にのっとって太政官の上位に置かれた神祇官ですら、天皇や貴族のための祭祀だけでなく〝人民の教化〟を重要な職掌に加えていたように単純な古代への復古ではなかった。(1) 廃藩置県以後ともなれば、十九世紀末の世界情勢のなかで日本を独立国家として維持していくためには、とにもかくにも近代的な「国民国家」をつくりあげるしかないことを政府は充分に承知していた。そして、徴兵制・学制・地租改正などの近代化政策が次々と打ち出された。「文明開化」はザンギリ頭や鉄道・レンガ街といった風俗の領域だけではなかったし、欧米諸国の評判を気にしての外見的装飾でもなかった。近代的制度はそれを担える「国民」なしには機能しない。徴兵告諭が「均シク皇国一般ノ民」であることや「人権ヲ斉一ニスル道」を力説し、「日本には政府ありて未だ国民あらず」(2) との危機感をいだく福沢諭吉らの啓蒙的論説が歓迎されたのはそのためである。神道派が主流の教化運動でさえ「愛国」「文明開化」を説き、民衆に「学問ヲサセテ、利口ニサセテ治ル」ほかなかった。飛鳥井雅道氏のいうように「文明開化」の歴史的な課題はなによりも「国民形成」にあった。(3)

しかし、建白者への対応の変化が如実にしめすように、そうした近代的国民意識の育成をめざす政府の姿勢は、七四年(明治七)を境に急速に後退する。封建復古派の衰退と自由民権運動の台頭がこの転換をうながした。「攘夷・復古」をかかげて徳川幕府を倒しながら「和親・開化」に転向した明治政府は、「維新の大義」を名分とした不平士族のはげしい攻撃に手をやかざるをえなかった。しかし、佐賀事件を鎮圧し清国との戦争を回避したことで主導権を確立した大久保政権は、七六年(明治九)、日朝修好条規を朝鮮政府に押しつけることに成功して、反政府派の切り札だった「征韓」の名目を解消させるとともに、廃刀令で士族の最後の精神的よりどころを奪い、金禄公債発行条例を布告して懸案の家禄廃棄を実現した。そして翌年の西南戦争によって、旧来の知行地を士族の私有地とみなして地租改正を拒否し正米による家禄支給を続けようとした鹿児島私学校勢力が壊滅したとき、封建復古の可能性は最終的になくなった。封建的諸制度の解体という歴史的作業は完了した。(4)

一方、国民の形成をめざすというかぎりにおいて、この時期の民権派は明治政府と本質的に対立する存在ではなかった。政府批判の急先鋒は民権派ではなく守旧派だったのであり、封建的な臣従関係を基礎とする「愛君」ではなく、それを超えた「愛国」の精神を振起しようとする点で、民権派と明治政府は一致できた。議会開設の時期をめぐって大井憲太郎と論争した加藤弘之でさえ、「万世一系ノ本邦ト雖モ亦、万国ト同ジク国家ノ主眼ハ人民」であり「人民ノ為」に君主や政府がある、と断言していた(「国体新論」)。(5)

だが、「国民」としての自覚をもつに至った民衆が政府の思惑をこえて自主的に行動するようになると、政府の態度は一変する。橋爪幸昌の外債消却運動にたいする大蔵省の対応や、報国心喚起のための会合を開こうとした西本正道らの願書を却下した内務省の態度はその萌芽だった。そして、七五年(明治八)の讒謗律・新聞紙条例で明治政府は「言路洞開」政策の放擲を公然と宣言し、ついで七八年（明治十一）の竹橋事件の後には、軍人訓戒や参謀本部の設置によって統帥権の独立をはかり、たとえ議会や政府が民権派に握られても〝国民の軍隊〟が生まれないように手をうった。八一年（明治十四）には大隈重信派を一掃して政府内部での路線争いにも決着をつけた。周知のように、加藤弘之の『真政大意』『国体新論』が絶版にされるのはこの直後である。

こうして明治政府は、封建勢力と民権派の双方を切り捨てることで自らの存続を確保する道を選んだ。七五年二月の大阪会議で政府に復帰した板垣退助を、半年後に復古派の巨頭・島津久光とともに再度下野させた時、この方向はほぼ確定したとみてよい。いまや、自発的で自由な「国民」の成長を抑制すること、それが政府の緊要な課題となった。

ただし、この転換は単純な「専制政治の強化」といったものではない。七五年の新聞紙条例は「漸次立憲政体樹立の詔」や元老院・大審院などの政治改革の直後に出されたものであり、また、明治十四年政変は十年後の国会開設を約束した詔書をともないつつ、反面で民間の憲法論議を厳禁し、三か月後の軍人勅諭につながっていた。これ以後、一八九〇年（明治二十三）の帝国議会開設と教育勅語の発布、一九〇〇年（明治三十三）の政友会内閣と治安警察法・軍部大臣現役制、一九二五年（大正十四）の男子普通選挙権と治安維持法の抱き合わせに至るまで、国民の政治参加を認める「民主的」制度の拡大と、言論・思想の抑圧とがつねにセットで実現されることになる。のちに猛威をふるう国家神道でさえ神道国教化の否定、宗教自由の容認を前提に成立した。

つまり、近代天皇制は国家から民衆を単純に排除した封建的専制権力ではなく、また明治維新によってただちに成立したものでもなかった。それはあくまでも国家への民衆の「参加」＝「国民」の存在を前提にしながら、その自発性を政府の許容する範囲内に閉じ込めるためのシステムとして、しだいに形成されたものだった。封建国家の「二重の自由」でも近代国家の「二重の参加」でもなく、〝義務としての参加〟ないしは、ひもつきの「自由を媒介とした統合」(6)にこそ近代天皇制の特質があった。「自由ノ権」を与えられて国民はかえって「束縛ニ苦シミ、自由ヲ失フ」という蠣崎多浪の指摘は、本人が自覚した以上にことの本質に迫っていたのだ。

それゆえ、「国家の一員として」という言葉は権利の根拠であるよりも「義務の自覚」のために使われるようになり、本来なら国民の国政に関与する権利と密接に結びついていたはずの納税・教育・軍隊、さらには選挙投票までもが〝国民の義務〟と観念された。国家の一員として自発的に「義務」を担いながら、国政への参加を権利とは意識しない「臣民」の育成、これこそが近代天皇制下での〝期待される国民像〟となった。(7)国家の客分でも一人前の主人でもない「家族」、それも家父長としての天皇の〝保護〟下におかれた家族としての国民——いわゆる「家族国家」の登場である。

ただし、近代天皇制のこうした特質を〝日本的特殊性〟なるものにひきつけすぎるのはただしくない。西洋においても、市民革命後に真の意味での「国民国家」が実現したわけではないからだ。制限選挙制によって国政に参加できる〝能動的〟国民は限定されており、このような意味での「国民主権」が封建的な「君主主権」のみならず、民衆の要求する「『人民主権』をも否定する構造をもつに至ったのは、フランス革命が……他のいかなる市民革命よりも典型的な市民革命であったことによる」と杉原泰雄氏は指摘している。市民革命後の「国民」国家がこのような「民衆の政治参加を排除できる主権原理」としての「国民主権」に帰着したのは、「資本主義の展開を促進する権力を樹立するために、その展開に否定的であった民衆の政治参加を不可欠としない主権原理を新社会の原理とする」必要があったためである。(8)

たしかに、米価統制のような「人民保護」の政策をとったのではマルクスのいう資本主義経済の「温室的助長」=本源的蓄積は不可能である。それには民衆のモラル・エコノミー的要求を無視できる権力でなければならず、建前ではあれ仁政原理に縛られた封建権力にその力はなかった。本源的蓄積政策は私的所有権と営業の自由の保障を宣言した近代国家のもとでしか強行できないのだ。にもかかわらず、政治的には「『人民主権』……がすでに実現しているかのような『誤解』を民衆に与える外見」[9]がなければ民衆を「国家」に統合し動員することができないところに近代国家のジレンマがあった。市民革命後の「うわべの自由の時代は、実際には独占の時代であった」（マルクス）[10]といわれるのはそのためであり、「国民」としての内実を奪われていた点では西洋近代の民衆も日本の民衆と大差なかったのである。そして天皇制もまた、「後発国として急速にブルジョア国家を実現しようとして、逆に権力自体はより専制化した」[11]のだった。ここに近代天皇制の「近代的」なるゆえんがあった。

このように、近代国家の形成という観点にたって王政復古から帝国憲法の成立までを明治維新期と考えるとすれば、明治維新はふたつの時期に区分できる。すなわち、封建体制の解体、国家への民衆の編入を主たる課題とした前期と、本源的蓄積の推進、国民の臣民化のための制度づくりに迫られた後期とである。現状にたいする明治政府の姿勢という視角からみれば、前期は変革的、後期は防御的であり、近代天皇制は直接には後期の摸索のなかから形成された。本書があつかった七四年は、翌年から八一年にかけて進められたこの基本的な政策転換の直前の時期にあたる。[12]

したがって、当時の人々はまだ近代天皇制の観念にあまりとらわれていなかった。〝陛下は傑出しているとは言えないが中以上の資質の持ち主と聞いている〟（本多新）などと平然を語ることができたし、左院のように「自由」と「随神」をむすびつけることもできた。後年ならばただではすまなかったはずだ。とはいえ、統治イデオロギーはそれを喜んで受容する国民の存在なしには影響力を発揮できない。仏教徒らの「宗教の自由」論を逆手にとった国家神道の論理はすでにできつつあり、「国家之御為筋」を建白することが「御国恩」に報いる道だと考えた建白者たち、とくに外債消却のための献金運動にかかわったひとびとの発言には、はやくも「臣民」の語が氾濫していた。もとよりこの場合の臣民は、〝民から臣への上昇〟つまり〝客分からの脱却〟という意欲にうらづけられたもので、のちの〝臣にとどまる民〟いわば〝主人になろうとしない家族〟とでもいうべき後ろ向きの観念ではなかった。しかし、外債消却を国民の義務とみなす意識のなかに、後年の「臣民」観念を自発的に受け入れる素地があったことは否定できまい。

一方、文明開化の波に翻弄された民衆の多くは、米価統制などの「人民保護」や徴兵制の廃止（士族兵制）を強く求めた。これらは復古的装いをとりながらも、封建的身分制の復活を意味してはいなかった。いまさら華士族のような「イソフロフ」を養うことは民衆にとって我慢がならなかった。要求の根底あったのは、杉原泰雄氏のいう「人民主権」に照応する、仁政観念＝モラル・エコノミー的世界観であり、新庄誠一の「太平楽之世」もこれを源泉として生まれたユートピアのひとつだった。民衆の願望は反封建であると同時に反近代であったのだ。それゆえ、徴兵制を支持し個人の自由・権利を重視する民権家と民衆とのあいだにも深い溝があった。民衆の切実な願いは民権派にも士族保守派にも託すことができなかった。しかも、地租改正による土地私有権の法認は、幕末維新期の「世ならし」（土地均分）のうわさにおびえてきた自作農民・地主層を開化政策への積極的な同調者に変えはじめ[13]、経済的自由主義が生活の場にも確実に定着していった。

結局、一八七四年（明治七）という年は、封建復古派も依然として一定の勢力を保ち、反封建・反近代の民衆のエネルギーもなお無視できず、しかもこれらと対立する近代推進派のなかからは民権派が分離しはじめたばかりの時期だった。大久保政権はまだ不安定であり、近代天皇制確立の方向もはっきりとはみえていなかった。つまり政治的、経済的、イデオロギー的な過渡期、それがこの年の特徴であった。本書でみてきた諸論争が政府派と反政府派、近代派と封建派、民権派と国権派といった二分法では解きえない三つ巴、四つ巴の錯綜した論議になったのはそのためだった[14]。

(二)　国民から人民へ

政府が「国民」の育成から「臣民」の創出に転換した後、「国民」を前面に掲げたのは自由民権運動であった。近代化政策を推進する明治政府のもとで、なぜ民権運動が登場したかといえば、国民の政治参加を排除しようとしたからだ。たとえば、地租改正は永小作権や無期限の質地請け戻し慣行のような借地農民の権利を否定して地主の私有権を擁護する点ではきわめて「近代的」だったが、所有者の租税共議権を認めず、権力的に地租を賦課した。これでは「政府と借地農のいずれにたいする関係においても自由絶対的」であろうとする私的土地所有権[15]は満足できない。その不満と、かつての政事担当者である士族の参政要求とが結びついたとき、自由民権運動は全国的な広がりをもつことになった。しかも、たんなる被治者だった旧来の民衆と異なり、「国家の一員」を前提とする「臣民」は、不断にみずからを「国民」に転化させようとする意志を秘めた存在だから、政府は議会開設後も「臣民」観念を維持するための対応に追われ続けざるをえない[16]。

だが同時に、封建制度の解体や土地改革を政府主導で実現されてしまった後から登場した民権運動の側も、きわめて限定された政治性しかもちえなかった。「革命」となりうる唯一の突破口である天皇制問題に踏み込めないとすれば、具体的な政策をめぐる対立よりも、自分たちも政事に参画させよ、という〝要求運動〟になるほかない。おまけに、政治参加の論拠を彼らは「愛国心」に求めた。ここには、本書が強調してきたように、報国心の高揚のなかで民権の意識が成長したという現実が反映している。ただし、それだけでなく、共和政治が「徳義（即愛国心）ヲ以テ主義トス」る以上、君主の命令を守るだけで「国ノ安危ト、民ノ禍福トヲ知ラ」ぬ国民が多いかぎり、政治の決定権を国民が握れないこともまたたしかなのだ（大井憲太郎）。大井らが、愛国心の喚起にやっきとなったのはそのためである。実際、専制政府と敵対するかぎりにおいて、「愛国心」は運動への献身を支える基盤でこそあれ活動の障害にはならなかった。

しかし、民衆が自発的に「国家と休戚を共にする」ことは、政府はもちろん、祭政一致による「日本宗」の制定を主張した田中頼庸らでさえ求めていた。民権派の愛国論はあくまでも参政権に裏づけられており、神としての天皇に忠誠を誓い、敬神のなかに愛国を解消してしまう神道派の「敬神愛国」[17]と同列には論じられない。だが、議会開設前の徴兵忌避者を「始めから日本に生まれて来ぬがよし」と非難したり、対外的危機が生まれるとまっさきに義勇軍を組織する発想が示すように、彼らの「国家への献身」志向は対外論・軍事論を中心に、ともすれば明治政府と一致しかねなかった。[18]しかも、軍人勅諭や教育勅語のもつ重大な意味にも彼らは気づかなかった。これでは民権家の愛国心は「報国心」（臣民的愛国心）と区別しがたい。日清戦争を機に、民権家が反専制政府を標榜しつつ現実の近代天皇制国家を容認するに至るのは当然だった。

とすれば、「皇国之御為」と言って尺度統一をはじめとするさまざまな提言を建白した人々だけでなく、激しい政府批判にもかかわらず、「国家と憂楽を共にする」ために議会開設を求めた民権家の「愛国心」があらためて問題にされねばなるまい。

実は、植木枝盛「人民ノ国家ニ対スル精神ヲ論ズ」（一八八〇年）[19]がこの点をするどく衝いていた——政府や太政大臣に国会開設を建言し、しかも「国会ハ国家ノ為メニナルモノデゴザリマス、国家ノ為メニ御開キナサレマセ」などと言うのは、「吾々人民ト云フノ精神」が足りないのだ、と。この論文の主題は、国会は政府や官吏を統制するものだから、これを政府に建白するのはおかしい、君主に「請願」すべきだという点にあったが、ここにはそうした運動論をこえる原理的な問題提起があった。植木はまず、人民と国家の関係を三段階に区分する。すなわち、

「精神ノ主部ニ君ト云フモノアツテ、未ダ国ト云フ者ナク……君ノ為メニ死スル」という第一段階（「最モ未開」の時代）、
「精神ノ主部ニ国ト云フモノヲ印シ、昔日ノ尽忠ハ今日ニ至テ報国トナリ愛国ト」なった第二段階（「稍開明」の時代）、
「判然、政府ト人民トノ二者ヲ区分」して「精神ノ主部ニ己レ人民ト云フ者ヲ置ク」第三段階（「文明ニ赴テ後」の時代）、である。

植木のこの区分を援用すれば、徴兵告諭を逐条的に批判し、告諭が「国恩ヲ挙テ君恩ヲ言ハザルハ……皇国ヲシテ共和ニ至ラシムルノ遠謀」ではないかと心配した藤江二良三郎は、まさしく第一の「尽忠」の立場から第二の「報国」を非難したのであり、軍人勅諭は「愛国」を強引に「忠君」に結びつけ、第二段階を第一段階の観念で偽装して「共和」の危険性をつみとろうとしたもの、ということができる。民権家の発言の多くが第二段階に属することも明らかだ。

これにたいして植木は、国家の「御為筋」だと建白するのは「政府ト人民ノ区別」があいまいで、「治者ト被治者トノ分界ヲ劃別」できず、「治者了簡ト被治者了簡ト打チ混」っているからだと断言する。[20]「愛国」ではなく、あくまで「己レ人民」という「被治者」の立場を堅持して政府と対峙しなければならぬというわけだ。国民でも臣民でもない「人民」の宣言であった。

本書が対象とした一八七四年（明治七）は植木のいう第二段階のまっただなかであった。政府が民衆にむかって「精神ノ主部」に国家を置くことを求め、外債消却運動のように在野からもそれに呼応する動きが高まった。また、火葬解禁・宗教自由を求めた仏教徒の動きも、米価や兎売買の統制を求めた民衆の「人民保護」願望も、結局は国家の市民生活への介入を強めることになった。かといって「報国」から逃れようとすれば、現実には士族兵制論の

ような第一段階への復古的方策しか見出せなかった。人々の主観的意図を超えて、「国家」という網は、網目をますます密にしながら日常生活全般を着実に覆いはじめていた。

この状況と対決し、あるいは、民権運動が天皇制国家にとり込まれないようにするためには、植木のいう「人民」の視座がたしかに有効なように思える。今日の我々が〝近代国家とつきあう〟うえでも示唆に富む。しかしながら、「政府ハ政府タルノ職分ヲ為セ、人民ハ人民タルノ権利ヲ行ハンノミ」という徹底した「被治者」の立場は、第二段階のように国家に身を預ける危険から免れる反面で、みずからを国家の「客分」の位置に置きつづけることにならないか?。

封建時代の民衆の仁政要求はまさに被治者の立場からの抵抗であった。農民一揆は、それがどれほど過激であっても、「治者」としての「職分」をまっとうに果たすよう要求するにとどまり、領主の統治権そのものを否定することはなかった。西欧民衆のモラル・エコノミー的要求も「外部の上級権力の存在を承認した上で自己の世界を主張」したにすぎず、支配者とのあいだには家父長的な保護—服従の「均衡関係」が厳然と存在していた[21]。もちろん、不正・不義をはたらく行政担当者を糾弾しその更迭を求める異議申し立て＝「不服従」の運動が、農民のなかに権利意識をつちかい、封建体制を動揺、崩壊させていったことは否定できない[22]。だが、それはみずからが権力を奪取して「治者」になる「革命」ではなかった。市民革命が「民衆の革命」を原動力としながら、結局はブルジョアジーを権力の座につかせることになったのはそのためであり、はげしい世直し一揆にもかかわらず幕府の崩壊が民衆の解放にならなかったのも同様である[23]。つまり、民衆運動の「敗北」は現実の政治力学の結果であるだけでなく、民衆思想に内在する被治者意識の必然的な帰結なのだ。そうだとすれば、植木の「人民」論は、権力の奪取をめざしたところに歴史的な新しさがあった自由民権運動の自己否定になりかねない。

いや、植木は専制政府と徹底的に対立するために「人民」の立場を強調したのであって、民主的な政府ができても「被治者」にとどまることを主張してはいない、との反論があるかもしれない。植木自身もおそらくそう考えていただろう。[24]だが、「権力を握る」とは「国家」を自己の内面にかかえ込むことなのだ。そのおそろしさをあらかじめ自覚していないようなやわな「被治者」意識では、抵抗権をかかげて専制権力を倒した新政府が一転して国民の批判を「反革命」として弾圧するような、ありきたりの「革命」しか実現できまい。〝自分たちの国家〟になったのだからと称して「御為筋」を強要するのは、国家を精神の主部に置く〝第二段階〟の論理であり、その程度の「反体制」運動論に安住するかぎり、〝清国の野蛮〟から〝日本の文明〟を守ろうとした民権家の国家意識を批判したり、全般的な「人民保護」の体制を構想して「ヲールゴール」による「太平楽之世」にまで行き着いた新庄誠一を嗤うことはできない。民衆の願望をすくいあげたユートピアが往々にして〝良い国家〟による牢獄的管理に帰結するのも、権力の行使を「人民保護」のための行為とみなすパターナリズム（家父長的な恩＝頼関係）から「革命」家が脱却できないからだ。そこでは、善政と悪政の区別はあっても、権力と人民とをあくまでも対置し、国家＝統治そのものを懐疑する発想、つまり徹底した被治者意識が欠落しており、民権と国権の相互浸透・相互転化の関係性は少しも解体されていないのである。

「治者了簡」にとらわれているのはなにも過去の人々だけではない。労働組合や市民の運動がいわゆる革新自治体のもとで骨抜きになる例はいくらもあるし、反主流派のときは被治者に徹していたのに、執行部を握るとごりごりの治者に転じてしまう連中も大勢いる。また、我々〝一般市民〟が、ともすると学校や会社、地域の管理体制を容認してしまうのも、「己レ人民」の意識よりは「治者交リノ気取リ」にとらわれているせいだろう。なにしろ、「小市民」とは「思想面は資本家の考えに近く、経済面・社会面では労働者の生活に近い」存在（『広辞苑』）なのだから。この小市民的な「気取リ」こそ、実に、権利を義務と思い込み国家や企業と自己とを一体化する「臣民」意識の現代的変形にほかならない。[25]

こうした治者意識にささえられた新しい国家主義の肥大を思うとき、強烈な尊皇攘夷家として出発しながら、ついには近代天皇制の網から静かに抜け出した吉岡弘毅の軌跡があらためて見直されてよいのではなかろうか。彼が「愛国」者でありながら大日本帝国にまき込まれなかったのは、キリスト教という国家を超える普遍的な価値観、世界観を守りつづけたことによるが、その根底には明治初年の朝鮮体験があった。「各箇各別」の思想にまで内面化されたこの体験によって、彼は自己相対化の視座をつかんだ。国家のなかに身を置きながら国家を超え自国を客観視しえたからこそ、天皇制ファシズムから自由な、超然たる「被治者の精神」を堅持しえたのだ。

もとより、吉岡は天皇制国家と戦闘的に対峙したリベラリストではない。超然としてまき込まれなかった分だけ、現実の天皇制との対決が稀薄になったことは否めない。とすれば、現在の我々には、「国家の主人」でありながら「治者了簡」を捨てつづけること、つまり、存在と意識とを不断に乖離させるための精神的緊張、いや居心地のわるさに耐えつづけること、これしか道はないのかもしれない。

考えてみれば、日本国憲法の「戦争放棄」はこの立場の鮮烈な表明であった。第二章でもふれたが、参政権を確保しながら兵役のみならず軍備そのものまで拒否するというのは、「参加＝拘束」「自由＝無権利」の二重性をそれぞれ解体することにほかならない——近代天皇制国家とは逆の方向で。だが、現状は職業軍人と志願兵に軍事力の一切をゆだねて、「参加」の二重性が自己につきつけられるのを回避しているだけである。これでは民権家が主張した「権利としての兵役」論を克服したとはいえまい。「参加しつつ自由である」のはたしかに並大抵のことではないのだ。

*

歴史はつねに過渡期である。後世からみればすでに結果の出ている問題でも、その時代を生きている者にとっては、提起された選択肢のどれもが実現可能性をもつものとして意識される。一八七四年（明治七）の論争もまた同様である。近代国家の形成にまきこまれて人々はさまざまな解決策を摸索した。だが、その努力にもかかわらず、彼らの選択の大部分はみずからの意図とは異なる結末をもたらした。「宗教の自由」が国家神道に帰着したように、「自由」の要求が通ったからといって本当に自由になれるともかぎらなかった。おそらく「歴史」とは常にそのようなものなのであろう。

百年前の人々が直面した国民・臣民・人民の三極構造、参加と自由の連関をめぐる問題は、より強大かつ透明な網を張りめぐらしている現代国家のなかで生きていくしかない我々にとっても案外な難問として存在しつづけている。かれらの悪戦苦闘は決して他人事ではないのだ。

終局を見ずして業を始むるは　眼を閉ぢて歩むものなり

吉岡弘毅

註

（1）　村上重良『国家神道』岩波新書、一九七〇年、九一頁。「神祇官の任務につき上申書（明治二年五月）」（安丸良夫・宮地正人編『日本近代思想大系5　宗教と国家』岩波書店、一九八八年、一四頁）。ただし、この段階では明確な「近代国家」の自覚があったわけではない。たとえば、一八六九年（明治二）の府県奉職規則は「貧民ニテモ田畑ヲ離レヌ様」に「良制」をたて、質地なども質入主に戻すようにせよ、と述べている。土地の永代売買・集積が公式に認められるには七二年（明治五）まで待たねばならない。

（2）　福沢諭吉『学問のすすめ』岩波文庫版、四一頁。

（3）　飛鳥井雅道『文明開化』岩波新書、一九八五年、六頁。飛鳥井氏はまた、『特命全権大使欧米回覧実記』は太政官が版権をもつ「国民へ公刊された報告書」であり、幕末ならば「使節は主人に（つまり幕府や藩に）報告すればよいので、国民への報告などは論外だった」と指摘している（同一一五頁）。

（4）宮地正人氏は、七六年の一連の事実を指摘したうえで、この年が「維新変革の時代が終了」するとともに「新しい段階での闘争の出発の年」でもあったと評価している（「幕末維新期の国家と外交」、歴史学研究会・日本史研究会編『講座日本歴史7　近代1』東京大学出版会、一九八五年、七九—八一頁）。また、下山三郎氏は、佐賀の乱の早期鎮圧と「征台出兵の『成功』によって政府が一定の安定性を得た」ことで「廃藩以後の政治的経過に……ひとつのくぎりがついた」とし、明治十年代初頭にあらたな統治体制が本格的に成立する、とみなしている（「天皇制国家権力と自由民権運動」、遠山茂樹編『近代天皇制の成立』岩波書店、一九八七年、二六八—二六九頁）。

（5）加藤弘之「国体新論」（『明治文学全集3　明治啓蒙思想集』筑摩書房、一九六七年、一六四頁）。

（6）安丸良夫『神々の明治維新』岩波新書、一九七九年、二一一頁。ただし、いったん成立した国家神道は、あらたに考案した儀式でも「ことさらに、古式、古制が強調され……悠遠の肇国の昔からつづけられてきた儀礼であるかのような錯覚」を国民にうえつけた（村上、前掲書、一五九頁）。そして、江戸時代の次のような天皇観は完全に消し去られた——「日本ノ古記ヲ考ルニ……臣トシテ君ヲ弑テ、其君ノ弟ヤ子ヲ取立テ天子ニスルコト多シ。父ヲ殺サレ兄ヲ殺サレテ、其殺タ臣ノ指図ニ付テ天子ノ位ニ備ハリテ、ソレヲ恥トハ思ハズ、讐ヲ報ルノ義モナシ……神武天皇以来姓ハカハラネドモ、弑逆簒奪挙テ数フベカラズ。譬ヘバ今兄ヲ殺シテ其跡ヲ取タル人アランニ、同姓ヂヤニヨツテ苦シカラズト云ベキヤ」（佐藤直方「中国論」、山本七平『現人神の創作者たち』文芸春秋、一九八三年、一一二、一一三頁より重引）。

（7）飛鳥井雅道氏は、八一年（明治一四）の国会開設に関する詔勅のなかで、従来区別していた「群臣」と「億兆（人民）」をひとからげにした「臣民」の語が初めて登場したことを指摘し、「支配の構造の図式」がこの年に決定的に転換された、と述べている（飛鳥井雅道「『国民』の創出」、同氏編『国民文化の形成』筑摩書房、一九八四年、四九、五〇頁）。

（8）杉原泰雄『国民主権の研究』岩波書店、一九七一年、四〇頁。同『国民代表の政治責任』岩波新書、一九七七年、一三〇頁。

（9）同右『国民代表の政治責任』一三一頁。

（10）マルクス「東インド会社」（『マルクス・エンゲルス全集』第九巻、大月書店、一四二頁）。そしてマルクスは、「東インド会社が一般人民をインド貿易から排除したのは、下院が一般人民を議会への代表選出権から排除したのと同時であった。ここでもまた……ブルジョアジーの封建貴族にたいする最初の決定的な勝利が、人民にたいするもっともきわだった反動と同時に起こっている」と指摘している。近代資本主義は封建勢力だけでなく「一般人民」を排除してはじめて成立できたのだ。にもかかわらず、うわべ（建前）だけは国民国家を装わねばならなかった。ここに近代的支配の弱点（と同時に強みも）があった。

（11）　田中彰「大久保政権論」（前掲『近代天皇制の成立』一九五頁）。

（12）　大久保利通の権力掌握の時期、封建的諸制度の最終的解体の時期などについては、註4、7の指摘のほかにさまざまな見解があるが、ここではそれらの微妙な相違にあまりこだわる必要はあるまい。歴史の「画期」は局面ごとにずれがあるものだし、まして、わずか数年の変革期のうちから特定の一年を限定するのはむずかしい。さしあたり、この時期の過渡性が確認できればよい。

（13）　たとえば、土地永代売買禁止の建前のもとでの土地集積には「年頃欲しとおもふ事もえせで、人に疎まれ悪まれて蓄へ持たる田畑」といったうしろめたさがあった。豪農層にまで新政反対の動きが広まった背景には、こうした江戸時代の土地所有権の脆弱性と、支配者の交代期に行われた「徳政」の伝統、それに、国学者の王土王民論に基づく「すべて土地はことごとくに朝廷のものになる」という風聞、士族の帰農奨励政策などが結びつき、それらと「西洋化」への反発とがかさなって、「開化」政策が土地取り上げにつながるのではないかという危惧が生まれたからだ、と松田之利「維新変革期における民衆」は指摘している（前掲『講座日本歴史7　近代1』一一五―一一九頁）。地租の金額・率についての不満や小作権をめぐる争いはあっても、私有権の確定という地租改正の作業そのものがおおむね大部分の農民（自作農・地主層）の支持をえた理由はここにあった。

（14）　私は以前、市民革命期の対抗関係を次のように図式化したことがある（「『近代的土地所有』概念の再検討」『歴史学研究』五〇二号、一九八二年三月）。日本の場合も天皇制についての一定の補正が必要とはいえ、基本的にはこの図式が妥当すると考えている。

市民革命期の三元的対立構造

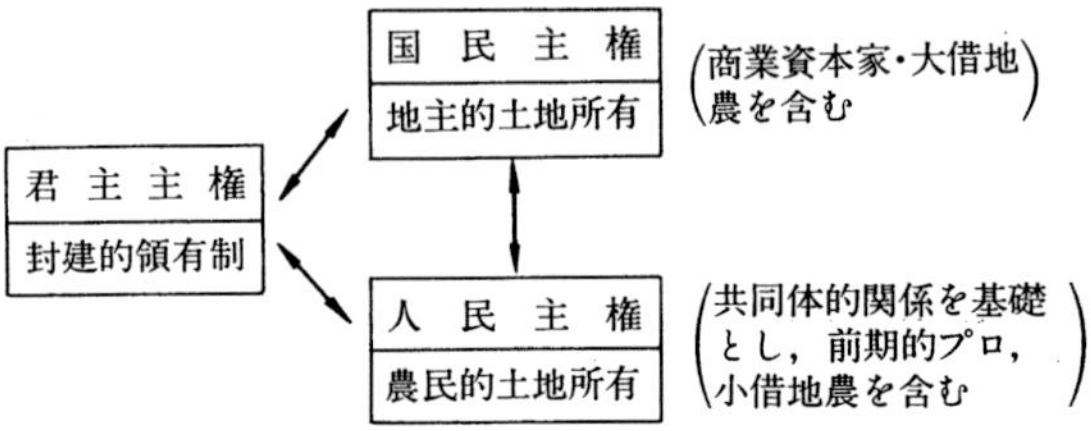

（15）高柳信一「近代国家における基本的人権」（東京大学社会科学研究所編『基本的人権』第一巻、東京大学出版会、一九六八年、八一頁）。

（16）近代天皇制がしだいに形成されたように、ここで成立した天皇制が直接に一九三〇年代以後のファシズムにつながるわけではない。むしろ、そのシステムが危機に直面したためにファシズムが必要になったとみるべきだろう。望田幸男氏は、明治憲法は君主主義と議会主義との二つの原理を内包しており、「一般に日本ファシズムと称せられる体制は……帝国憲法体制のなかから発生し、それの二元構造を一元化することによって確立」したと述べている（『ふたつの近代』朝日新聞社、一九八八年、一一九頁）が、このふたつの原理は本書でいう「臣民」の二面性（客分でも主人でもない「家族」の矛盾）に対応する。

（17） 羽賀祥二「明治前期における愛国思想の形成」（前掲『国民文化の形成』八五頁）。羽賀氏はまた、敬神愛国論は「恩」によって論理づけられていると言う（九五頁）。「御国恩」を掲げた建白者のなかにもこのような意味での「愛国」者がいた。

（18） 甲申事件での義勇兵運動や大阪事件がその好例として挙げられることが多い。ただし、これを〝民権を放棄して国権に転落した〟ととらえることに私は賛成できない。民権家の思考に即せば、これもまた「民権」実現の一方法なのであり、それほどに「愛国心」は民権運動の核心を占めているのである。詳しくは、拙稿「大井憲太郎の思想構造と大阪事件の論理」（大阪事件研究会編『大阪事件の研究』柏書房、一九八二年）、「民権と国権――『自由燈』の場合」（松尾章一編著『自由燈の研究』日本経済評論社、近刊予定）を参照されたい。

（19） 植木枝盛「人民ノ国家ニ対スル精神ヲ論ズ」（松本三之介編『近代日本思想大系30　明治思想集Ⅰ』筑摩書房、一九七六年、一六九―一七一頁）。

（20） 植木はまた、戦争中に民選議院の建言をするのはよくないなどと「政府ノ御都合ヲ見計フ」のは「政府ノ奴隷」であり、「人民ハ国ノ主」なのだから「塵程モ政府ノ御都合ヲ考合スベキ義務」はないと断言し、さらに、地方に住んでいると「天下ノ大勢」がわからないとの説に対しても、「吾ハ国家ノ奴隷ニハアラヌゾ。国家ノ大勢ニ従フテ事ヲ為サズテハナラヌト云フ如キ義務ハ少シモナキナリ」と言い切っている（同右、一七五―一七六頁）。

（21） 柴田三千雄『近代世界と民衆運動』岩波書店、一九八三年、二二四頁。

（22） 布川清司『農民騒擾の思想史的研究』未来社、一九七〇年、参照。

（23） たとえば市井三郎氏は、「民衆にとって、明治維新が本当の意味での『夜明け』とならなかった原因」は、「政治の座を他にゆずる性格」をもつ民衆がみずからの「幸福を左右する政治権力を旧来の為政者身分である下級士族にゆずった」ことにある、と述べている（市井・布川清司『伝統的革新思想論』平凡社、一九七二年、二八〇頁）。

（24） この点は福沢諭吉の類似した指摘と比較すれば明瞭になる。福沢は、「凡そ国民たる者は一人の身にして二箇条の勤めあり。その一の勤めは政府の下に立つ一人の民たるところにて……即ち客の積りなり。その二の勤めは国中の人民申し合せて一国と名づくる会社を結び、社の法を立ててこれを施し行うこととなり、即ち主人の積りなり」という。だが、彼の場合、この「主客二様の職」の統合は結局「臣民」に行きつくほかなかった。「客の身分をもって論ずれば……国の政体によりて定まりし法は……妄にこれを破るの理なし」と、「客」の立場を封建時代そのままの単純な被治者としか見ていなかったからだ（前掲『学問のすすめ』六三、六四頁）。ここに植木と福沢の決定的な違いがあった。

(25)「人民と国家の関係」について今日考えられているもうひとつの方向は「自主管理」であろう。国家を国民の生産・生活単位にまで分解するものとして一時脚光を浴びた。だが、岩田昌征氏が鋭く指摘したように、対等な仲間たちによる「管理」はすべての責任を自分たちで負うことでもあり、結局は相互監視と仲間喧嘩（岩田氏はこれを「兄弟殺し」と名づけた）をもたらしかねない（『凡人たちの社会主義』筑摩書房、一九八五年、参照）。ここにも「治者了簡」の問題性が顔を出だす。また、ポーランドの「連帯」が政権への参加をめぐって苛烈な論議を繰り返さざるをえないのも、この問題にかかわっている。東欧が新しい「人民と国家の関係」をどのように摸索し構築していくか、大変に興味深い。

あとがき

もともとは、一八七四年（明治七）という年に特別の意味はなかった。明治初年から国会開設までの政府あて建白書をあつめた『明治建白書集成』（色川大吉・我部政男監修、筑摩書房、一九八六年〜）の編集にかかわったときの私の分担が、たまたまこの時期——七三年（明治六）九月〜七四年十二月——だったにすぎない。わずか一年半という短い期間の、だがB５判・二段組で千数百ページにも達する膨大な建白書の筆写・校正作業をしていくうちに、当時の人々が直面した思想的課題のいくつかが具体的にみえてきた。そのなかからとくに興味深いテーマを二、三とりだして整理してみたのが出発点だった。

従来の研究史をみると、七四年という年は、明治六年政変がおきた前年と、「漸次立憲政体樹立の詔」が出された翌七五年の谷間にあって、歴史家の関心をそそるほどの魅力には乏しい時期のようであった。また、一年間ほどの建白書と新聞記事だけでどれだけのことが言えるか、との不安もなくはなかった。しかし、建白者たちの生まじめで熱っぽい気迫にあおられながらあれこれ検討していくうちに、短期間の論争の微視的分析からでも、近代国家成立期の諸問題をつきつめる手がかりを得られるし、七四年も決して〝歴史の幕間〟のような年ではなかったことがはっきりしてきた。いや、むしろ、民権と国権を対立的にではなく相互浸透的な連関としてとらえることをめざし、あるいは近代成立期民衆運動のもつ反封建的・反資本主義的な独自性を強調してきた私にとっては、この年の、混沌とした過渡期らしい諸論争こそ最適の素材であったのだ。『明治建白書集成』の編集分担を決めたときには予期していなかった収穫だった。とはいえ、それを本書のなかでどこまで生かしえたかは、はなはだ心許ない。読者諸賢のご批評を待ちたい。

本書の第一、二、四、六章は、つぎの小論がもとになっている。いずれも大幅に加筆したが論旨に変化はない。

「十六銭二厘の攻防——外債消却は政府の義務か国民の義務か」(『自由民権』第二号、町田市立自由民権資料館、一九八八年三月)

「徴兵制か士族兵制か——明治七年の〝民権と国権〟」(『まげい』第七号、グループまげい、一九八七年七月)

「商売の自由か人民保護か——明治七年の経済論争」(『自由民権』第三号、町田市立自由民権資料館、一九八九年三月)

「吉岡弘毅・ある明治初期外務官僚の精神史」(『歴史評論』第四四六号、歴史科学協議会、一九八七年六月)

昨年後半からの社会主義諸国の激しい動揺を眼のあたりにして、思いがけなくも「現実の歴史」ができあいの歴史観、世界観を追い越していくときの迫力を味わった。そして、歴史の大転換期の只中にいるとはこういうことか、と本書に登場する無名の人々の興奮ととまどいを多少なりとも実感できた。東欧などの民衆がいま直面している困難は、まぎれもなく「国家と人民」という本書のテーマに深くかかわっている。現在進行中の激動がやがてあたらしい歴史観を生みだしたとき、近代成立期の歴史認識にもあらたな視座をもたらすことになるだろう。ただ、さしあたり、本書の叙述を修正する必要は感じられなかった。この点についても、あわせてご批判をいただきたい。

本書の論点については、研究会仲間の落合延孝・鶴巻孝雄・杉山弘の三氏との討論に負うところが大きい。原稿段階でもさまざまな意見を出していただいた。また、町田市立自由民権資料館の新井勝紘氏(現・国立歴史民俗博物館)、「グループまげい」の桜庭宏氏には、拙論発表の場を提供していただいた。諸氏にあらためて感謝したい。

この拙い研究をとりまとめて公刊できたのは、ひとえに松尾章一先生のお力添えのお蔭である。松尾先生にはこれまでもさまざまなご指導、ご配慮を賜った。先生のご鞭撻がなければ、今日まで歴史研究を続けることはできなかったかもしれない。この場をかりて、心からの御礼を申しあげたい。さらに、出版を引き受けてくださった日本経済評論社の栗原哲也社長と谷口京延氏にも深く感謝申しあげる。最後に、私事ながら、十年ほどまえに体調をくずして定職を辞して以来、ともすれば主夫業をさぼって好きなことばかりしてきた私に文句もいわず、原稿に眼を通してはもっともきびしい批評をしてくれた妻暁子への感謝の意を記しておきたい。

一九九〇年五月

〈参考史料〉

建白書受付規則（明治七年五月三十日改定）

左院分局建白所掲示

第一条　建白書ハ休日ノ外毎日午前第九時ヨリ午後第一時迄ニ差出スヘシ

第二条　建白書ハ必ス正副二本ヲ差出スヘシ、且本人ノ本貫属族姓名年齢職業住所ヲ洩ナク誌スヘシ

第三条　建白書ハ固ヨリ一己ノ意見ヲ述ルモノト雖トモ或ハ同意タルヲ以テ不得已数人連名ニテ差出スモノハ不苦、然トモ三人以上直ニ出頭スルヲ許サス

但シ遠地ノ者代理人或ハ郵便ヲ以差出スヲ得ヘシ、郵便送致ノモノハ上封面ニ左院建白所御中ト書スヘシ

建白書受付規則

第一条　建白書受取ハ左院分局ニ於テ休日ノ外毎日午前第九時ヨリ午後第一時迄ノウチニ受取ルヘシ

第二条　建白書ニハ建白人ノ本貫属族姓名年齢職業住所ヲ洩ナク誌シテ差出サシムヘシ

第三条　建白書ハ必ス正副二本ヲ差出サシムヘシ、二本備ハル者ニ非サレハ受取ルヘカラス

第四条　建白書受付掛リハ書記生交番ニテ之ヲ勤ムヘシ

第五条　建白書ヲ受取タル書記生ハ第二条第三条ノ規則ニ合ヤ否ヤヲ検シ其建白ノ要領ヲ取リ之カ標目ヲ作リ別記ニ為シ正本ト共ニ掛リノ書記官ニ差出スヘシ、尤副本ハ本院ニ留テ追検ニ備フヘシ正副本トモ其表紙ニ受取タル書記生ノ姓名及ヒ年月日幷ニ番号ヲ朱書スヘシ

第六条　建白ノ正本及ヒ其標目ヲ受取タル掛リノ書記官ハ一応之ヲ検査シテ其事ノ類ニ応シ主務ノ各課ニ分配スヘシ、各課ノ議官之ヲ検閲シ其事由ヲ講究商確シ上覧ヲ請フヘキモノ或ハ官省ニ付シ或ハ其答議ヲ受クヘキモノ或ハ本人ヲ呼出シ反覆審問スヘキモノ又其建議ノ主意世上ニ流布セシメ新聞紙ニ載出スヘキモノ或ハ事理適切ニシテ其裁ヲ乞フヘキモノ方策アリテ参考ニ備フヘキモノ又ハ之ヲ留置テ地方官会議ニ付スヘキモノ各其緩急取捨ノ案ヲ立テ議長ノ決ヲ取ルヘシ

但シ上旨ヲ受ル者及答議ヲ受クル者ハ本人ヲ呼出シ能ク其然ル所以ヲ申明シ之レヲシテ能ク其趣意ヲ奉体セシム

ヘシ
第七条　凡ソ建白書国家ノ大事ニ関渉シ其事理明允ニシテ惣会議ヲ経ヘキ者等ハ之ヲ議長ニ出シ臨時総会議ヲ開キ之ヲ討議審明シ衆議之ヲ採用スヘキ者トセハ更ニ其議ヲ添ヘ議長ヨリ之ヲ上奏スヘシ
　但シ事柄ニ因リ惣会議ヲ経ルニ及ハサル者ハ各課議案ノ儘ニテ之ヲ上奏スヘシ
第八条　建白書国家ノ大事ニ関渉スト雖トモ上覧ヲ乞フニ不及者ハ衆議或ハ一課ノ議ヲ添ヘ大臣ニ出スヘシ
第九条　凡ソ租税及ヒ民事上ニ関渉スル建白書ハ一切取束ネ地方官会議ヲ待テ之ニ付スヘシ
　但シ至急ノ事柄ニテ地方官会議ヲ俟ツ能ハサル者ハ此限ニ非ス
第十条　建白人ヲ分局ニ呼出ス時ハ各課主務ノ議官二人ニテ応接スヘシ、其審問ノ際双方事理ヲ申明スルヲ旨トシ可否討論ヲ要セス、側ニ掛リノ書記官書記生出席シ議官ト建白人トノ応対論弁ヲ逐一筆記スヘシ
第十一条　凡ソ建白書審問答議ニモ及ハスト雖トモ忠実愛国ノ真情ヲ見ルニ足ルモノハ其志ヲ嘉賞シ院中ニ留置クヘシ
第十二条　建白書面甚タ不適当ナルモノハ之ヲ差返スヘシ、或ハ惑誤ニ出ルモノハ之ヲ暁喩スヘシ、皆本人ヲシテ能ク其意ヲ了解セシムルヲ要トス
　但シ書面ヲ差返シ或ハ暁喩スル等ハ各課主務ノ議官必ス之ニ応接スヘシ

第十三条　左之ケ条ニ触ル丶者ハ之ヲ差返スヘシ
　第一
天皇陛下へ対シ奉リ不敬ノ言アル者
　但シ皇廟幷ニ皇后宮皇子親王等ニ不敬ノ言アルモ之ニ準ス
　第二
妄リニ政府ヲ非議シ以テ人ヲ誣告スルノ言或ハ人ノ罪状ヲ鳴ラス言アル者
　第三
言訴訟ニ亘ル者
　但シ之レヲ差返ス時ハ必ス当人ヲ呼出シ其然ル所以ヲ懇切ニ説諭スヘシ、懇諭数回ニ及ヒ尚公理ニ服セス我意ヲ以テ暴抗スル者ハ司法省ニ送リ照律ヲ乞フヘシ、若シ狂気乱心ノ者ハ其住居戸長ヲ呼出シ之ニ責付スヘシ
第十四条　本院ハ行政ノ衙門ニ非ス、故ニ仮令面談ノ議官ニテ其建白ノ旨趣ヲ善ト称スルトモ本人ニ対シ其採用ノ有無ヲ達スルヲ得ス
第十五条　各省へ送付シ或ハ各課ノ回議ニ付シ或ハ其日ヲ指シ本人ヲ呼出シ或ハ其要旨ヲ採テ新聞紙ニ載出スル等ノ手続ハ一切掛リノ書記官ニテ之ヲ掌理スヘシ

左院職制（明治七年二月十二日改定）

議長　一員
会議ヲ提掌シ院中ノ規則ヲ監視シ諸務ヲ総判シ八等官以下ヲ任免ス
正院及各省幷国会議院等ニ対シテ本院ノ決議ヲ申明スルヲ得
会議ノ時可否同数ナル時ハ之ヲ判決スルヲ得
副議長　一員
議長ヲ輔佐スルヲ掌ル議長闕席或ハ闕員ノ時之ヲ代理ス
議官
会議ノ時其議事ノ要旨ヲ承ケ其可否ヲ議定ス
平常ハ分課ヲ以テ各其担当課中ニ在テ其議事ヲ可否シ兼テ之ヲ編纂スルヲ掌ル
書記官
文案ヲ起シ垂問議案建白書ヲ査検シ常額金ノ主守出納及書記生筆生ノ分課ヲ総轄シ等外以下ノ監督ヲ掌ル
各課ニ分配シテ議案及課中編纂等ヲ草案ス
書記生
書記官ニ附属シテ記録往復出納ノ事ヲ掌ル
筆生
浄写計算ノ事ヲ掌ル

左院事務章程

第一段
本院正則ノ事
第一条　本院ハ議政官ニシテ正院ノ輔佐トナリ其垂問ノ事ヲ議スル所ナリ
第二条　凡テ制度条例ヲ創立シ或ハ成規定則ヲ増損更革スル事ハ正院ノ垂問ニ依テ本院之ヲ議決シ以テ上奏スヘシ
第三条　一般ニ布告スヘキ諸法律制度ハ正院ヨリ必ス先ツ本院ニ下シ其利害得失ヲ評論セシムヘシ
第四条　議長院中決議ノ事ニ付正院ニ出テ可否ヲ審弁スルヲ得ヘシ其之ヲ行ト否トハ行政上ノ事務ニ付議長之ニ与リ論スルヲ得ヘカラス
第五条　凡テ事ヲ議スル時ハ衆論ノ協同スル処ニ従ヒ其説ノ多キヲ取ルヘシ若シ可否同数ナル時ハ議長之ヲ決スヘシ
第六条　議官ヲ黜陟転任セシムルコト正院ノ審弁ニアリト雖モ亦本院ノ具案ヲ徴スヘシ（明治七年二月二十四日、議官ノ二字ヲ奏任官ト改ム）
第七条　議事ニ当リ行政ノ官員ニ諮詢スヘキコトアル時ハ正院ヘ乞テ其人ヲ出席セシムヘシ
但シ瑣末ノ事件ハ各課議官及書記官ヨリ直ニ出席セシムル事アルヘシ（明治七年二月追加）
第八条　議事ニ付取調ノ事件アレハ議官ヲ諸省ニ遣ハシ又時

トシテハ地方ヲ巡回セシムヘシ
第九条　議事章程及ヒ本院ノ開閉ハ特裁ニ拠テ定ムヘシ
第十条　此章程更ニ増補改正スヘキコトアレハ尚衆議ヲ尽シ上裁ヲ経テ定ムヘシ
第二段
正院ヨリ本院ヘ臨時下命アルヘキ事宜
第十一条　地方官会議ノ時正院垂問ノ議案ヲ申明セン為ニ本院議官ヲ其会議所ニ遣ハシ旨趣ヲ審詳弁論セシムヘシ
第十二条　人民ヨリ支配官庁ニ対シテ起セル訴訟アルトキハ正院ヨリ之ヲ本院ニ下シ裁判セシムヘシ
第十三条　正院ニ於テ国憲ヲ議シ或ハ職制章程等ヲ創立シ又ハ之ヲ増損スルコトアレハ特命ヲ以テ本院議官ヲ撰任シ其事ニ与リ議セシムヘシ
一此ノ章程更ニ増補改正スヘキ事アレハ尚衆議ヲ尽シ上裁ヲ経テ定ムヘシ
第三段
議官ノ分課ヲ設ケ及ヒ制度条例ヲ編纂スルコト
第十四条　本院ハ議政ヲ以テ職務トシ其事ノ多端ニ渉ルカ故ニ議官ヲ分テ六課ニ分配シ之ヲ掌ラシメ且ツ正院垂問ノ用ニ備フル為メニ国ノ内外ヲ叙テ以テ其良法ヲ編纂シ他日ノ参攷ニ便ニス
内務課
戸籍病院貧院貧民救助獄舎徒場邏卒道路橋梁舟車駅逓電信書籍諸会社規則専売免許等及ヒ神社寺院学校教法音楽等ニ関スル方法規則ヲ議スルヲ掌ル
但シ右方法規則ヲ議定スル時ノ参考ニ備フル為ニ編纂スルコト以下諸課皆同シ
外務課
条約接待貿易等ニ関スル方法規則ヲ議定スルヲ掌ル
財務課
諸税幷ニ出納ニ関スル条件商売相互ニ貿易売買金券発行会社規則幷貨幣産物国債等凡テ其増減出入ニ関スル方法規則ヲ議定スルヲ掌ル
兵務課
海陸軍律諸軍器団営城隍等ニ関スル方法規則ヲ議定スルヲ掌ル
法制課
民法訴訟法治罪法刑法商法及ヒ官職位階儀仗服飾礼式等ニ関スル方法規則ヲ議定スルヲ掌ル
諸業課
農工商三業之ニ属スル雑業幷ニ漁猟採礦開墾治水諸製作等ニ関スル方法規則ヲ議定スルヲ掌ル
以上六課其課務ノ繁簡ニ拠テ之ヲ分合ス可シ
（明治七年二月二十四日、各課分掌補訂）
第十五条　正院ヨリ布告セシ制度条例ハ悉ク本院ニ於テ年月ヲ叙シ之ヲ集録シテ以テ他日ノ検閲ニ便スヘシ

左院人事（明治七年に在職した者のみ）

○議長

伊地知正治（鹿児島）　明治七年四月三十日～八年四月十四日（前副議長）
明治七年八月二日参議兼任

○副議長

伊地知正治　明治五年四月二十九日～七年四月二十九日（前大議官）

佐々木高行（高知）　明治七年七月五日～八年四月十四日（前司法大輔）

○議官

氏名	出身・貫属	任命年月日	担当課	備考
（一等議官）				
加藤弘之	出石	七・二・一三		宮内省四等出仕兼任。七・二・二三、依願免
福岡孝弟	高知	七・三・二三	―・法	七・七・一五、依願免
（二等議官）				
松岡時敏	高知	五・四・三〇	訴・臨	七・三・三、三等出仕・副議長代理
伊丹重賢	青蓮院宮家士	五・五・二四	商・諸	
西岡逾明	伊万里	五・一〇・八	民・法	
細川潤次郎	高知	四・一〇・二七	民・	
高崎五六	鹿児島	五・四・九	刑・内	
小松彰	松本	七・二・一二	―・―	前権大内史。七・二・二二、文部大丞へ転任
岩村通俊	高知	七・七・三一	―・内	前工部省四等出仕

(三等議官)				
大給　恒	竜岡藩主	五・一〇・八	民・兵	七・二・七、式部寮五等出仕兼任
高崎正風	鹿児島	五・一〇・八	税・財	
生田　精	浜田	五・三・一九	民・法	
永井尚志	幕臣	五・一・一九	刑・外	
宮島誠一郎	米沢	五・三・一九	税・内	
(四等議官)				
海江田信義	鹿児島	五・一一・二六	課外・内	
丸岡莞爾	高知	五・一〇・八	商・法	七・九・二九、海軍省五等出仕へ転任
牟田口通照	佐賀	七・二・一七	｜・内	前左院六等出仕
中井　弘	鹿児島	五・一〇・八	商・	七・一〇・五、依願免
藤沢次謙	幕臣	五・一〇・八	治・兵	
三浦　安	和歌山	六・二・三	税・財	
戸田三良	四条家家士	七・二・一二	｜・財臨	七・四、尾崎姓に復す
井上　廉	東京	七・二・一七	｜・財	前左院六等出仕
本多親雄	鹿児島	五・一一・二	治・｜	七・二・一二、左院二等書記官へ転任
(五等議官)				
北沢正誠	長野	五・一〇・八	民・兵	
鈴木貫一	滋賀	五・一〇・八	課外・	七・五・二、外務省三等書記官へ転任
横山由清	東京	五・一〇・八	刑・臨	七・一〇・一〇、四等議官
増田長雄	熊本	五・一〇・八	訴・内	
長森敬斐	長崎	七・二・一七	｜・法	前左院七等出仕
中金正衡	愛媛	五・一〇・八	治・諸	
安川繁成	棚倉	五・一〇・八	商・法	七・三・一四、左院七等出兼任

馬屋原　彰	山口	五・一〇・一七	商・外	
依田　董	東京	七・二・一二	｜・法	前左院一等書記生
矢島直方	熊本	七・二・一二	｜・諸	前左院八等出仕
村田　保	唐津	七・二・一四	｜・	前大解部
木梨信一	山口	七・二・一七	｜・	前左院七等出仕。七・五・一五、山口県参事へ転任
桜井能監	京都	七・二・一七	｜・法	前左院七等出仕
矢田堀　鴻	静岡	七・二・一七	｜・兵	前左院七等出仕
原　忠順	長崎	七・五・八	｜・諸	
紅林武治	東京	七・一〇・一〇	｜・財	前左院三等書記官。同書記官兼任
浦　春暉	和歌山	七・一〇・一〇	｜・財	前左院一等書記生
秋月胤永	青森	七・一〇・一〇	｜・内	前左院八等出仕
浅井晴文	東京	五・一〇・八	訴・｜	七・一・二八、内務省七等出仕へ転任

(注)・この表は、

①「明治史料 顕要職務補任録」(日本史籍協会編)を基本とし、

②「明治六年十二月改 左院分課一覧表」(国立公文書館蔵)

③「明治七年三月 太政官職員一覧表」(同右)

④「明治七年六月改 太政官職員録」(同右)(ただし、十二月現在の補正の書込みがある)

⑤「太政官日誌」(東京堂出版覆刻版)を参考にして作成した。

・議官の序例は③を基準とし、貫属・出身は主として①によった。

・任命年月日は本表の官等への任命ではなく、左院議員・議官への発令日とした。ただし、途中で退任した場合は改めて任命された日とした。

・担当課欄上段は、六年七月の分課規定によるもので②から作成した。下段は、七年二月十二日の事務章程によるものだが、②に相当する文書が見当らないので、建白書処理文書から推定した。なお、税→税法課、民→民法課、商→商法課、訴→訴訟法課、治→治罪法課、刑→刑法課、内→内務課、外→外務課、財→財務課、兵→兵務課、法→法制課、諸→諸業課、臨→臨時御用取調掛を示す。空欄は不明。

・備考に記載のない限り、明治八年四月十四日の左院廃止まで在任。

主要人名索引（建白者をのぞく）

〔ア行〕

〔カ行〕

〔サ行〕

〔タ行〕

安岡良亮	白川県権令	逃亡二年以外復帰及自首ノ者ニ付建議【4.8】	*186*
安場保和	福島県令	明治七年五月二日ノ布告議院憲法及ヒ規則ヲ改正スルノ議**【7.5】	*171*
		［公議ヲ以テ確定スヘキ六ヶ条ノ議**］【8.28】	*172*
山口三郎	酒田・士	（教法改正之再議）【2.－】	*100*
横瀬文彦	東京・平	征台始末ニ付建言【11.18】	*174*
吉岡弘毅	北条・平*	［教法自由・告諭処設置・征韓不可・民選小議院設置等ノ議］【2.－】	*5, 10, 46, 49, 161, 171, 191～236, 248*
吉田次郎	大蔵省官員	（内国人民ニ宗派自由之権ヲ与フル之議）【5.－】	*100, 111*
依田道直	長野・農	（士民均田之議）【1.－】	*131, 132*

〔ワ行〕

和田鋭夫	和歌山・平	士族ヲ以テ兵ニ充ルノ建議**【7.－】	*48, 57*
脇屋至誠	敦賀・士	時務鄙見（支那征討之議）【8.－】	*52*

		[匿名投書禁止ノ議]【11. ー】	164
ブラック, J. R.	『日新真事誌』社主	(鎮西之事情新聞紙上掲載之議)【2. 20】	**26**, **182**, 183
星　雄記	宮城・士	[外債消却・皇城築造等ノ議]【1. ー】	25, 30, 39
細川広世	左院書記官	[隠名投書ヲ禁スルノ議]【3. ー】	161
		(建白受付規則改正之議)【8. 9】	161
本多　新	開拓使・平	(皇上御巡行之議)【12. 18】	164

〔マ行〕

前田直信	石川・士	陳時弊革兵制議** 【5. ー】	53
真柄太郎左衛門	東京・平	(窮民救育之議**)【11. ー】	148
牧野重正	北条・平*	華士族ヲ廃シ世禄ヲ収ルノ議ニ付献言書【9. 10】	49, 52
牧野直徳	東京・士	(印券寮設置之議)【10. ー】	157
正月元朔	磐前・農	[家禄正米納廃止ノ議**]【12. 8】	129
正村弥市	新川・商	(富強及征韓之議)【5. ー】	48, 138
増田長雄	左院議官	[官吏撰挙法及地方制度改正ノ議]【4. 29】	168
松井強哉	東京・士	[施政ノ緩急ヲ審カニスヘキノ議]【4. 1】	5, 165
松井正幹	白川・士	[士族兵制ノ議**]【9. ー】	53
松田敏足	出雲大社神官	(神祇官再置之議)【8. ー】	99
松田道之	滋賀県令	米価騰貴ヲ予防スル之建議【8. 25】	**30**, 124, 125
間宮魚用	二荒山神社神官	(神祇官ヲ再興之議**)【73. 5. 13】	179
		神祇官御再興建言** 【6. 28】	99
馬屋原彰	左院議官	国憲ヲ創立スルノ議【1. ー】	169
		台湾策一道【4. ー】	184
水野秋彦	磐前・神官	神祇の事とり行ひたまふ御つかさの論【4. 5】	103
宮崎八郎	白川・士	(征韓之議**)【2. 9】	**68**, 192, 207
宮島誠一郎	左院議官	(台湾処分之議**)【4. ー】	174, **179**, 184
本居豊穎	教導職	(政教不可偏廃之議**)【5. ー】	110
諸伏長十郎	足柄・農*	報国無尽盛建建言【73. 8. 22】	41

〔ヤ行〕

山田信胤	宮城・区長	外債金消却方エ献金仕度願【1. 10】	21, 23, 29, 30
山田藤太郎	広島・農	[広島県庁不正ノ議]【10. 31】	64
山本　克	京都・農*	速ニ乾綱ヲ振ヒ以テ国威ヲ全フセンコトヲ乞フ【4. ー】	166
		[奸臣ヲ斬ルヘキノ議]【74. ー. ー】	161, 165, **166**, **178**, 180, 186
山本士哲	奈良・士*	(物価騰貴ヲ制止・皇城築造之議)【2. ー】	126
安岡珍磨	高知・士	士族ヲ以テ兵ニ充ルノ建議** 【7. ー】	48, 57

長尾義連	青森・士*	(廟堂ノ弊害ヲ矯正シ台湾ヲ伐ヘカラサル等之議)【4.－】	*68, 69,* ***186***
中川真節	東京・神官	(生民之品級ヲ設ケ職業上之勤惰ヲ表スル之議)【10.－】	*143, 148*
長阪邦輔	(不明)	[士族徴募ヲ不可トスルノ議]【2.－】	*56*
中沢千蔵	東京・平	米価安養豊国之儀ニ付上書【12.18】	*122, 125*
中島清民	静岡・平	米穀之儀申上書【11.－】	*125*
中島信行	神奈川県令	明治七年五月二日ノ布告議院憲法及ヒ規則ヲ改正スルノ議**【7.5】	*171, 185*
		[公議ヲ以テ確定スヘキ六ヶ条ノ議**]【8.28】	*172*
中山正文	大鳥神社神官	[国教振張ノ議]【7.－】	*99*
南部義籌	高知・士	地租改正議【8.－】	*131, 133*
西潟　訥	文部省官員	華士卒三族ニ一時世禄ヲ給与スルノ説【2.－】	*51*
西野友保	高知・士	(政道之議)【2.4】	*183*
西野義上	司法省官員	議院之議ニ付建言書【5.－】	*170*
西村貞陽	開拓使官員	[征韓ノ議]【1.20】	*192*
西本正道	広島・士	[人民ノ代議人ヲ徴集スヘキノ議**]【9.28】	***63**, 64, 172*

〔ハ行〕

橋爪幸昌	青森・士*	[外債消却ノ議]【73.10.－】	*6, 17～39, 164, 180*
		(民撰議院ヲ建之議)【4.－】	*36, 37*
花坂　円	岩手・士*	富国論及ヒ海陸軍論【2.－】	*77*
林　佐一	千葉・平*	[祈禱ヲ禁シ貧窮病者ヲ救フノ議]【9.29】	*177, 178*
林雄兵衛	島根・士	(百石未満之士族土着方法之議**)【3.28】	*131, 132*
伴野盛発	静岡・士	(四隆暴動処置之議)【3.2】	*192*
干河岸貫一	磐前・住職*	(与人民宗教自由之議)【6.28】	*100, 101, 102, 111,* ***114***
日野霊瑞	栃木・住職	神祇官再興之儀ニ付願書**【6.28】	*115, 179*
平山省斎	教導職	(政教不可偏廃之議**)【5.－】	***97**, 110, 111*
平山靖彦	広島・士	[人民ノ代議人ヲ徴集スヘキノ議**]【9.28】	***63**, 64*
弘田貫二郎	高知・士	[兵備ヲ更張スル等ノ議**]【7.5】	*170, 192*
深谷憲章	東京・平	(開墾地所ニ付所置之議**)【12.8】	*175*
福岡孝弟	左院議官	建白所ヲ拡張スルノ案**【4.－】	*182*
藤　寛正	石川・士	改政致矯弊事議**、休物議安民心議**【3.29】	*165*
		聞止台湾之挙之説論其得失議**【4.25】	*62*
藤江二良三郎	名東・平	主忠信［三徳論、徴兵告諭私議等ノ議］【8.－】	*58, 62, 65, 66, 245*
藤田建太郎	愛媛・農	(四民地所ヲ平均スル之議)【11.－】	*130, 132*

〔タ行〕

高崎睿雄	高知・士	(服制及士族ノ常務ヲ復シ海防ヲ厳ニスル之議**)【9.—】	*69, 179*
高崎五六	左院議官	国憲ヲ確定センコトヲ議ス【73.—.—】	***116, 167***, *170*, ***179***
高橋荘右衛門	埼玉・区長	(外債償却之議)【3.17】	*25*
		(養老祝寿金之議)【4.—】	*138*
高山幸助	東京・平	(米価平均相場毎年確立之議**)【12.18】	*123, 125*
竹内成由	滋賀・農*	[家禄平均等ノ議]【3.—】	*75*
竹村太郎	浜松・平	[大臣ノ写真掲示等ノ議]【12.—】	*174*
立入奇一	三重・士	建言規則之儀ニ付建白【6.25】	*187*
		建白書郵便逓送之儀ニ付建言【6.30】	*181*
		(民費之制限ヲ定・貢租之法制ヲ立之議)【8.30】	*124, 129*
		旧税法御施行中六公以上ノ重税ハ減税アランコトヲ冀フ建議【11.13】	*138*
田中正道	三瀦県吏*	(政体之議)【9.—】	*45, 46, 57, 71, 171*
田中頼庸	伊勢神宮神官	(神祇官ヲ復シ教導寮諸陵寮ヲ置之議)【5.—】	*99, 103, 115*
		(政教不可偏廃之議**)【5.—】	*110, 179, 244*
田村新三郎	磐前・農	(教導職精選之議**)【10.22】	*97*
樽井藤吉	奈良・平	(選挙院ヲ設クル之議)【74.—.—】	*170, 186*, ***230***
		(設選挙院之再議)【8.7】	*68, 69, 180*
太郎館季賢	度会・士*	(官幣祭祀及開墾・頭髪一定之議)【1.—】	*103*
(忠告社)	石川・士	改政致矯弊事議**、休物議安民心議**【3.29】	*165, 167, 177, 179*
		聞止台湾之挙之説論其得失議**【4.25】	*8, 62*, ***68, 191***
		地方官会同ニ付建言**【8.—】	*63*
辻　弘直	高知・士	(外債償却之議)【11.—】	*25*
手塚寿雄	茨城・士	支那一件建白書【10.13】	*54*
徳永寛明	山形・僧*	扶桑国論[埋葬地及ヒ火葬自由ノ議]【8.—】	*88, 89, 91, 94*, ***107***
常世長胤	教部省官員	(神祇官復古之議**)【5.20】	*99*

〔ナ行〕

直井佑之助	新治・平	[失政八ヶ条ノ議]【11.9】	*46*
半井真澄	愛媛・士	(教導之議)【2.15】	*103*

後藤象二郎	東京・士	（民選議院ヲ建ル之議**）【1.17】	*169*, ***183***, ***211***
後藤清平	鳥取県吏	（華士両族ヲ廃スル之議）【2.－】	*50*
小林権七	東京・商	（富国強兵之議）【8.25】	*54*, *58*, ***70***
小林常男	長野・士*	（東京繁昌記絶板之議）【5.21】	*164*
小松崎英太郎	岡山・士	呈左院諸公閣下書**［台湾事件兵裁有害ノ議］【8.9】	*76*
是恒真楫	小倉・平*	賦税平均並華士族減禄建言【8.15】	*50*
近藤秀琳	東京・住職	（与葬埋自由之議）【9.8】	*91*, *94*
		（与葬埋自由之再議）【12.10】	*93*, *105*, *109*
近藤　美	鳥取県吏	（国債消却之議）【73.10.17】	*23*, *40*

〔サ行〕

斎藤松寿	二荒山神社神官	神祇官御再興建言**【6.28】	*99*
佐久間国三郎	岐阜・戸長	（地租之議）【5.21】	*131*
佐藤政武	磐前・士	（韓国処分之議）【4.22】	*68*, *192*
阪谷　素	文部省官員	御利益見込書［国体確定等ノ議］【2.－】	*9*, ***92***, *171*, *185*, *206*, *210*
佐田介石	白川・住職*	（清国不可討之議）【9.－】	*67*
		［二十三題ノ議］【9.－】	*34*, *53*, *66*
		［地動説疑問ノ議］【12.－】	*76*
		耶蘇建白【75.－.－】	*66*
柴原　和	千葉県令	［国政五ヶ条ノ議］【11.26】	***51***, *55*, *171*, *210*
島地黙雷	山口・住職*	教部改正建議【5.24】	***94***, *96*, *100*, ***101***, *102*, ***108***, *111*
島津義禎	敦賀・住職	（仮設下院・属士族於海軍之議）【9.24】	*76*
新庄誠一	静岡・平	（商館ヲ建国益ヲ盛大ニスル議）【73.8.12】	*145*
		［商工館設置ノ再議］【8.－】	*143〜150*, *247*
		（貨殖方法之議）【9.－】	*145*
陶不窳治郎	愛媛・平	［県政改革ノ議］【11.26】	*163*
杉山岩三郎	岡山・士	［西郷木戸等復職ノ議］【9.－】	*5*
鈴木清吉	東京・商	兎鳥売買之建白【73.8.－】	*135*
鈴木　大	茨城・士	［外患五ヶ条等ノ議］【6.－】	*99*
鈴関万之進	東京・士	（石高改正・士族常務・官員撰挙之議）【1.－】	*5*
諏訪内源司	青森・農	（起民選議院之議）【12.15】	*62*, *63*
関　新吾	岡山・士	呈左院諸公閣下書**［台湾事件兵裁有害ノ議］【8.9】	*76*
千家尊福	出雲大社神官	請復神祇官議**【5.27】	*100*
副島種臣	佐賀・士	（民選議院ヲ建ル之議**）【1.17】	***198***, *207*
薗田三郎	度会・士	［人材選用・教導職廃止等ノ議］【9.5】	*97*
		［士族兵役等ノ議］【10.19】	*57*

		[議院創立・支那交際等ノ議]【8. —】	68, 69, 171, 202
大内青巒	熊谷・平*	神仏混淆改正之議【6. 17】	101, 102, 111, **112**, 117
		火葬御禁令ノ儀ニ付建言【8. 19】	81, 84, 90, 94, 104, 105
大江　卓	神奈川県権令	兎売買禁止之儀ニ付建白**【73. 10. 3】	135
大喜源太郎	愛知・農	[泔水活用ノ議]【9. 27】	4
正親町公董	華族	[華族会議及ヒ書籍館設置ノ議**]【1. 15】	52, 58
大久保鉄作	青森県吏	(御駕東臨之議)【12. 2】	184
大塚志良	石川・士	義倉建粆之義ニ付建白**【8. —】	127
鴻　雪爪	教導職・神官	(政教不可偏廃之議**)【5. —】	110, **203**
大矢野十郎	白川・士*	[国是確定ノ議]【8. 17】	167
大屋祐義	栃木・士*	(政体及ヒ征韓之議)【7. 29】	68
		(政体及征韓之再議)【8. 17】	230
		(征台ノ役等ノ議)【75. 2. 2】	177
岡部隼太	高知・士	[日清開戦及ヒ憲法確立ノ議**]【9. —】	27
岡本一方	高知・士	(政体之議)【8. —】	167
岡本弥平治	新潟・商	(設各州米穀商社之議)【6. 13】	125
		(設米穀商社之再議)【11. 24】	123, 142
尾崎三良	左院議官	(台湾処分之議**)【4. —】	**169**, **172**, **173**, 184, **230**
小沢有隣	筑摩・士	[特典大赦ノ議]【8. 24】	184
折田年秀	湊川神社神官	建言四則【5. 26】	62, 71

〔カ行〕

海江田信義	左院議官	(建言取捨之議)【2. —】	**167**, 177
		(台湾処分之議**)【4. —】	184
蠣崎多浪	開拓使・士	(行政上正順序之議)【8. —】	69, 138, 165, 240
勝瀬壱平	高知・平	(平均於米価之議)【12. 5】	124
加藤次郎	米国留学生	[天皇巡幸及ヒ議院ノ議]【4. 7】	171, 192
兼松成言	青森・士	(新撰年表及ヒ御追謚改正之議)【11. 13】	183
川畑伊右衛門	鹿児島・士	(憂国政之議)【10. —】	165, 167
気賀　林	浜松・農	外国公債償却方法建言【6. 11】	25, 30, 33, 37
北方　蒙	金沢・住職	葬法建言**【10. 19】	91, 93, 94, 105, 116
北田正董	大坂・士	(版行自由ヲ許ス之議)【5. —】	164
北原稲雄	筑摩県吏	(神祇官再興之議)【4. 17】	164, **182**
木下助之	左院官員	士族授産地租改正ノ両条ヲ合一スルノ議【8. —】	131, 132, 133
倉次　諒	千葉・士	[民ノ信ヲ回復スヘキノ議]【3. 28】	192
黒川治愿	名東県吏	[所得税法ノ議]【4. 9】	130
児玉淳一郎	左院官員	(支那交際之議)【9. 9】	27

建白者索引

- 本書でとりあげた建白者と建白のみ（大臣など政府高官は主要人名索引参照）。
- 族籍・肩書は原則として建白書による。*は東京府寄留を示す。
- 建白書に表題の記載がないか、「建白」「建言書」などとあるだけで内容を推定できない場合は、左院または牧原が付したものを、それぞれ（　　）または［　　］で示した。**は連名の建白を示す。
- 74年の建白書の日付は月日のみ表示した。
- ゴチックの数字は建白以外の発言等を示す。

〔ア行〕

青崎祐友	鹿児島・士*	（改鋳貨銭・卑物価之議）【7.17】	142
		［米買占防止等ノ議］【8.27】	123
		（改鋳貨銭・卑物価之再議）【10.4】	139
		（鑑札配付及区入費廃止之議）【11.－】	141
		（貧民救助ノ議）【75.2.27】	176
秋山武安	大坂・士	（支那和戦及士軍隊ヲ設クル之議）【10.－】	48
浅井成章	石川・士	［人民惣代公撰等ノ議］【10.18】	171
		（職俸与奪・義倉設備之議）【12.10】	127
飯島道治郎	埼玉・農	外債償充献議【7.－】	25
猪狩常隆	磐前・士	（全国之人民普聖影ヲ恭拝セシムル之議）【9.14】	183
池松豊記	白川・士	（征韓之議**）【2.9】	192
池谷佐平	静岡・商	商法律相定度儀願【12.12】	123
池谷安五郎	東京・平	（人籍鑑札及証券之議）【12.－】	157
井沢利三治	宮城・商*	（窮民救育之議）【5.－】	125, 127
磯部栄之助	山口・商	（米価之議）【11.1】	125, 142, 143, 148
板垣退助	高知・士	（民選議院ヲ建ル之議**）【1.17】	60, 61, **115**, 191, 207
市川信三郎	東京・士	非常節倹之儀ニ付愚見之廉呈書【10.－】	7, 166, 176
市川又三	長野・商	（尺度税斂之議**）【73.10.－】	3
		（尺度之再議**）【8.31】	2, 3
稲葉正邦	教導職・神官	（政教不可偏廃之議**）【5.－】	110
井上　毅	司法省官員	乞設備警兵議**【6.30】	7
伊山徳次郎	岩手・農*	廃諸仏宗并教導職改正・一般ノ地方ニ於テ大盛新聞発行之儀ニ付建言【2.－】	100, 115
宇加地新八	置賜・士	（台湾不可伐并議院ヲ設ル之議）【5.－】	68

〔著者略歴〕

牧原　憲夫（まきはら・のりお）

1943年　東京に生まれる
1968年　東京都立大学人文学部卒業
1981年　東京都立大学大学院中退
現　在　法政大学非常勤講師
編　書　『明治建白書集成』第２・３・４巻（色川大吉・我部政男監修，筑摩書房，1986・88・90年，２・４巻は共編）
主要論文　「宮崎民蔵の思想と行動」（『歴史学研究』1975年11月）
「明治社会主義の農民問題論」（『歴史評論』1978年７月）
「『近代的土地所有』概念の再検討」（『歴史学研究』1982年３月）
「大井憲太郎の思想構造と大阪事件の論理」（大阪事件研究会編『大阪事件の研究』柏書房，1982年）

明治七年の大論争

1990年８月20日　第１刷発行©

著　者　牧　原　　憲　夫

発行者　栗　原　　哲　也

発行所　株式会社　日本経済評論社
〒101東京都千代田区神田神保町3-2
電話03-230-1661　振替東京3-157198

乱丁落丁本はお取替え致します。

文昇堂印刷・山本製本

明治七年の大論争（オンデマンド版）

2003年3月10日　発行

著　者　　牧原　憲夫
発行者　　栗原　哲也
発行所　　株式会社　日本経済評論社
〒101-0051　東京都千代田区神田神保町3-2
電話　03-3230-1661　FAX　03-3265-2993
E-mail: nikkeihy@js7.so-net.ne.jp
URL: http://www.nikkeihyo.co.jp/
印刷・製本　株式会社　デジタルパブリッシングサービス
URL: http://www.d-pub.co.jp/

AB203

乱丁落丁はお取替えいたします。　Printed in Japan

ISBN4-8188-1609-4